# 儒敎思想의 문제들

# 儒教思想의 문제들

琴章泰 著

한국학술정보㈜

# 머리말

전통사상이란 한 사회의 역사와 정신 속에 깊은 뿌리를 내린 채 마을 가운데 자리잡고 있는 느티나무 같은 정자나무에 비유될 수 있지 않을까. 또 넉넉한 그늘 아래로 너도나도 모여들어 옛날 이야기도 함께 듣고 세상 돌아가는 이야기도 나눈다. 서로 장래문제도 토론하고, 담소를 즐기거나 말다툼도 했다. 이제 세월이 지나 각각 다른 자리에 서 있어도 현재의 자기 자리는 그 정자나무에 끈의 한쪽 끝을 매고서 제각기 외줄기로 걸어온 길임을 누구나 깨닫게 된다. 전통사상은, 아무리 급변하는 역사의 여울목에서도 여전히 그 물의 먼 원천이 쉬지 않고 샘솟고 있는 것처럼, 변하지 않고 남아서 우리의 현재를 지탱해 주고 있는 고향과 같은 것이라 생각해 보기도 한다.

유교사상은 우리의 뿌리깊은 전통사상의 한 줄기이다. 요즈음 와서는 유교사상의 문제가 바로 한국사상과 한국문화의 이해를 위해 필수적인 과제가 된다는 인식이 점점 넓혀지고 있다. 그만큼 우리가 그동안 자기부정과 자기변혁의 시대를 통과하여 이제는 자기인식과 자기정립의 시대로 들어서고 있다는 사실을 말해 주는 것이기도 하다.

누구나 삶에서 약간의 여유를 갖게 되면 뛰다가도 잠시 멈추고 서서 자신을 돌아보게 된다. 그때는 현재의 성숙만큼 젊은 날의 추억도 더욱 깊은 의미를 지니게 되는 것이 당연하다. 전통사상도 우리 시대의 문제의식이 깊어지고 절실해진 만큼 더욱 새로운 의미로 해석될 수 있는 풍부한 여지를 지닌다. 우리 시대에 발을 디디고, 앞을 내다보면서 뒤를 돌아다봄으로써, 자신의 위치와 방향을 가늠해 보고자 하는 것이 필자가 간직해 온 미약하고 작은 관심이다.

이 작은 책에서는 유교사상의 이해로 접근하는 세 갈래 길을 만난다. 그 하나는 광부가 큰 산줄기에 땅속 깊이 화석처럼 숨은 광맥들을 찾아 곡괭이를 찍듯이 역사적 전통으로 뿌리깊은 유교 사상이 품고 있는 다양한 문제의 영역을 탐색하는 작업을 시도해 본 것이다. 둘째는 유교사상의 전통이 특히 한국사회에서 응결되어 솟아오른 봉우리와 뻗어나간 줄기를 더듬듯이 문제의 한국적 표출과 역사적 전개양상을 해명해보고자 하였다. 세 번째는 이제 새로운 규칙으로 경기장에서 만나는 운동선수들처럼 대립과 배척이 아니라 서로의 이해와 대화를 요구하는 시대에서 유교가 다른 종교와의 사이에서 보여줄 수 있는 성숙한 만남의 가능성을 점검해 보고자 하였다.

아직도 문제의 규모와 깊이를 제대로 헤아리지도 못하고 허둥대는 자신의 모습에 부끄러움을 이길 수 없지만 자신의 관심이 펼쳐진 폭을 확인하기 위해 무모하게 이 책을 내놓게 되었다. 앞으로 여러분들의 가르침을 받아 더욱 공들여 곱게 다듬어갈 것을 다짐한다.

1990. 2. 15
潛硯齋에서
琴 章 泰 적음

# ‖ 차 례 ‖

제2부 한국사상과 유교

## 제3부 유교와 다른 종교

제 1 부
# 유교사상의 문제

# 1. 유교의 궁극존재

## 1.1 문제의 설정

유교의 특성에 대하여 통속적으로 현세중심적이라거나 도덕주의적 또는 합리주의적이라는 지적이 있다. 여기서 우리가 이러한 특성들을 인정하더라도 한 걸음 나아가 생각해보면, 유교가 합리주의적이기 때문에 종교성을 결여하고 있다는 추론을 받아들이는 데는 의문이 남게 된다.

송대의 신유학[道學과 心學]을 다른 이름으로 이학(理學)이라 일컫고 있는 것은 이학에서 그만큼 합리주의적 성격이 강화되고 있는 것으로 이해할 수도 있다. 그러나 신유학은 합리적이라기보다는 형이상학적 근거의 문제에 관심을 많이 기울였다. 신유학이 궁극존재의 개념을 합리적이면서 동시에 형이상학적으로 해명한다는 인식은 궁극존재를 신앙대상으로부터 해방시켜 철학적 인식대상으로 전환시켰다고 규정하려는 입장이다. 그러나 실제로는 오히려 합리적 해명을 통해 궁극존재를 더욱 깊이 철저하게 추구하였다는 가능성 이상으로 신유학의 그 신앙적 기반을 더욱 확고하게 정립하는 작업을 수행하는 것이 가능하다고 하는 가설을 제기해 본다.

이 글에서는 성리학의 이론을 통해 제시된 유교의 궁극존재 개념을 분석 해명하면서, 이와 관련하여 성리학을 통하여 드러나는 종교적 기반을 이해하려고 시도한다. 이러한 과제의 해결을 위해 몇 가지 주제로 나누어 검토해 보겠다. 먼저 (1) 성리학에

서 제시된 궁극존재의 명칭들과 그 성격을 규정하여 정리하고,
다음으로 (2) 궁극존재가 세계와 관계를 맺는 대표적 특징으로서
주재(主宰)적 성격과 조화(造化, 창조)적 작용을 분석하며, 끝으
로 (3) 궁극존재에 대한 인간의 태도로서 진실[誠]과 공경[敬]의
양상을 해명해 보려고 한다.

유교정신 속에서 궁극존재는 결코 추상적 관념형식으로는 충
분히 완결된 것으로 볼 수 없고 인간의 구체적 삶과 행위를 통
하여 드러나고 실현되는 것임을 이해한다면, 성리학 안에서도 유
교의 궁극존재가 합리적인 동시에 신앙적인 것으로 추구되고 있
음을 확인할 수 있을 것으로 생각한다.


## 1.2 궁극존재의 명칭과 성질

성리학의 구조 속에서 궁극존재를 일컫는 명칭들은 매우 다양
하지만, 그 대표적인 것으로 다음의 6가지를 들어 볼 수 있다.

(1) 태극(太極) : 『역경』에서 나온 용어이다. 주돈이(周敦頤,
號 濂溪)의 「태극도설(太極圖說)」 이후 우주론적인 궁극개념으로
부각되어 확고한 지위를 지니게 되었다. 주희는 태극을 " 조화의
중심축이요 만물의 생성근원이라."1) 정의하여 그 궁극적 실제성
을 확인하였다.

(2) 이치 [理]:『역경』이나 『맹자』에서 쓰여진 용어이지만, 성
리학에 의해 궁극존재의 가장 일반적 명칭으로서 통용되었다. 이
치는 모든 현상세계의 존재근거이며 행위의 당위적인 준거를 의
미하기도 한다.2) 이치의 궁극성과 대비하여 현상세계를 구성하는

---

1) Chu Hsi and Lu Tsu-chien, *Reflections on Things at Hand* (近思錄),
   tran. by Wing-Tsit Chan, Columbia Univ. press, 1967. N. Y, p 5.

물질적 존재의 바탕을 기운[氣]이라 하고 있다. 여기서 이치와 기운의 상관관계에 관한 이해 방식에 따라 성리학 안에서도 다시 입장의 분열이 일어나고, 이치를 기운에 종속되는 것으로 파악하는 주기론(主氣論)의 입장도 있다.

(3) 하늘[天]: 유교경전 속에서나 유교사회에서 가장 일반적으로 일컬어지고 있는 궁극존재의 명칭이다. 하늘은 지고(至高)하고 유일(唯一)하며 극대(極大)의 존재를 의미한다. 또한 하늘은 만물과 인간을 초월하여 존재하면서 기후와 계절의 변화에서부터 인간의 운명에 이르기까지 모든 현상세계를 관장하고 주재하는 절대적 존재의 지위를 갖는다.3) 한편 하늘은 궁극존재를 형체적 상징으로 표현한 것이므로,‘ 머리 위의 푸른 하늘[蒼蒼有形之天]’ 과‘ 신령한 주재자로서의 하늘[靈明主宰之天]’ 로 구별할 수 있다.

(4) 상제(上帝) : 상제(上帝, 또는 帝)는 갑골문이나 경전 등에서 주재자를 일컫는 가장 오래된 명칭이다. 갑골문에서 상제는‘ ▽’로 쓰고 있으며 오늘날의 꽃받침이나 과일의 꼭지를 의미하는‘ 체’ (蒂 또는 蔕)자와 통하는 글자로서 생명의 근원을 의미하고 있다. 또한 상제는 상벌을 주관하며 감정과 의지를 드러내는 인격적 주재자의 성격도 내포하고 있다. 유교의 전통에서는 상제를 형상화시켜 표현하지는 않으나 숭경(崇敬)과 제의(祭儀)의 대상으로서 궁극존재의 확고한 위치를 차지하고 있다.

(5) 선(神) : 신은 궁극존재가 세계 속에 드러내는 신비적 능력과 작용을 뜻한다.4) 신은 제의(祭儀)에서 인간이 직접적으로

---

2) M. Ricci의 경우는 태극이나 理가 영혼이나 지각이 없으며 관념형식에 불과하거나 의존적 존재라 하여 궁극존재가 될 수 없다고 비판하였다.
3) M. Ricci의 비판적 분별에 대해 18C 한국실학파 유학자이었던 안정복, 정약용 등도 유학적 입장에서 인정하고 있다.
4) 오늘날 기독교의 God을 한자어로 神이라 번역하는 경우가 많으나 유교

접촉할 수 있는 궁극존재의 양상이다. 그렇지만 인간의 숭배대상이 되는 사물이나 조상의 영혼도 신성을 지니는 것으로 인식되고 '신'이라 일컬어지고 있으므로, 신에는 여러 가지 계층과 존재양식이 있음을 파악할 필요가 있다.

(6) 도(道): 도는 궁극존재에 있어서 모든 공간적 및 시간적 제한성을 넘어서는 보편적 유통성과 영속적 진실성을 뜻한다. 따라서 도는 궁극존재의 실체로부터 그 이상적 전개까지를 내포하며, 모든 현실적 작용과 행위의 당위적 기준을 포함하고 있다. 앞에서 열거한 6가지 명칭은 하나의 궁극존재를 그 성격과 기능에 따라 다양한 측면에서 지칭한 것이다. 따라서 이 명칭들은 궁극존재의 통일적이고 근원적인 유일성을 손상시킬 수 없으며, 또한 이 명칭들은 서로 교환하여 쓰여지고 있는 경우가 매우 많다. 여기서 각 명칭이 지닌 개념의 외연(外延)이 서로 다르다고 하여 이 명칭들을 별개의 존재를 가리키는 것으로 단정짓는다면 유교의 입장을 정확히 이해할 수 없게 될 것이다.

이들 명칭이 지닌 궁극존재의 성격이나 기능적 측면들을 다시 정리해보면 (1) '태극'과 (2) '이치[理]'는 포괄적 전체성과 보편성 내지 근원성을 합리적 이해를 통해 지시하는 것이다. (3) '하늘[天]'과 (4) '상제'는 공간적 지고성(至高性) 및 광대성(廣大性)을 상징적으로 내포하고 있으며, 주재적(主宰的) 지배능력에 대한 존숭의 대상으로 받아들여지고 있다. (5) '신'은 작용적 측면의 신비성을 중시한 것으로 볼 수 있다. (6) '도'는 작용적 측면의 유통성과 규범성을 중심으로 본 것이라 할 수 있다.

---

적 神개념과 의미 내용에서 상당한 차이를 엿볼 수 있다.

## 1.3  궁극존재의 조화작용과 주재성(主宰性)

" 태극이 운동하여 양(陽)을 낳고, 고요하여 음(陰)을 낳는다."
(주돈이, 「태극도설」)
" 천지의 큰 덕은 낳는 것[生]이라 한다." (『주역』, 繫辭下,
1- 10)
" 낳고 낳아서[生生] 쉼이 없는 것을 도라 한다[生生不息之謂道]."
(上同)
" 생생하는 이치는 스스로 그러하여 그침이 없다." (『近思錄』,
1- 33)

유교의 궁극존재는 만물을 생성하는 것을 그 근본능력으로 지
니고 있다.5) 그리고 이 조화작용은 일회적인 것이 아니라 만물의
현상적 모든 변화과정을 관장하고 있는 것이므로 조화하는 존재
는 동시에 주재하는 기능과 지위를 갖게 된다. 따라서 자연적 변
화와 생성을 통한 조화작용과 조화를 통해 만물을 관장하는 주
재성을 유교의 궁극존재가 세계에 대해 작용하는 두 가지 대표
적 기능이요, 지위를 가리키는 것이라 파악할 수 있다.
우선 유교적 궁극존재의 조화는 자연적 변화과정과 생성현상
을 통해 작용하고 있으므로 인위적 요소를 배제하고 있으며 동
시에 무(無)에서부터의 절대자에 의한 창조를 확신하는 기독교적
인 의미의 창조와도 구별될 수 있다. 유교에서의 조화작용이 지
닌 특징으로서, 첫째 지각이나 의지를 지닌 주체에 의한 제작(製
作)이 아니라 자연의 변화과정으로 나타나는 것이며, 둘째 무에
서부터 개체를 직접적으로 창조하는 것이 아니라 변화과정 속에
서 원리와 법칙을 제공하며 사물생성의 근원과 기준이 되는 것

---

5) 程頤, 『易傳』 乾卦:" 以形體謂之天, 以主宰謂之帝, 以功用謂之鬼神, 以妙
用謂之神, 以性情謂之乾."

으로 지적할 수 있다.

첫번째, 조화가 자연의 변화과정으로 나타난다는 현상적 특징은 궁극존재가 비인격적 자연성을 지니고 있다는 이해를 의미한다. 지각(知覺) 내지 영혼을 결여한 것을 물질적 존재의 특징으로 보고, 자연의 비인격성을 물질적 세계에 속하는 것으로 규정하는 비판적 견해도 있다.6) 물론 자연이 물질적 현상세계를 배제하는 것은 아니다. 그러나 세계의 전체를 포괄하는 우주적 자연은 이성적 영혼을 가진 인간조차 그 속의 한 부분으로 내포하고 있다. 곧 전체성으로서의 자연은 물질과 정신을 포괄하고 넘어서 있는 궁극존재의 면모임을 보여준다. 태극, 하늘, 도 등으로 일컬어지는 유교의 궁극존재는 만물을 생성하는 조화작용이 비록 물질적 세계에서 드러나지만 이 물질적 자연을 넘어섰다는 의미에서는 초자연적이라 할 수 있다. 또한 이 궁극존재는 인격적 지각이나 의지가 결여된 것으로 보이기도 한다. 그러나 실질적으로는 궁극존재는 세속적 인격성을 넘어선 자연의 더욱 깊고 올바른 초월적 지각과 의지로 이해될 수 있다. 따라서" 지각하는 바가 없지만 진실로 자연의 지각이 있고, 동정(動靜)하는 바가 없지만 진실로 자연의 동정이 있으며, 조작하는 바가 없지만 진실로 자연의 조작이 있다."7)라 하여 자연을 통해 궁극존재의 초인격적 인격성을 제시하게 된다.

조화의 두 번째 원리적 특징은 궁극존재가 개별사물을 직접 제작하는 것이 아니라 사물의 일반적 생성원리를 제공한다는 이해이다. 이때의 생성원리는 생성의 질료적(質料的) 요소와는 구별되어 다만 질료의 결합원리나 변화의 법칙으로 파악될 수 있다. 따라서 생성원리는 기운에 상대되는 이치로서 기운에 작용하

---

6) 註 2) 참조.
7) 李承熙, 『韓溪遺稿』 6-205 :「韋君(廉臣, 英人) 上帝非太極論辨」.

는 법칙일 뿐이요, 기운의 존재근원이 아니라 본다. 그러나 태극
이 양과 음이라는 기운의 두 가지 기본형식을 갖추고 있으면서,
이 양과 음의 상호작용에 따라 만물이 생성되어 나온다고 이해
한다. 이러한 우주론적 이해체계는 생성의 모든 과정이 원리 없
이는 성립할 수 없고 따라서 존재할 수도 없다고 본다.

  궁극존재의 조화작용을 원리로 파악하는 것은 궁극존재의 철
저한 보편성과 근원성을 인식하는 것이고 동시에 그 진정한 실
재성을 확립하려는 입장이다. 이나 기가 어느 것이 앞서서 존재
한다고는 할 수 없지만 서로 떠날 수도 없다는 사실은 조화가
무에서의 창조가 아닌 변화현상 안에 있다고 할 수 있다. 그러나
무한한 변화의 가능성 속에서 하나의 구체적 현상으로 나타나게
할 수 있는 필연적 원리는 결코 변화현상에 지배되어 변화과정
을 설명해주는 법칙으로 한정시킬 수 없는 근원적 궁극성을 지
니는 것이다.

  궁극존재는 만물을 조화(造化)하는 주체이므로 만물을 주재하
여 제작[宰制]하는 기능과 주재(主宰)하는 지위를 갖는 것으로
본다. 상제는 특히 주재적 지위를 가리켜 일컫는 호칭이므로 상
제를 이치[理 곧 天理]의 존호(尊號)라 설명하기도 한다.8) 『주
역』에서는 하늘[乾]의 4덕으로 원·형·리·정(元·亨·利·貞)
이 제시되고 있다.9) 이 4덕에 대하여 " 원(元)은 사물을 낳는 주
재이고, …… 정(貞)은 사물을 저장하는 주재라." 하여, 만물을 낳
고 자라게 하고 익히고 간직하는[生·養·成·藏] 주재작용을 가
리키는 것으로 설명하고 있다.10) 따라서 상제 또는 하늘은 4덕으

---

8) 李震相, 『寒洲集』(一) 718 : 「主宰圖說」, " 帝者天之主宰, 而天理之尊號."
9) 같은 책.
10) *I Ching or Book of Changes*, The Richard Wilhelm Translation,
    rendered into English by Cary F. Baynes, London and Henley,
    Routledge & Kegan Paul, 1968, pp. 4-5.

로 만물의 생성을 주재하는 존재라 한다면, 신은 하늘의 4덕이
발휘되는 작용의 측면을 일컫는다.

여기서 주재성은 인격적 주체의 의지라고만 할 수가 없다. 태
극 내지 이치의 근원적 필연성과 그 작용의 신묘성 위에서 성립
된다. 따라서 주재성은 인격의 감성적 주체로서가 아니라, 자연의
필연적 원리로서의 주체이다. 또한 의지의 가변성과 임의성은 없
지만 특정한 작용에 한정시켜 헤아릴 수 없는 전체적 다양성과
신비성을 내포한다. 그러므로 주재적 지위를 통하여 궁극존재는
관념적 대상으로서의 자리를 넘어설 수 있게 된다. 따라서 근원
적 실체로서 세계를 적극적이고 능동적으로 구성하고 변화시켜
드러나게 하는 조화작용을 수행한다. 주재성은 궁극존재가 초월
자로서 현상세계 위에 군림하는 강제력의 권위가 아니다. 오히려
궁극존재가 자신의 본질로서 조화자의 조건에 따라 대상적 존재
를 구성하고 통제함으로써, 자신의 본질을 실현하는 세계의 내재
화(內在化)가 이루어진다. 또한 유교의 궁극존재는 주재적 역할
을 통해 대상적 존재 속에 자기본질을 발현시키고 있다. 따라서
유교에서는 궁극존재를 섬기는 태도에서 절대적으로 순종하여야
하는 타자적(他者的)이고 초월적인 주재자[天·上帝·神]의 지위
를 인정하면서도, 보편적 원리[太極·理·道]로서 내재적 일치성
을 명확하게 인식하고 있다. 이런 의미에서" 우주에 있어서의 주
재는 상제라 하고, 만물에 있어서 주재는 신이라 하고, 인간에 있
어서 주재는 마음이라 하며, 그 실제는 하나의 태극으로 통한
다."11) 하여 주재의 현상적 다양성을 구분하면서 근원적 일치성
을 재확인해 주고 있다.

---

11) 李恒老,『華西雅言』1-106 :" 在天地則主宰謂之帝, 在萬物則主宰謂之神,
在人則主宰謂之心, 其實一太極也."

## 1.4 궁극존재에 대한 인간의 태도와 체험

성리학에서 추구되었던 인간의 궁극존재에 대한 태도는 몇 가지 측면에서 검토될 수 있다.

첫째, 성리학에서는 특히 유교의 고전적 전통에서부터 기본문제로 제시되었던 하늘과 인간[天·人]의 관계에 관한 상관관계적 이해를 철저히 추구하였다. 여기서 천인합일(天人合一)의 일관적 이해를 철학적 기본명제로 부각시켰다.

" 하늘이 명령한 것을 성품이라 한다[天命之謂性]."(『중용』 1장)
" 황상제(皇上帝)께서 백성들에 속마음을 내려 주셨다[惟皇上帝 降衷于下民]."(『書』湯誥)
" 하늘이 뭇백성을 내시니 사물이 있고 법칙이 있다[天生烝民, 有物有則](『詩』大雅·蕩之什, 民)
" 마음을 다하는 자는 본성을 알고 본성을 알면 하늘을 안다. 마음을 지키고 본성을 기르는 것이 하늘을 섬기는 방법이다." (『맹자』, 盡心上)

이러한 경전의 언급은 궁극존재와 인간의 일관적 연관성을 밝힌 것이요, 존재적 일치성을 주장하는 것은 아니다. 이러한 경전에서 보이는 하늘과 인간의 상관성을 더욱 근원적으로 추구하여 궁극존재와 인간의 본질적 일치성을 확인하려는 요구가 성리학에서 나타나고 있는 것이 사실이다.

주돈이는 「태극도설」에서 태극으로부터 음양과 오행으로, 나아가 인간과 만물에로 전개되는 과정에서 태극이 모든 단계의 개체에 내재함을 밝혔다. 이와 더불어 장재(張載, 號 橫渠)는" 천지에 가득 찬 것은 나의 몸이고 천지를 거느리는 것은 나의 본성이라."12) 하여 우주와 인간자아의 근원적 일치를 언급하고 있다.

주희도 "인(仁)은 천지가 만물을 낳는 마음인데, 사람이 그 마음을 얻어서 자기 마음으로 삼았다."13)라 하였으며, 하늘의 4덕 (元· 亨· 利· 貞)과 사람의 4덕(仁· 義· 禮· 智)이 서로 상응하고 일치함을 확인시키고 있다.14)

하늘과 인간의 일치라는 성리학의 명제는 궁극존재와 인간의 본질적인 일관 구조를 보여주면서, 동시에 인간의 당위적 기준과 이상으로서 제시되고 있는 것이다. 인간은 하늘을 본성 속에 내재적으로 지니고 태어나지만, 또 그 본성의 회복과 배양을 통해 하늘과의 일치를 실현시켜야 하는 존재이다. 이렇게 본성의 회복을 통해 궁극존재와 일치하는 것은 인간의 자기완성이요, 이상의 성취를 의미한다. 여기서 하늘과 인간의 일치 곧 본성의 실현을 추구하는 과정에 나타난 유교적 태도와 체험의 양상을 검토해 볼 필요가 있다.

두 번째로 하늘과의 일치를 추구하고 본성을 실현시키기 위해 수양론적 방법을 탐색하는 문제가 제기된다. 성리학에서 가장 강조된 수양론적인 태도는 공경 [敬]의 실천이라 할 수 있다. 공경은 궁극존재가 완전하고 절대적 현실의 존재인 데 비하여 인간 존재가 불완전하고 가능적 존재라는 인간존재에 대한 자각에서 제시된다. 곧 인간은 궁극존재와 일치를 이상으로 한다는 방향에서 보면, 인간이 궁극존재로부터 이탈되어 있다는 것은 그만큼 선[완전함]으로부터 떨어져 있는 것을 의미한다. 따라서 공경은 유교적 삶 내지 배움의 시작에서 끝까지의 전체 과정에 부과되는 가장 기본적인 규범이기도 하다. 그리고 공경은 " 하나에 집중

---

12) 張橫渠, 「西銘」: " 天地之塞 吾之體, 天地之帥 吾其性."
13) 朱熹, 「仁說」: " 仁者, 天地生物之心, 而人之所得以爲心."
14) 權近의 「天人心性合一圖」(『入學圖說』의 제1도)나 鄭之雲의 「天命圖」에서도 天人合一의 명제가 중심내용으로 제시되었으며, 곧 조선시대 한국 유교사의 철학적 기본쟁점을 제공해 주었다.

하여 이탈되지 않는다. [主一無適]는 일관된 방향에로의 지향성으로 이해되고 있다. 이처럼 공경은 궁극존재나 어떤 가치 있는 대상에 대해 마음이 집중되어 있는 순수하고 단순한 상태이다.

『주역』에서는 "공경으로 마음을 곧게 한다[敬以直內]"라 하였고, 성리학에서도 공경이 마음의 통제원리[一心之主宰]임을 지적하였다. 공경은 겉으로 욕망에 이끌려 해이해지기 쉬운 마음과 몸의 태도를 정돈하고 엄숙하게 통제하는 것[整齊嚴肅]이며, 안으로는 가장 진지하게 각성된 상태를 지키는 것[惺惺法]이다. 그러면서 공경은 자의성(恣意性)에 빠지거나 개인적 의지의 활동에 휩쓸리기를 거부하여 자기를 비우고[虛] 감정과 의지의 활동을 쉬게[靜] 함으로써 인간정신의 깊은 속에 궁극존재와 만나고 일치할 수 있는 인간마음의 자리를 마련하는 것이기도 하다.

인간은 궁극존재와 동일한 본질을 마음 속에 본성으로 부여받았다. 따라서 인간은 마음을 보존하고 본성을 배양하여 본래 부여받은 것을 순수하게 회복하려는 경의 태도를 통해 내면 속에서 태극 또는 이치라 일컫는 원리적 궁극존재를 확인하고 세계 속에서 하늘 또는 상제라 일컫는 초월적 궁극존재와 일치할 수 있다. 곧 공경은 마음의 내면에서 순수하고 겸허하며 엄숙한 자기집중의 추구이면서, 외면으로 세계를 향해 두려움과 엄격함과 지혜로움으로써 우주적 궁극존재와 상조(相照)하고 공명(共鳴)하여 일치시켜 가는 방법이요 자세라 할 수 있다.

셋째로 인간은 공경을 지켜 마음을 주재함으로써 성취하는 궁극의 이상적 상태에 관심을 갖고 묻게 된다. 인간은 삶의 이상으로서 궁극존재와의 일치를 추구할 수 있다. 여기서 공경의 목표로서 궁극존재와의 일치가 실현된 이상적 상태는 성(誠) 곧 진실로서 제시된다. 성(誠)의 일반적 정의로서 "진실하여 거짓됨이 없는 것[眞實無妄]"이라 한 것도 궁극존재와의 일치 상태에서 인간의 진실함을 확인하고 있다.

> " 진실은 하늘의 도(道)이며, 진실을 실현하는 것은 사람의 도이
> 다[誠者 天之道也, 誠之者 人之道也]."(『중용』 20)
> " 진실은 하늘의 도이고 공경은 사람도리(人事)의 근본이니 공
> 경이 곧 진실이다."(程明道)

진실은 공경의 실천기준을 가리키고 동시에 공경의 완성을 가
리킨다. 곧 진실은 한편으로 인간을 통하여 드러나는 덕성으로서
성격을 지니고, 다른 한편으로 궁극존재와 일치된 공경을 완성시
키는 경지를 의미한다. 진실은 인간의 실천적 덕성으로 나타나고
있다." 진실을 실현하는 것은 선을 선택하여 굳게 지키는 것이
다."(『중용』 20)는 해명처럼 마음의 자세를 통제하는 공경의 태
도와 상통할 수 있는 것이다. 그리고 한 단계 나아가" 진실은 힘
쓰지 않아도 도리에 맞고, 생각하지 않고도 깨달아 얻고, 조용히
도에 일치하니 성인(聖人)이다."(『중용』 20-18)라는 언급에서는
궁극존재를 향한 인간의 지향이 결실되어 일치를 이룬 인격으로
서의 성인을 또한 진실이라 지적하고 있다. 여기서 진실은 자기
의 성취인 동시에 대상세계를 성취시키는 것이며, 주관과 객관의
분열을 넘어선 일치의 체험임을 보여주고 있다.(『중용』 25)
또한 진실은 궁극존재와 인간이 온전하게 일치를 실현한 상태
이므로 이상적 단계의 인간 곧 성인으로 드러나지만 또한 동시
에 하늘을 드러내는 것이기도 하다.

> " 지극한 진실[至誠]은 자기본성을 온전히 실현하는 것이며, 동
> 시에 남의 본성을 온전히 실현하는 것이다."(『중용』 22)
> " 지극한 진실은 미리 알 수 있으며, …… 신과 같다."(『중용』
> 24)

" 지극한 진실은 중단됨이 없다."(『중용』 26장)

이러한 『중용』 20장의 언급을 통해 진실은 인간과 궁극존재와의 깊고 온전한 일치를 체험하는 것이며, 인간을 통한 궁극존재의 생생한 드러남이라는 것을 이해할 수 있다. 따라서 진실은 인간의 궁극존재를 향한 추구이면서 궁극존재가 인간을 통한 드러남이라는 일치의 양면으로 이해될 수 있다. 이처럼 궁극존재와의 일치체험이 최상의 진실로서 확인되고 있음을 본다.

## 1.5 성리학의 궁극존재가 지닌 의미

성리학에서는 한편으로 우주와 인간의 근원적 만남 및 양자의 관계구조를 분석하면서, 다른 한편으로 인간의 실천적 당위규범을 제시하여 방대하고 정밀한 이론체계를 구성하였다는 사실에서 철학사에서 중요한 업적을 이루고 있다. 그러나 이들의 합리적 체계도 궁극존재의 개념에 대한 이해를 중심으로 반성해 본다면, 이들이 비종교적 합리주의를 관철하는 데에 목표가 있었던 것이 아니라는 사실을 확인할 수 있다. 오히려 이들은 궁극존재에 대한 유교적 신앙의 인식과 체험을 합리적으로 해명하고 있는 것이라 할 수 있다.

성리학에서는 궁극존재에 대해 어떤 고정된 명칭으로 개념내용을 엄밀하게 한정시키고 있지 않다. 이들은 궁극존재의 다양한 측면에 따라 여러 명칭들을 병용함으로써 이해와 접근의 방법이나 표현의 양상을 다양화시켜주는 특징을 지니고 있다. 그리고 궁극존재는 현상세계의 존재근원으로서 만물을 조화[창조]하고 있으며, 존재질서로서 만물을 주재하고 있다. 곧 조화와 주재는

유교의 궁극존재가 세계에 대해 관계를 맺고 있는 두 가지 기본
양상으로 나타난다. 또한 이때의 유교의 궁극존재는 현상세계에
대해 한편으로 초월성을 지니지만, 다른 한편으로 강하게 포괄성
내지 내재성의 성격을 지니고 있는 특징을 찾아볼 수 있다.

　인간은 만물 가운데 하나의 존재에 불과하지만 주재적 기능인
마음을 지닌 가장 탁월한 존재이다. 따라서 인간은 자신의 성품
으로서 내재적으로 간직한 궁극존재를 밝혀내고, 동시에 초월적
으로 존재하는 궁극존재의 의지와 자신을 일치시킬 수 있는 능
력을 가진 존재이다.

　유교의 입장에 있어서 인간이 궁극존재와 일치해 가는 성리학
적 방법으로 공경[敬]과 진실[誠]을 들 수 있다. 공경은 인간의
마음을 순수화시키고 집중시켜 자가상태에서 궁극존재를 지향하
는 신앙적 태도라 한다면, 진실은 궁극존재와의 일치를 유지하며
실현하는 신비적 체험이라 할 수 있다. 곧 공경을 통하여 인간은
궁극존재를 초월적으로 만난다면, 진실을 통하여 인간은 궁극존
재와의 신비적 일치를 실현하게 된다. 여기서 진실은 인간의 이
상적 상태로도 파악되고, 동시에 궁극존재 자체의 자기발현으로
도 파악되고 있다.

# 2. 유교의 인간이해

## 2.1 문제의 성격

유교의 전통과 신념체계에서는 인간의 문제가 핵심으로서의 자리를 잡고 있다. 초월적 존재에 자연적 사물을 포함하는 우주의 모든 존재를 이해하는 데에서도 인간의 문제는 출발점과 귀결점을 이루고 있다. 인간을 초월한 궁극존재도 인간을 통하여서 비로소 그 의미를 확인할 수 있다. 『중용』에서 지적하고 있는 것처럼," 인간이 중화를 이루면, 하늘과 땅이 바르게 자리잡고 만물이 온전히 자라난다."라 하겠다. 그러나 유교는 인간을 최고지위에 있는 존재로 확인하여, (신중심적 입장에 상반된) 인간중심주의 입장을 갖는 것은 아니다. 오히려 유교는 하늘과 만물 곧 우주의 모든 존재를 인간과의 관계 속에서 이해하려는 입장이며, 따라서 이러한 우주적 연관 속에서 인간이 인간답게 행동하고 살아가는 도리를 근본문제로 삼고 있다는 뜻에서' 인도주의' 라 할 수 있다.

초월적 존재로서 하늘과 자연적 존재로서 땅이라는 존재영역에 병립하는 인간존재는 이러한 존재영역 사이의 관계를 조화롭게 이루는 것을 기본목표로 하고 있다. 인간이 자신의 내면 깊이에서부터 우주의 무한한 넓이에로까지 조화를 넓혀간다는 것은 자기완성을 실현하는 것이다. 여기서 인간의 자기완성을 추구하는 과정의 문제는 인간이해의 핵심적 과제를 이룬다고 하겠다. 따라서 인간의 타고난 조건과 살아가는 태도를 파악하고 성찰할 필요가 생긴다. 인간존재에는 현실적으로 많은 대립요소나 갈등의 원인이 뿌리깊이 깃들어 있는 것이 사실이다. 이러한 문제의 해결을 위해서는 조리를 따라 본(本)과 말(末), 경(輕)과 중(重), 선과 후를 갈라놓고 짜맞추는 규범적 재구성도 중요한 문제이다. 또한 유교의 역사를 통해서나 오늘날의 상황에서나 유교적 인격이 세계 안에서 다른 문화의 인격과 조화를 이룰 필요성이 절실하다고 하겠다.


## 2.2 인간존재의 특성

1) **인간의 출생**: "인간은 어디서 왔는가" 또는 "인간은 어떻게 구성되어 있는가"라는 문제를 설명하는 유교전통의 신념은 매우 단순하고 확고함을 보여준다. 그것은 우주를 하늘과 땅과 사람의 3요소로 구성되어 있다는 존재영역에 관한 인식에 근거를 두고 있다.[1] 곧 하늘은 물질세계를 넘어 있는 궁극적 존재로서 인간에게 성품을 부여하였으며, 땅은 물질적 자연의 세계로서 인간의 신체가 여기에 기반하고 있는 것이다. 인간이 하늘과 땅으로부터 성품과 신체를 부여받아 하나의 생명체를 이루는 사실의 가장

---

[1] 인간의 발생과정을 보면 『주역』 서괘에서 "천지가 있은 다음에 만물이 있고, 만물이 있은 다음에 남녀가 있고, 남녀가 있은 다음에 부부가 있고, 부부가 있은 다음에 부자가 있고 …… 라 하여 우주의 전개과정에 인간존재의 출현을 확인한다. 그러나 현상세계를 설명할 때에는 하늘[天]·땅[地]·사람[人]의 3존재 영역 곧 三才는 서로 독립되고 상호 작용하는 관계를 갖는 것으로 파악된다. 따라서 현상세계의 모든 변화를 설명하고 상징하는 역의 괘는 이 '3재'의 형식을 기초로 한다. 『주역』계사 하에서는 "역이라는 책은 넓고 크며 다 갖추어서, 여기에 천도가 있고 지도가 있고 인도가 있으니, 3재를 아울러서 거듭하였는지라 6이니, 6은 다른 것이 아니라 3재의 도이다."라 하여, 3재가 역의 기초를 이루는 것임을 밝혔다.

깊은 근원에서는 하늘의 주재(主宰)가 작용하고 있다. 이런 의미
에서 인간은 하늘로부터 생명을 부여받았다고 할 수 있다. 하늘
은 인간존재의 궁극적 근원이다. "하늘이 백성을 낳았다."(『시
경』 255, 260)라는 표현은 인간생명의 전체를 하늘에서 부여된
것으로 확인하는 것이고, "하늘이 나에게 덕을 낳아주셨다."(『논
어』 7-23)라는 공자의 연명은 인간 내면의 깊이에 하늘로부터 부
여받은 요소가 있음을 제시해 준다고 하겠다. 인간의 생명이 혈
연적으로 부모에 의하여 출산되는 것은 가장 직접적인 사실이다.
따라서 인간생명의 근원적인 존재영역인 하늘과 땅도 부모와 상
응시켜 설명되고 있다. 『주역』에서는 건괘(乾卦)를 하늘 또는 아
버지로 형상하며, 곤괘(坤卦)를 땅 또는 어머니로 설명하는 데서
근거하여, 하늘이 인간의 아버지요 땅이 인간의 어머니라는 우주
론적 가족관계가 제시되고 있다.2) 이때에 유교에서는 하늘이 언
제, 어떻게, 왜 인간을 낳았는지 설명하려는 신화적 대답에 관심
을 기울이지 않는다. 그보다는 하늘이 인간에게 무엇을 부여하였
고, 어떻게 쓸 것인지에 주의를 기울여 논의하고 있다. 유교적 의
미에서 창조는 신화적 시간 속에서 일어나는 사건이 아니다. 하
늘은 그 자체의 생성원리에 따라 인간과 사물을 산출하는 존재
근원을 의미한다. 하늘에 상응하는 땅도 그 존재근원을 하늘에
두고 있지만, 하늘이 구체적인 사물이나 인간을 생성할 때는 땅
의 형체와 하늘의 본성을 결합시키고 있다. 따라서 인간은 하늘
로부터의 성품과 땅으로부터의 육신을 부여받은 존재로 설명된
다.

2) 인간존재의 근본구조: 인간은 하늘의 성품과 땅의 육신을
결합한 존재로 설명될 수 있지만, 그렇다고 인간존재 전체가 하

---

2) 장횡거의 「西銘」및 李晬光의 「採薪雜錄」(『芝峯集』) 참조.

늘과 땅으로 환원되어 다시 하늘과 땅만 있는 텅 빈 원점으로
돌아가는 인류의 소멸 내지 창조의 역행은 인정하지 않는다. 세
계 자체는 이미 하늘·땅과 더불어 인간의 필연적 존재영역으로
어느 하나도 결여할 수 없는 상호 연관 속에 존재한다. 인간이
육신과 성품을 부여받았을 때에는 서로 이질적인 것이 섞여 있
듯이 간직되고 있는 것이 아니다. 인간은 자신의 구성요소들을
가장 독특하게 결합하여 새로운 존재의 영역을 정립하였다. 곧
인간은 마음이 있어서 성품을 간직하면서 육신과 결합되고 있다.
마음은 육신에 상대되는 구성요소로 파악되기도 하지만, 오히려
마음이 성품이나 육신을 모두 자체 안에 포함하고 있는 인격통
합의 중심체라 할 수 있다. 인간의 생명은 생물학적으로는 육신
의 기능에 연결된 것으로 볼 수 있겠지만, 인격적으로는 마음에
속하는 것으로 볼 수 있다. 마음은 육신과 분리되어 존재하는 것
은 아니나, 육신을 명령하고 주재하는 지위에 있는 존재이다.3)
마음도 육신의 영향을 받을 수 있지만, 인간생명의 주체는 마음
으로 이해된다. 성품과 욕망은 모두 마음에 깃들어 있으면서 각
각 하늘과 땅에서 근원하는 것으로 구분될 수 있다. 따라서 마음
은 인격의 통합적 중심으로서 올바른 인격의 상태를 실현하기
위해 노력하는 도덕적 주체라 할 수 있다. 유교이념에서는 하늘
로부터 부여된 성품은 순수한 선이요, 보편적 이치이며 불멸적인
존재라 인식되고 있다. 욕망과 연결되어 있는 육신은 선의 기준
으로부터 이탈하기 쉬운 가능성을 가진 충동적 힘이요, 개체적이
면서 가멸적 존재이다. 마음은 선과 악이 실현되는 계기요 현장
이며, 개체적이고 가멸적인 충동을 그릇으로 삼아, 보편적이고 불
멸적인 이치를 받아들이고 있으며, 이 양자를 결합하는 인격의

---

3) 陳淳(北溪)은 "마음은 한 몸의 주재이다."라 하여, 인간의 신체적 동작과
   의지의 작용이 모두 마음에 주재를 받는 것이라 하였다.

중심을 가리킨다.4) 따라서 마음은 인간이 성품을 발견하여 하늘에까지 나아갈 수 있는 필수적인 통로라 할 수 있으며, 하늘이 세계를 주재하는 지위에 상응하여 인간 자신의 신체를 주재하는 지위에 있음을 주목한다.

3) 인간 삶의 기본 특성: 인간이 어떻게 살아가야 하는가의 문제에 관한 유교의 기본적 관심을 풀어주기에 앞서서 인간은 어떻게 주어져 있는가를 이해할 필요가 있다. 인간이 신체를 지니고 살아간다는 사실은 이 세상에서 시간과 더불어 변화하는 존재요, 생장 소멸의 변화과정 속에 있는 존재임을 말한다. 따라서 인간존재는 불멸의 존재에 비하여 불완전하다고 할 수 있다. 이에 따라 유교전통에서는 인간의 불완전성을 인정하며 전제로 하고 있지만, 그보다도 인간은 모든 사물 속에서 가장 탁월한 존재라는 사실에 더욱 주목하고 있다는 점에서 유교적 입장의 특징이 있다. 인간이나 사물이나 모두 물질적 조건을 함께 부여받았지만, 인간은 어떤 사물보다도 더욱 맑고 순수한 기질을 타고났다는 신념을 보여준다. 인간이 맑고 순수한 기질을 지니고 있다는 사실은 그만큼 기질의 제약을 덜 받고 있으며, 성품의 온전한 발휘를 할 수 있는 매우 높은 가능성을 가지고 있음을 말하는 것이다. 인간이 현재적으로 불완전하다는 사실을 비관적으로 평가하는 입장이 아니라 인간에게는 무한한 가능성이 있음을 강조하는 입장이다. 인간은 자기 마음의 작용 곧 의지나 사려를 통하여 자신에게 부여된 하늘의 명령[곧 성품]을 실현하고 드러낼 가능성을 갖는다. 사물들도 그 사물에 부여된 성품을 실현하는 것이 사실이다. 그러나 사물은 개체에 따라 고정된 성품을 실현하는 것이지, 성품의 보편적이고 심원한 깊이에서 실현하는 것은

---

4) 권근의 『入學圖說』 제1도인 「天人心性合一之圖」를 참조.

아니다. 이에 비하여 인간은 인간의 고유한 성품을 실현하면서 나아가 하늘의 보편적 성품에 인간의 성품을 일치시켜 갈 수 있는 존재이다.5) 인간은 사물처럼 주어진 성품과 기질에 갇혀 있는 존재가 아니다. 자신의 인격적 주체가 능동적으로 작용할 수 있는 조건을 지닌 열려 있는 존재임을 보여준다. 따라서 인간은 자신의 의지에 따라 하늘과 일치하는 데로 나가기도 하고, 하늘의 명령인 자신의 성품을 외면하고 육신의 요구에 따라 가기도 한다. 인간은 자신의 행동을 자신의 마음에 의하여 충분히 통제할 수 있는 능력을 지니고 있으므로, 선한 행동이나 악한 행동에 대해서 스스로 책임을 지는 주체적이고 자율적 존재이다.

인간이 탁월한 기질을 갖고 태어났다 하더라도 기질의 제약을 완전히 벗어난 것은 아니요, 마음이 육신을 통제한다 하더라도 통제력은 자신의 결단에 의하여 발휘하는 만큼, 인간은 부단히 마음의 통제력을 올바르게 발휘하지 못하거나 육신의 욕구에 이끌려 악을 저지르는 위험에 놓여 있다. 현실적으로는 인간에게서 과오나 죄악을 찾는 것은 매우 쉬운 일이요, 오히려 선을 발견하기가 어려울 수도 있다. 육신의 욕구에 빠질 위험이 있는 인간의 마음을 가리켜, " 사람의 마음은 위태롭다."(『書經』 大禹謨)라고 경고하기도 하였다. 또한 인간이 자신의 마음속에서 하늘의 명령과 육신의 욕구 사이에서 갈등을 일으키고 있는 동안, 현실적으로 인간은 악에 빠지는 일이 더욱 빈번한 것이 사실이다. 유교의 신념에서는 인간이 아무리 악을 저지르는 일이 있다 하더라도 그 악의 원인은 육신의 욕구에 이끌렸기 때문이요, 인간의 본성은 변함 없이 선한 것이라고 확인한다.6) 물론 선과 악을 저지르

---

5) ‘天人合一’은 유교에서 인간의 수양론적 이상이요 목표라 할 수 있다. 그것은 인간이 현실 속에서 天人合一을 구체적으로 경험한다는 신비적 의식이나 인간존재가 근본적으로 天을 내재화한 존재로서 天과 일치한다는 天의 범신론적 이해는 아니라 하겠다.

는 것은 인간 마음의 자율적 의지에 따른 것이기 때문에 악한
행위에 대한 벌을 받아야 한다. 그러나 그 처벌은 육신과 육신의
욕구에 끌려간 마음의 부분에 부과되는 것이요, 그 인격의 핵심
에 깃들어 있는 성품은 죄가 없으며 벌을 줄 수도 없다. 통속적
으로 유교사회에서는 인간이 지켜야 할 도덕률을 깨뜨린 죄인에
게 대하여' 성품을 잃은 자' 라고 일컫는 경우가 흔하다. 성품이
죄악과 관련이 없음을 의식하고 있는 하나의 증거가 될 것이다.
『중용』에서" 하늘이 명령한 것을 성품이라 한다." 하고, 맹자가
" 성품은 선하다."라고 주장한 이후, 유교전통은 인간내면 속에
근원적으로 선의 근거가 있으며, 인간은 악에 빠졌더라도 언제든
지 다시 선에로 돌아올 수 있는 가능성이 있음을 굳게 신뢰하고
있다.

　인간은 육신을 가진 존재이기 때문에 육신이 필요로 하는 것
을 제공해 줄 필요가 있다. 성장하거나 생존하기 위하여 음식물
을 공급하여야 하고, 육신이 활동하기에 적절한 상태를 유지하기
위하여 옷을 입어야 하고 집에서 잠을 자야 한다. 육신을 건강하
게 유지하기 위하여서는 휴식만 할 수 없고 일정한 운동도 하여
야 한다. 이러한 필요를 충족하는 것에 마음을 쓴다고 하여 마음
을 해치는 것이라 생각하지 않는다. 육신이 쾌적한 상태를 이루
는 것은 마음과 육신의 조화를 위해서도 필요한 것이다. 마음은
육신이 현재에 필요한 것만 아니라 앞으로 필요한 것을 미리 충
분하게 마련하기 위하여 여러 가지 판단을 제공해 주기도 한다.

　이러한 육신의 필요를 마련하기 위하여 인간은 노력하여야 한
다. 따라서 재화의 생산을 위한 노동에 부지런한 것은 덕에 맞는

---

6) 인간의 성품이 선한지 악한지의 문제에 대한 접근에서 맹자와 순자의 입
　장이 전혀 상반된 것이지만, 송대 이후 맹자의 性善說이 유교의 정통입
　장으로 확립되었다.

행동으로 인정된다. 그리고 재화의 낭비와 사치는 덕을 잃는 행
동이 된다. 인간이 재화를 생산하는 것은 인간의 생존을 위하여
필수적인 것이며, 그만큼 정당한 것으로 인정한다. 그러나 유교의
전통사회에서는 사회의 신분계급의식과 전문화의식에 따라 지배
를 받는 자는 힘을 써서 노동하는 자[勞力者]이며, 지배하는 자는
마음을 써서 일을 하는 자[勞心者]라 하여 구분하고 있다. 노동은
기본적인 삶의 조건이지만 마음을 쓰는 지배계층은 노동을 하여
생산한 재화를 공급받을 권리를 갖는 것으로 인정하였던 것이다.
오늘날에는 다만 유교이념에서 육신보다 마음의 영역이 더욱 고
귀한 것이며, 인간은 마음으로 육신을 주재하여야 하는 질서를
이루고 있는 존재로 확인할 수 있다.

4) 죽음과 인간존재의 한계: 육신을 가진 인간은 일정한 시간
에 태어나고 성장하며 노쇠하고 죽어야 하는 존재라는 점에서는
다른 생물과 동일하다. 그러나 인간은 자신의 육신을 스스로 통
제할 수 있는 주체로서 마음을 지닌 존재이므로 자신의 출생을
조종할 수는 없지만 의지에 따라 산아조절을 하여 인간 생명의
출생조차 조종하고 있다. 또한 죽음에 대해서는 자신의 의지에
따라 죽음을 막기 위한 노력도 하고 자살을 하여 죽음을 재촉하
기도 한다. 또한 인간의 마음은 현재의 순간적 감각에만 사로잡
힌 것이 아니라 시간을 넘어서 인간존재의 시작과 끝에 대한 추
론을 하고 있다. 유교에서도 죽음에 대한 이해를 체계화시키고
있다.
유교의 인간생명에 대한 인식에 의하면 인간의 육신은 죽음과
더불어 땅에 묻히어 점차 흙으로 돌아간다. 또한 인간의 성품은
인간 개인에게 깃들어 있었지만 본래 개인에게 속하는 개체적
존재가 아니므로 하늘이 거두어 가는 것이요, 인간의 마음은 살

아 있을 때는 육신과 분리될 수 없다가 죽은 다음에 비로소 분리되어' 혼(魂, 영혼)'으로 일컬어진다. 육신은 사후에' 백(魄)'이라고도 불리며 땅으로 돌아간다면, 마음은 죽은 다음에' 혼'으로서 공중에 떠돌게 되고' 백'과 마찬가지로 서서히 공중에서 녹아 사라진다고 본다. 이때 사라지는 것은 개체적인 구별이 사라지는 것이요, 사실은 흙이나 바람으로 섞이어 들어갔다고 생각할 수 있다. 이런 뜻에서 유교전통에서는 인간의 죽음을' 돌아감'이라 표현하고 있음을 볼 수 있다. 인간이 땅에서 육신을 받고 하늘의 성품과 육신이 만나면서 마음이 통합적 중심을 이루었으므로 마음은 땅의 요소와 하늘의 요소를 결합한 것으로 본다면' 혼'은 하늘 가까이 공중을 떠 있다가 사라지는 것으로 이해하고 있다. 인간이 죽은 뒤에 사라지는 것, 곧 정확하게 표현하면 본래 왔던 곳으로 다시 돌아가는 것은 한 개체의 입장에서 본다면 슬픈 일이요, 우주의 전체에서 본다면 벗어날 수 없는 필연의 법칙에 의한 것이다. 따라서 개체가 죽음을 당하면서부터 사라지는 초기에는 후손들에게 매우 슬픈 일로 받아들여진다. 이 기간이 상례(喪禮)의 기간이다. 그러나 상례의 기간이 지난 다음부터 거의 대부분 사라지는 때까지는 후손에 대해서 조상신으로 후손을 축복할 수 있는 신적 존재로 모셔진다. 이 기간 동안 후손들은 죽은 조상에게 제사를 드린다. 대체로 4대손까지(약 120년간) 제사가 드려진다. 조상신도 소멸되었다고 생각되는 5대손 이후에는 특수한 인물의 경우를 제외하고는 제사도 폐지하게 된다. 유교전통에서는 한 인간이 죽음으로 갑자기 완전히 사라지거나 전혀 다른 세계에 가지는 않는다. 서서히 사라지는 것이요, 사라지기 전까지는 후손들이 모시는 사당 안에서 조상신으로 존재한다고 생각되는 것이다.

유교에서는 한 인간이 죽으면 마음과 육신이 분리되고 사라져

가는 존재라 하더라도 그것은 부분적 사실이요, 다른 부분에서 그 인간은 그의 혈통을 이은 후손에로 그의 생명이 이어진다고 이해한다. 따라서 일부분은 죽음으로 돌아가는 과정에 놓이고 나머지 일부분은 후손의 생명을 통하여 이어져 가는 것으로 받아들임으로 자기존재의 연속성을 확보하고 있다. 죽은 뒤에 불멸하는 것은 육신도 영혼도 아니다. 다만 육신과 영혼이 돌아가는 우주 그 자체가 영원하고 후손에로 이어가는 생명이 무궁할 수 있다. 유교적 신념에서는 한편으로 인간의 죽음이란 자연의 법칙에 따르는 것이요, 자연에로 돌아가는 것이라 확인하여 평안을 얻을 수 있으며, 다른 한편으로 후손으로 무궁히 이어진 핏줄의 생명 속에 자신이 부분으로 살아 있다는 확신이 죽음에 대한 유교적 달관의 방법이다.

## 2.3 삶의 규범과 인간완성의 방법

1) 인간의 존재이유와 삶의 목적: 인간이 이 세상에 태어난 것을 하나의 커다란 축복으로 받아들이는 것이 유교의 일반적 태도이다. 인간은 이 세상에 태어나는 것을 스스로 선택하지는 않았지만, 이 세상에 태어나게 한 사실을 자각하면서 자기의 육신을 낳아준 부모와 자기 존재의 근원인 하늘과 땅에 대하여 인간은 은혜를 받은 것으로 인식하고 감사를 드리는 것을 가장 큰 의무로 받아들이고 있다.7) 인간은 자신이 부여받은 육신도 자기만의 것이 아니라 부모가 물려주신 것으로서 부모의 것이기도

---

7) '報本反始' (『禮記山郊特牲』)의 원칙은 인간이 부모에 대한 효도의 규범에 근거가 되는 것이기도 하고, 보다 확대되어서 인간생명의 근원으로서 하늘에 대한 인간의 순명(順命)에 근거가 될 수도 있다.

하다고 생각한다. 이 점에서는 자신의 생명도 자신이 마음대로
할 수 있는 것이 아니다. 인간은 개인으로서 완전히 고립된 존재
가 아니라 부모를 통하여 조상과 연결되고 자식을 통하여 후손
으로 연결되는 한 매듭으로서 자신이 지켜야 할 역할과 책임이
있다. 인간이 이 세상에서 책임과 의무를 지고 있는 일은 그가
이 세상을 벗어날 수 없음을 말해준다. 인간은 이 세상에 존재하
지 않으면 안 될 이유를 충분히 가지고 있다. 따라서 인간은 인
간다운 가치를 지키기 위해서 또는 실현하기 위해서 자신의 육
신 또는 생명을 버릴 수 있지만, 인간이 인간으로서 존재하기를
포기하는 행위는 용납되지 않는다. 유교사회에서는 긍정적인 평
가를 받는 자살 곧 의리를 지키기 위한 자살도 있지만, 자포자기
적인 태도는 인간으로서의 책임과 의무를 폐지하는 것으로 가장
엄격한 비판을 받게 된다. 인간의 생명에 대한 가치와 정당성을
인식하는 것은 인간의 존재이유에 대한 기초가 되는 것이다.

　인간이 육신을 가지고 있다는 사실은 인간의 불완전함을 보여
주는 가장 뚜렷한 증거로 받아들여진다. 그러나 하늘의 명령으로
서 성품이 주어져 있다는 사실은 인간이 하늘을 따를 수 있는
기준과 방향을 가지고 있음을 말한다. 그것은 불완전한 인간이
완전하게 될 수 있는 가능성을 갖고 있음을 말해준다. 따라서 유
교의 인간 삶에 대한 태도는 기본적으로 낙관적이며 어떠한 경
우에도 희망을 잃지 않는 것이다. 자신의 현재 삶이 아무리 고통
스럽더라도 그리고 아무리 미숙하더라도 좌절하거나 포기하는
것은 인간의 삶의 의미에 역행하는 것이라 할 수 있다. 유교는
인간이' 자신의 의지를 스스로 채찍질하여 조금씩이라도 꾸준히
자기완성의 길을 가도록 요구한다. 여기서 인간완성에로의 길은
인간이 자신의 성품을 따름으로써 하늘의 뜻에 일치해 가는 것
을 말한다. 인간은 하늘로부터 부여된 존재요, 하늘의 명령을 받

는 존재이므로 인간이 하늘의 뜻과 일치되는 것은 자신의 의무와 정당성을 충족시키는 자기완성이라 할 수 있다. 하늘과 인간이 일치하는 것은 유교적 삶의 목표요, 이상의 상태를 가리키는 것이다. 유교에서 삶의 목표를 인간이 하늘과 일치하는 것이라 하더라도 그 일치의 의미는 인간이 하늘에 흡수된다거나 하늘과 일체가 되어 인간이 곧 하늘이 되는 것이 아니다. 인간은 삶의 최종적 목표에 도달하더라도 여전히 인간일 뿐이다. 오직 인간은 하늘과 일치됨으로써 인간 자신을 완성할 수 있을 뿐이다. 인간은 하늘과 일치함으로써 자신의 의지가 하늘의 명령과 일치하는 상태에 이름으로써 가장 완전한 자율성을 누리게 된다. 공자가 70세에 이르게 된 경지인 " 마음이 하고자 하는 바를 따라도 법도에 어긋나지 않는다."(『논어』 2-4)는 경지를 의미한다고 볼 수 있다. 이러한 완성된 인간의 모습을 ' 성인(聖人)' 또는 ' 대인(大人)' 이라 일컫는다.

　2) 삶의 구체적 조건과 규범: 인간은 현실적으로 여러 가지 욕구의 충동이 서로 충돌하는 가운데 살아가고 있다. 따라서 인간은 자신을 완전하게 통제할 수 없으므로 자신의 불완전성을 본질적 성격으로 드러내고 있다. 그러나 인간이 자신의 불완전성을 극복하고 완전한 자신을 성취하고자 한다면 욕망의 충동을 억제하고 지켜야 할 명령을 받아들여야 한다. 이때에 인간이 지켜야 할 최상의 명령은 하늘의 명령이다. 이 하늘의 명령을 실천하기 위해서는 육신을 갖고 있는 인간은 자신의 생활조건에 적합한 규범의 형식을 파악하여야 한다. 그것은 인간의 구체적 행동과 사고에 작용할 수 있는 도덕적 규범의 형식으로 나타나게 된다. 그리고 인간은 이 도덕규범을 통하여 자신을 완성하는 길을 갈 수 있을 것이다.

인간이 살아가는 현실적 조건의 가장 뚜렷한 것을 크게 두 가지로 본다면, 온갖 사물을 포함하는 자연의 세계와 여러 가지로 얽혀 있는 인간의 세계라 할 수 있다. 이러한 세계에 대한 한 인간의 관계는 복합적으로 작용하고 있을 뿐만 아니라 시간의 변화에 따라 무수한 상황으로 변해 가는 것이다. 하늘의 명령도 이러한 구체적 상황에 인간이 대응할 수 있는 규범으로 파악되어야 한다. 여기서 인간이 자연이나 다른 인간의 세계와 관계를 맺을 때 작용되는 가장 근원적 규범은' 인(仁)'으로 파악되거나' 인(仁)'과' 의(義)'로 제시된다." 부모에 친하고[親] 백성에 어질고[仁] 사물을 사랑한다[愛]"(『맹자』 7A-45)라는 언급에서 제시된 친· 인· 애의 3덕목은 모두' 인'이 세계와의 관계 속에서 대상에 따라 다른 형식으로 나타난 것이다. 특히 인간관계에서' 인'의 의미를 강조하여' 인(仁)'자는 한문글자에서' 두 사람'을 뜻하는 것이며, 논어에서 공자의 일관된' 도(道)'라 일컬어지는' 서(恕) [내 마음을 미루어 남의 마음과 한 마음이 됨]'나" 내가 하고자 하지 않는 것은 남에게 베풀지 말라."는 격언과 통하며, 『대학』에서 말하는 혈구지도[絜矩之道, 자기를 척도로 하여 남의 마음을 헤아려 일치하는 원리]로도 파악할 수 있다. 맹자가"' 인'은 사람의 편안한 집이요,' 의'는 사람의 바른 길이다."(『맹자』 4A-11)라 하였을 때' 인'과' 의'는 어떠한 대상세계에 대하여서거나 인간이 지켜야 할 가장 기본적인 도덕규범으로 제시된 것이다.

우주 속에서 인간의 삶과 도덕규범이 발생하는 과정에 대하여 『주역』에서는 다음과 같이 설명하고 있다." 하늘과 땅이 있은 다음에 만물이 있고, 만물이 있은 다음에 남자와 여자가 있고, 남자와 여자가 있은 다음에 남편과 아내가 있고, 남편과 아내가 있은 다음에 부모와 자식이 있고, 부모와 자식이 있은 다음에 임금

과 신하가 있고, 임금과 신하가 있은 다음에 윗사람과 아랫사람
이 있고, 윗사람과 아랫사람이 있은 다음에 예법과 의리를 둘 곳
이 있다."(『주역』 서괘 2) 인간의 삶에서는 하늘과 땅과 만물은
외재적 대상이라 한다면, 남녀는 인간의 자연적 조건이요 부부와
부자는 가족관계며 군신과 상하는 사회적 조건으로서 모두 인간
관계라 할 수 있다. 유교의 규범은 근본적으로 인간관계의 규범
으로 나타난다. 인간관계에 따른 기본적 도덕규범은 '오륜(五
倫)'을 들 수 있다. 곧 부자유친(父子有親), 군신유의(君臣有義),
부부유별(夫婦有別), 장유유서(長幼有序), 붕우유신(朋友有信)으로
서 인간의 상호적 관계의 규범이다.8) 이 '오륜'은 하늘이 인간에
게 부여한 성품의 기본 구성인 '오상(五常)' 곧 인(仁)· 의(義)·
예(禮)· 지(智)· 신(信)과 상응하는 깃으로 이해되고 있다. 성품
은 육신에 깃들어 있으므로 육신에 적용되는 사물의 구성원리인
수(水)· 화(火)· 금(金)· 목(木)· 토(土)의 '오행(五行)'에 의하여
제약을 받을 수 있고, 이에 따라 '오상'으로 파악된다. '오상'의
'인(仁)'은 '오륜'에서 부모와 자식 사이에 요구되는 '친(親)'
에 상응하고, '예(禮)'는 남편과 아내 사이에서의 '별(別)'에 상
응하는 등으로 설명하고 있다. 인간관계의 규범인 '오륜'이 성품
에 근거하고 있음을 확인하는 것이다.
  '오륜'과 더불어 또 하나의 가족관계의 규범은 나를 중심으로
한 것이다. 그것은 위로 부모에 대한 '효(孝)'와 좌우로 형제에
대한 '제(悌)'와 아래로 자녀에 대한 '자(慈)'이다. 효· 제· 자의
가족적 도덕규범은 사회적 인간관계에로 상하좌우의 확장을 통
하여 넓혀갈 수 있다. 유교의 사회의식은 가족관계를 기초로 하

---

8) 『맹자』 등문공 상에서 제시한 5륜의 규범도 순임금이 契을 司徒의 직책
  에 임명하여 가르쳤던 인륜이라 밝힘으로써 신화적 시원성을 강조하였
  다.

고 있으며, 국가도 가정의 확대된 형식으로 이해하는 측면이 있다. 사회의 규범으로서 자신의 중심에서부터 실현되는 '충(忠)' 과 '신(信)' 이 있으며, 나아가 세계 전반에 대한 인간의 규범으로서 '중(中)'·'정(正)'·'화(和)' 등의 규범을 들 수 있다.

유교적 도덕규범은 가족 내지 사회적 인간관계에서나 하늘과 자연의 대상세계에 대해서 조화와 질서를 이루는 것을 추구한다. 그것은 성품을 따르는 것이며, 유교적 인격이 지켜야 할 인간의 길이다. 인간이 가야 할 올바른 길[道]을 제시하는 것이 '교(敎, 유교)' 이며, '교'를 따라 '도'를 실천하여, 성(性, 성품)을 인식하면, 인간은 마침내 하늘을 알게 되고 하늘과 조화를 이룰 수 있게 되는 것이다. 유교적 도덕규범은 인간이 하늘의 뜻을 따르고 하늘과 조화함으로써 인간완성의 목적을 실현할 수 있게 하는 길이라 할 수 있다.

3) **인간완성의 방법과 성취**: 인간이 자신에게 부여된 가능성을 완전히 실현하여 자기완성을 이루는 데는 크게 두 가지 길이 있다. 그 하나는 자신의 내면에서 욕심을 억제하고 도덕규범을 실천하는 데 노력하여 마침내 자기의지와 도덕규범을 일치시키는 것이다. 다른 하나는 인간이 궁극적으로 추구하는 최종의 목표인 하늘의 뜻을 직접적으로 경험하는 것이다. 전자는 엄격한 윤리적 생활이고, 후자는 보다 신비적 체험에 속하는 것이다. 유교는 이 두 가지 방법을 전혀 대립된 것으로 보지 않는다. 오히려 항상 두 가지 방법이 동시에 추구되고 한쪽에 치우치는 것을 경계하였다.

인간은 사물의 객관적 세계에서 올바른 지식을 얻고[格物致知] 의지를 정성스럽게 하며[誠意] 마음을 바르게 함[正心]으로써 자신의 덕을 닦을 수 있다. 이런 수신(修身)의 방법을 기초로 하여

인간은 올바른 인간관계를 이루어 가정을 바로잡고[齊家] 나라를
다스리고[治國] 천하를 평화롭게 하는[平天下] 성취를 이룰 수 있
다. 이것은 바로 인간이 인간답게 살 수 있는 세계를 형성하는
것이다. 인간은 자신의 노력에 의하여 자신의 가까운 주위부터
넓게는 온 세계를 바르고 화평하게 이루는 것을 과제로 갖고 있
다. 유교의 인간완성은 이 세상 안에서 이루어지는 것이요, 또한
인간관계를 통하여 이루어지는 것이라 할 수 있다. 지성과 의지
와 마음의 올바른 작용을 통하여 자신의 덕성을 연마하며, 이와
동시에 가정과 국가 및 인류에로 자신의 역할을 통하여 올바른
길을 밝히는 것이다. 한 인간의 덕성도 한 인간 속에서 완결되는
것이 아니라 가정과 사회의 관련 속에서 연마되고 완성될 수 있
다. 인간의 모든 도덕규범들은 인간관계를 기준으로 하고 있는
것이며, 사물이나 초월적 세계에 대하여도 인간관계의 규범을 확
장시켜 쓸 수 있다.

　근원적으로 말하면 인간은 유한한 존재이다. 따라서 인간은 절
대적인 지위를 지닌 무한한 존재에게 자신을 맡기고 순종하는
태도를 취하게 된다. 유교에서는 인간이 하늘의 명령에 순종하는
것을 가장 근원적인 의무로 인정하고 있다.“ 하늘의 명령을 모르
면 인격을 갖춘 인간이 될 수 없다.”(『논어』 20-3)라 하거나“ 50
세에 하늘의 명령을 알게 되었다.”(『논어』 2-4)라 하고,“ 인격을
갖춘 사람은 하늘의 명령을 두려워한다.”(『논어』 16-8)라 한 공
자의 언급은 인격의 어떤 단계에서는 하늘의 명령을 알고 두려
워하여야 함을 확인시켜 준다. 인간 삶의 목표를 하늘의 뜻에 일
치하는 데 두고 있으므로 하늘의 명령에 따르는 것은 인간이 하
늘의 뜻에 일치하는 가장 확고한 방법이라 할 수 있다.“ 인간은
자신의 마음을 온전하게 발휘함으로써 성품을 알 수 있고, 성품
을 앎으로써 하늘을 알 수 있다.”(『맹자』 7A-1)는 맹자의 해명

은 인간내면에서 하늘을 찾아가는 방법을 말해준다. 마음을 항상 잘 간직하고[存心] 성품이 발현되도록 마음을 잘 가꾸며[養性], 자신의 모든 행동과 생각이 작용할 때 깊이 살펴서 경계하는[省察] 일은 천명을 지키는 인격의 배양방법이다. 이러한 마음의 자세를 '경(敬, 공경함)'이라 규정하고, '경'은 집중된 마음이요 깨어 있는 마음으로 이해하기도 한다. 인간이 하늘의 뜻을 마음속에서 찾는 방법과 더불어 또 하나의 방법은 눈을 드높이 들어서 밖에서 하늘을 찾는 방법도 있다. '신(神)'의 무한한 능력을 만나면서 인간은 '신'에게 자신의 고통을 멀리하고 복을 내려주도록 간청한다. 또한 인간은 신을 존숭하여 '신'에게 희생물을 제물로 바치면서 '신'의 뜻에 일치하기를 기원하기도 한다. 이러한 제사는 자신의 조상신에게도 드려지고, 산천의 여러 자연신들에게도 드려지고 있지만, 가장 높은 절대적 존재는 '하늘' 곧 '상제'이다. 제사를 통하여 인간은 하늘과 만날 수도 있고, 조상신과도 만날 수 있다. 제사의례는 유교전통과 신념에서 '신' 내지 초월적 존재와 인간이 직접 만나고 축복을 받으며, 인간이 하늘 또는 '신'의 뜻에 따른 삶을 살 수 있는 중요한 방법이 되고 있다. 제사에서 가장 중요한 인간의 태도는 공경이며 정성스러움이다. '경(敬)'과 '성(誠)'은 인간의 내면적 수양법의 기본원리이며, 동시에 제의에 있어서 신에 대한 기본적인 마음의 자세이다.9)

유교에서 인간이 하늘과의 만남을 성취하는 것은 곧 인간의 완성을 의미한다. 여기서 인간과 하늘과의 만남은 어떤 경우라도 인간적 관계들을 온전하게 하지 못하고는 완전하게 이루어질 수

---

9) 『童蒙先習』(朴世茂 지음)의 첫머리에 실린 영조임금의 「御製童蒙先習序」에서는 "대학의 요지는 '敬' 자요 중용의 요지는 '誠' 자이니, 성과 경은 학문[수양]에 있어서 수레의 두 바퀴나 새의 두 날개의 역할을 한다."라 하여, 성과 경의 수양론적인 중요성을 확인하고 있다.

없다. 따라서 인간은 하늘을 향하는 만큼 다른 인간에로 향하여
야 하며, 다른 인간에 대한 태도와 하늘에 대한 태도가 본질적으
로 동일한 것이다. 하늘은 인간을 떠나서 알 수 있는 대상이 아
니라 인간을 통하여 나타나는 것이라 이해하는 데에 유교의 가
장 중요한 인간이해의 특징이 있다고 할 수 있다. 하늘을 외면하
고 인간완성을 성취할 수 없지만 동시에 인간관계를 떠나서 인
간완성이 불가능한 것이다. 유교에서 한 인간의 진정한 구원은
다른 인간의 구원 없이는 불완전하다. 한 인간은 세계의 중심이
지만 세계를 떠나서는 중심의 의미를 유지할 수 없게 되는 것이
다.

# 3. 유교의 인식론

## 3.1 인식론의 성격

유교의 기본성격으로서 지성적인 방향에 관심을 크게 기울이고 있다는 사실을 유의할 필요가 있다.『논어』의 첫머리에서는 " 남들이 알아주지 않아도 노여워하지 않으면 또한 군자가 아니겠는가[人不知而不慍, 不亦君子乎]"라 하였고, 마지막 구절에서는 " 천명을 알지 못하면 군자가 될 수 없다[不知命, 無以爲君子也]"라 하여, 시작과 끝에서 자신에 대한 알아줌과 자신이 하늘의 뜻을 알아야 하는 앎의 문제를 제시하였다. 물론 유교는 앎의 문제를 앎 그 자체로 한정시켜 추구하지는 않는다. 무엇보다 앎은 행위의 문제와 결합되어 지행론(知行論)의 분야를 이루고 있다.『중용』20장에서는 앎을 나면서 아는 것[生而知之], 배워서 아는 것[學而知之], 애를 써서 아는 것[困而知之]의 3단계로 나누고, 이에 비해 행위도 편안히 행하는 것[安而行之], 이롭게 여겨서 행하는 것[利而行之], 노력하여 행하는 것[勉强而行之]의 3단계로 나누기도 하였다. 또한 앎과 행위의 상관관계에서 어느 쪽을 앞세울 것이냐에 따라 선지후행론(先知後行論)과 선행후지론(先行後知論)이 갈라지고, 이와 함께 지행병진론(知行竝進論)과 지행합일론(知行合一論)도 제기되고 있다. 여기서 송나라 이후로 유교지식론의 새로운 문제로 등장하여 분석과 논쟁을 일으켰던 이른바 격물치지론(格物致知論)이 제기된다. 격물치지론은 유교적 지식론으로서 도학[주자학]과 심학[양명학] 사이에 논쟁을 거치면서 유교적 도덕성의 근거를 인식하는 기본과제로 등장한 것이다. 물론 이 시기의 논의에서는 계발되지 않았지만 격물치지론은 대상적 사물에 대한 자연과학적 인식론으로 발전할 수 있는 가능성을 지니고 있음을 유의할 필요가 있다.


## 3.2 격물치지론(格物致知論)의 전개

사서(四書)의 하나인 『대학』에서 제시된 '8조목' 가운데 처음 두 조목인 격물(格物)과 치지(致知)를 붙여서 '격물치지'라 한다. 가장 잘 알려진 『대학』의 주석인 주희의 『대학장구』에 따르면, "사물의 이치를 궁극에까지 이르게 하여 나의 지식을 극진하게 이루게 한다."는 뜻으로 해석할 수 있다. 격물치지의 문제는 남송대의 주희가 『대학장구』를 저술한 뒤로 유학의 이론 가운데, 특히 학문과 수양의 기초적 문제로 매우 중요시되었다. 이 문제는 곧 유학의 인식론을 이루는 기본체계를 제공하며, 도덕적 인식의 근거를 밝혀주는 문제이기도 하다. 격물치지에 관한 이론적 연구는 매우 정밀하게 추구되어 왔고, 그 이론체계를 격물치지론 또는 줄여서 격치론(格致論)이라 일컫는다.

『대학』의 경전 원문에서는 격물치지 문제에 관한 구절로서, "나의 지식을 극진하게 이루는 것은 사물의 이치를 궁극에까지 이르게 하는 데 달려 있다[致知在格物]", "사물의 이치가 궁극에까지 이른 다음에 내 마음의 지식이 극진한 데 이른다[物格而後知至]", "이것을 일러 나의 지식이 극진한데 이르렀다고 한다[此謂知之至也]"의 세 구절이다. 이 밖에 주희는 『대학장구』에서 격물치지에 관한 현존의 『대학』 본문에 불충분한 점이 있다고 파악하였다. 이에 따라 주희는 "이것을 일러 나의 지식이 극진한 데 이르렀다고 한다."라는 『대학』 경문의 6자 구절 앞에 상당한 부분이 결손된 것이라 판단하여 그 자신이 128자를 보충하였다. 주희가 보충한 이 부분을 격물치지보망장(格物致知補亡章) 또는 주자보망장(朱子補亡章)이라 일컫는데, 본문의 구절 6자와 합쳐 전체가 134자이다. 이 격물치지보망장을 중심으로 한 주희의 격물치지설은 주자학의 핵심적 기본문제로서 중요시된다. 곧 도학과 심학을 비교할 때에 그 기본특징의 하나로서 『대학』의 8조목 가운데서 주희는 격물치지를 기초로 삼고 있으며, 왕수인(王守仁)은 성의·정심(誠意·正心)을 출발점으로 삼는다고 지적하기도 한다.

격물치지의 문제는 매우 섬세한 개념적 논쟁으로 전개되어 왔다. 먼저 중국 유학자에 있어서 격물치지론의 논쟁점과 주장을 살펴보면 몇 가지 대표적 경우를 들 수 있다. 격물의 '격'이 가지는 의미에 대한 해석은 학자와 학파적 입장에 따라 다양하다. 한나라의 정현(鄭玄)은 "격은 오는 것이다[格來也]"라 하여, 대상의 사물이 주체에 다가올 때 지각이 이루어지는 것으로 보았다. 장재(張載)는 "격은 제거하는 것이다[格去也, 格物, 外物也]"라 하여, 대상으로서의 사물을 제거할 때에 마음이 평정하게 사물을 지각할 수 있다고 보고 있다. 정자(程子)와 주희는 "격은 이르는 것이다[格至也]"라 하여, 인식의 주체가 대상인 사물에 나아감으로써 사물에 관한 올바른 지식을 이룰 수 있다고 보았다. 호안국(胡安國)은 "격은 헤아리는 것이다[格, 度也. 猶曰品式也]"라 하여, 대상적 사물에서 법칙적 요소를 헤아림으로써 지식을 이룰 수 있다고 보고 있다.

왕수인은 "격은 바로잡는 것이다[格, 正也, 正其不正, 以歸於正也]"라 하여, 주체인 마음의 작용에서 바르지 못함이 있으므로, 이를 바로잡아 앎(知)을 이루는 것으로 본다. 이러한 앎은 본래

의 마음[本心]에 갖추어진 배우지 않고 아는 앎인 양지(良知)에
서 찾아진다. 이러한‘ 격’ 의 의미에 대한 다양한 이해는 객관적
이거나 주관적인 입장의 차이가 있고, 주체인 마음을 능동적이거
나 수동적인 구실로 파악하는 데서 차이를 드러내준다. 이에 비
하여 격물에 있어서‘ 물[사물]’ 의 의미에 대한 이해에서는 정현
이후 주희나 왕수인의 입장에는 공통성이 있다. 곧 그 사물[物]은
일[事]과 같은 뜻으로 이해하였다.『대학』의 8조목에서 본다면,
意· 心· 身· 家· 國· 天下의 대상적 존재를‘ 물(物)’ 이라 하고,
이에 비해 誠· 正· 修· 齊· 治· 平의 행위적 사실을‘ 사(事)’ 라
고 분석하는 것이 자연스럽다. 그런데“ 사물은 일과 같다[物猶事
也]”고 하면, 誠意· 正心· 修身 등을‘ 격물’ 의‘ 물’ 이라 보는 것
이 된다. 여기서 주희나 왕수인이 추구하는 격물론은 사물의 객
관적 사실에 관한 과학적인 탐구를 지향하는 것이 아니라 인간
의 정당한 행위법칙을 찾는 도덕적인 탐구를 지향하는 입장을
보여준다. 이러한 송대 이후의 이학적(理學的) 격물론의 도덕적
성격에 비하여, 근세의 실학적 또는 기학적(氣學的) 격물론에서
는 객관적 내지 과학적 격물론이 제시되고 있음을 볼 수 있다.

　치지(致知)의 문제에서‘ 지[앎]’ 는 주희에 의하면 지식으로 파
악되고 있다. 주희에 있어서 지식은 인간 마음의 지각능력을 전
제로 하지만, 동시에 인간의 마음이‘ 사물에 닿아서[卽物]’ 그
‘ 사물의 이치를 궁구함[窮理]’ 으로써 각성되는 것이라 한다. 이
에 비하여 왕수인은‘ 지’ 를 내면의 지각능력인 양지(良知)라 한
다.『맹자』에서는 양지를‘ 사려하지 않고 아는 것’ 이라 하였으
며, 왕수인은“ 양지가 사람의 마음에 있는 것은 성인과 어리석은
사람 사이에 차이가 없으며, 천하와 고금에 일치하는 것이다”라
하여 인간의 개체적인 경험에 의한 지각을 넘어서서 본심의 보
편적 이치를 가리키는 것으로 이해한다. 이러한 의미에서 왕수인

은 양지를 천리(天理)라 지적하기도 한다.

또한, 주희는 「격물치지보망장」에서, " 이치에 궁구하지 못함이 있어서 지식에 극진하지 못함이 있다"라 하여 지식의 대상적 근거를 중요시하고 있다. 여기서 나아가 이미 알게 된 이치를 기초로 점점 지식을 축적시켜가고 노력을 오래 계속해 간다면" 하루 아침에 시원하게 꿰뚫어져서[豁然貫通] 모든 사물의 겉과 속이나 정밀한 세부와 거칠은 대강[表裏精粗]이 모두 이루어지고, 내 마음의 큰 본체와 작용이 모두 밝혀질 것이다"라 한다. 곧 격물치지의 방법 내지 과정과 그 궁극의 경지를 밝혀주고 있다. 사물의 이치와 마음의 지식이 시원하게 꿰뚫리는' 활연관통' 의 경지는 긴 과정과 오랜 노력을 통해 성취되는 단계적이고 축적적인 성격을 띤다. 그러나, 왕수인의 치양지(致良知)에서는 양지가 환히 트여 지극히 공변된, 탁 터져 크게 공변된[廓然大公] 본체이므로 이를 흐리게 하거나 은폐시키는 물욕을 제거하면 그 본체가 드러날 수 있다는 본체적이고 소거적(消去的)인 성격을 띤 것이라 할 수 있다.

## 3.3 한국유학의 격물치지론

우리나라 유학자들 사이에서도 격물치지의 문제는 매우 활발하게 논의되어 왔다. 이황(李滉)은' 격' 자의 뜻을' 궁구하여 이른다' 는 뜻으로 파악하고, 격물은 궁구하는 데 비중을 두어" 사물을 격[궁구]한다"로 해석하고, 물격(物格)은 이른다는 데 비중을 두어" 사물에 격[이른다]한다"로 해석하였다. 물격에서' 사물에 이른다' 라는 것은 격의 주체가 인간이지만, 이에 대해 김식(金湜) 등은' 사물이 이른다' 로 해석하여 격의 주체를 사물이라 파악하고 있다. 이황도 만년에는 '사물이 이른다'의 해석을 받아 들였다. 곧 '사물이 이른다'는 말은 사물의 이치가 인간에게 드러날 수 있는 능동성을 가지는 것으로 파악하는 입장이다. 그것은 이치[理]의 능동성에 근거하고 있는 이도설(理到說)과 연관되고 있다. 이에 비하여 이이(李珥)는 물격을 '사물의 이치가 극치에 이르는 것'이라 하여, 사물의 이치가 인간의 마음에 이른다는 이(理)의 능동성을 인정하지 않았다. 이러한 격물설의 해석입장은 성리설과 연결되어 기호학파와 영남학파의 격물설이 하나의 학파적 전통을 형성하여 왔다.

주희가 제시한 「격물치지보망장」에 대해 찬반론이 예리하게 대립되고 있는 사실을 볼 수 있다. 대표적으로 왕수인은 주희의 보망장을 전면적으로 거부히고, 『대학장구』의 체제를 부정하여 『고본대학』을 드러내었다. 주희의 「보망장」을 찬성하는 인물들은 이른바 주자학의 정통성 속에 속하는 인물이지만, 정통 도학파의 인물인 이언적(李彦迪)의 경우는 『대학장구보유』를 저술하여 그 속에서 주희의 「보망장」이 없이도 「격물치지장」의 내용을 『대학』의 첫머리에서 찾을 수 있는 것으로 보았다. 「격물치지장」의 내용은 각각 약간씩 차이가 있으나, 「보망장」을 인정하지 않는 학자들로는 이전(李銓)과 최수지(崔收之) 등이 있다. 이언적의 이러한 주장에 대해 이황, 유성룡 등은 주희의 입장을 지지하여 이를 비판하였다. 또한 정제두(鄭齊斗)는 조선 후기의 양명학자로서 『고본대학』을 결함이 없다고 존중하여 『대학장구』 자체를 거부하였다. 조선 후기 실학의 대표적 인물인 정약용은 물의 대상을 사와 엄격히 구별한다. 그는 격의 의미로서 '온다'거나 '이른다'는 뜻이 적합하지 않고, 왕수인이 '바르게 한다'고 해석한 것이 옳다고 지지한다. 또한 그는 『대학』의 8조목에서 격물·치지는 다른 6조목과 구별되어야 한다고 보았다. 격물의

'물'은 본말(本末)이 있는 것이고, 치지는 선후(先後)하는 바를 아는 것이라 하여, 意· 心이 뿌리[本]이고 家· 國이 가지[末]임을 알며, 誠· 正이 시작[始]이고, 齊· 治가 마침[終]임을 아는 것이 격물이요, "바르게 하고자 하는 사람은 먼저 뜻을 참되게 하여야 한다"는 것이나 "뜻이 참되게 하고 난 뒤에 마음을 바르게 하여야 한다"는 일의 선후를 아는 것을 치지라 분석하여 「격치도(格致圖)」를 만들고 있다.

격물치지의 문제는 유교지식론의 기본논리로서, 특히 최근에 와서 유교가 현대적 학문분야와 만나면서 새로운 가능성을 열어 주고 있다. 곧 철학의 인식론적 방법으로 전개될 수 있는 가능성이 있으며, 자연과학적 탐구방법이나 지식체계와 연결될 수 있는 다양한 가능성과 과제를 지니고 있는 점에서 주목되고 있다. 그러면서도 유교전통의 격물치지론이 지닌 인간의 도덕적 근거와 실천의 문제에 대한 이해는 오늘에도 유교사상의 특성으로서 드러날 뿐만 아니라, 현대사회의 과학적 인식과 윤리성의 문제에 어떤 시사를 줄 수 있는 가능성을 풍부하게 지니고 있는 것이라 하겠다.

# 4. 유교윤리의 재인식

## 4.1 문제의 성격

오늘날의 한국사회에서는 유교윤리가 다만 과거의 전통사회와 연관된 것으로 고려될 뿐이요, 현대사회에서 부딪치는 문제들에 대해서는 별다른 연관성이 없는 것으로 간주되고 있다. 실제로 전통유교의 도덕규범은, 사회제도와 생활양식뿐만 아니라 세계관에 이르기까지 광범하고 근본적인 변화를 겪은 현대사회에서는 전면적으로 폐기되거나 새롭게 해석됨으로써, 현대사회에 적응하여 기능할 수 있도록 변혁될 것이 요구된다.

서구문화에 대해 개방정책을 취한 지 1세기를 지나면서 형성한 오늘의 한국사회에는 서구화의 방향이 시대조류로 확립되었다. 그러나 아직도 전통유교의 도덕규범들이 제도의 이면(裏面)과 의식의 심층(深層)에서 상당한 비중의 잠재적 영향력을 발휘하고 있음을 확인할 수 있다. 그만큼 오늘의 한국사회에서는 아직도 전통적 규범과 현대적 규범 사이에 도덕의식의 갈등이 남아 있고, 가치관의 혼란을 경험하고 있음을 말한다. 사회계층, 연령층, 성별, 도시와 농촌 등에 따라 도덕의식의 편차(偏差)가 뿌리깊게 남아 있는 것이 사실이다. 이에 따라 시대 현실이 적응하도록 전통적 도덕규범을 재인식함으로써 현대적 도덕규범의 재정립이 절실하게 요구되고 있다.

전통유교의 도덕규범을 현대적인 사회질서 속에서 원활하게 역할할 수 있도록 재구성하기 위한 두 가지 기본과제를 들어 볼 수 있다.

첫째는 '삼강오륜(三綱五倫)'으로 대표되는 전통유교의 도덕규범이 우리 시대에서 내포한 문제점들을 분석하여, 그 극복하여야 할 방향과 과제를 확인하는 일이다.

두 번째는 현대적 유교윤리의 규범을 재구성하고 실질적으로 활용하기 위한 단계적 작업을 다음과 같이 몇 단계로 분석하여 설정해 보는 일이다.

(1) 무엇보다 먼저 유교윤리의 근본성격이 인간관계에 근거하고 있음을 재인식한다.

(2) 동시에 정통규범에 내포된 전근대적 제도와 인간관계에 기초한 도덕의식을 분리시키는 작업이 필요하다.

(3) 나아가 인간관계에 근거하는 유교적 규범체계에서 전체를 통괄하는 최고규범으로서의 '일반규범'과, 구체적인 인간관계의 기본 유형에 따른 '기초규범'으로 체계화한다.

(4) 이를 토대로 개인의 주체적 인격형성과 공동체의 생활영역 안에서 적용되는 '응용규범'들을 확인하는 일이다.

(5) 끝으로 새롭게 인식된 유교규범의 체계가 현대사회의 윤리적 문제에 어떻게 적응하고 새로운 도덕적 기능을 발휘할 수 있는지를 확인하는 일이다.

결론을 먼저 요약하자면 유교윤리는 전통사회의 권위적 신분 윤리로서도 매우 기능적이었지만, 현대의 평등사회에서도 인간관계의 일치와 균형을 통해 인간의 개별적 주체성과 공동체의 조화를 확립하며 제도와 기술의 비인간화를 억제하는 데 매우 유익하게 기능할 수 있을 것이다.

## 4.2 유교윤리의 전통과 한계

중국의 한대(漢代)에서 국가통치원리로 확립된 유교윤리체계는 고대국가가 형성되는 시기에 한반도에 전래되어 삼국 초기부터 조선시대에 이르기까지 가족윤리 내지 국가윤리로서 기여하였던 것이 사실이다. 충· 효의 도덕규범은 국가와 임금에 대한 헌신과 부모에 대한 순종의 의무로서 국가와 가족공동체의 권위체제를 형성하는 기초가 되었다. 신(信)· 의(義)의 규범은 동료사회의 결속과 공동체의 정당성을 확보하는 역할을 하였다. 용(勇)은 위기에 대처하거나 전쟁터에서 적에게 대항하는 행동력으로서 공동체의 방어를 위한 기능을 발휘하였다.

이리한 덕목들은 삼강(三綱) 오륜(五倫)의 도덕규범체계에 의해 확립되었다. 곧 임금과 신하 사이, 부모와 자식 사이, 남편과 아내 사이, 어른과 아이 사이, 친구들 사이에서 친애· 의리· 분별· 차례· 신뢰의 상호적 덕목을 제시하는 오륜의 윤리체계가 있다.

오늘의 관점에서 보면, 전통유교의 도덕규범체계는 매우 심한 신분적 차별성을 내포한, 전근대적인 것이라는 비판이 가능하다. 삼강의 권위적 규범체계만이 아니라, 오륜의 상호적 규범체계도 문제가 있다. 곧 임금과 신하 사이를 규정하는 의리의 덕목은 군주사회에서 요구되는 것으로 비민주적이고, 남편과 아내 사이를 규정하는 분별의 덕목은 남녀의 차별을 강화시키는 전근대적 성차별 규범이라 비판된다. 어른과 아이 사이를 규정하는 차례의 덕목도 차별의 사회적 확산을 추구하는 것이지, 인간관계의 근본적 평등성을 밝히는 것이라고 하기 어렵다. 오륜의 인간관계는 부모와 자식 사이나 남편과 아내 사이, 친구 사이 등 일상생활에서 누구나 만나는 가장 기본적인 인간관계지만, 그것은 어떤 특정한 인간관계의 폐쇄적 공동체를 기초로 한다. 이러한 폐쇄적 공동체는 특별한 심리적 유대감으로 결속력을 제공하는 것이지만, 사회 일반에로 확대시키기 어렵다는 점에서 폐쇄사회의 도덕규범을 벗어나지 못한다.

유교윤리의 기본성격으로서 가족관계의 윤리가 인간사회 일반에로 확장되어 나가고 나아가 자연과 사물에 대한 윤리에로 확장되어 가는 확장론을 확인할 수 있다. 먼저 가족윤리를 사회와 세계에로 확장하는 윤리의식은 사회와 국가, 인류, 세계를 모두 가족화하는 의식으로서, 인정적(人情的) 윤리관이 윤리체계의 핵심원리임을 의미한다. 거리에서 만날 수 있는 모든 사람에게 가족의식을 적용시킨다는 것은 사회의 합리적 질서를 위축시키고 혈연적 인정(人情)의 씨족질서를 확대 적용시키는 데서 오는 문제점을 남기고 있다. 자기 가족의 구성원과 동년배의 사람을 만날 때마다 가족감정과 유사한 감정을 갖게 된다면 인간관계를 쉽게 친밀하게 결합시킬 수 있을 것이다. 그러나 사회적 인간관계의 가족적 친밀감은 객관적 비판기능을 약화시키며, 합리적 공정성의 제약을 가볍게 여기게 한다. 실제로 유교전통의 사회에서는 가족관계의 도덕규범이 법률의 영역으로 지나치게 확대 적용됨을 볼 수 있다.

또한 가족윤리의 확장론(擴張論)에서는 가까운 단계에서 먼 단계에로 나아가면서 점점 감정의 강도가 약해진다는 체감(遞減)의 법칙이 적용되고 있다. 인(仁)으로서 사랑이 부모에서 이웃과 동족, 인류로 확장되고 나아가 사물에까지 퍼져나간다 하여도 그 사랑은 확장되어 나갈수록 점점 엷어지게 되는, 이른바 차별애주의(差別愛主義)를 확인시켜 준다. 이차별적 사랑의 체감법칙은 이론적으로는 인간의 감정과 매우 자연스럽게 일치하는 것으로 받아들일 수 있으나, 실제로는 가족에 대한 사랑에만 치우치는

가족주의에 파묻혀서 사회적 공공성(公共性)에까지 사랑이 퍼져
나오지 못하고 마는 경향이 있다. 농촌사회의 대가족적 친족체계
에서는 차별애의 질서가 효과적으로 기능할 수 있겠지만, 현대의
도시화되고 핵가족화된 사회에서는 개인의 도덕규범이 가족주의
에 폐쇄당하는 것에서 벗어나 공공의 사회에로 개방되는 것이
절실하게 요구되고 있다. 잘못을 서로 감싸주는 가족의 범위가
좁아지는 데 따라 그만큼 공공성을 요구하는 사회의 범위가 훨
씬 넓게 작용하게 된다.

유교의 윤리체계는 경전을 통하여 다양하게 제시된 규범들을
구체적인 상황에서 적용시킬 때 적용규범의 일관성을 결여하기
쉽다. 어떤 의미에서는 공자(孔子) 자신도 한 규범의 의미를 상
황에 따라 다르게 적용시켜온 것이 사실이다. 규범들의 적용이
그 상황에 가장 적합하여야 한다는 중용(中庸), 혹은 시중(時中)
의 원리가 윤리적 기본원칙이 되고 있다. 더구나 구체적인 예절
의 실천항목은 그 근거의 도덕규범이 분명하지 않을 때는 본래
의 의미를 잃고 형식에 젖거나 관습의 묵수(墨守)에 빠질 위험이
있다. 이러한 도덕규범의 고정된 실천형식은 시대의 변화에 대한
도덕적 근본 의미의 반성과 적응력을 상실하게 하고, 마침내 도
덕규범이 인간의 삶을 의미있고 품격있게 고양시켜 주지 못하고,
권위적 형식으로 속박하는 역할에 머무르게 한다. 도덕규범에는
근본정신과 구체적 실천형식 사이에서 상호 조명하여 재인식과
개혁의 과정이 요구된다. 이러한 재인식과 개혁이 결여되면, 도덕
규범은 공허한 관념이 되고 실천형식은 관습의 속박이 되고 만
다. 유교전통은 도덕규범의 권위적 고수에 따라 신분적 지배질서
를 보수적으로 수호하는 데 머물렀으며, 근대적 평등사회의 윤리
로 발전해 가는 데 매우 소극적이었던 것이 사실이다. 이러한 유
교윤리의 현대적 재인식을 위해서는, 전통의 신분적 내지 권위적

도덕규범의 체계인 삼강· 오륜을 벗어나 유교경전과 전통의 기본덕목을 통해 도덕규범체계의 재구성이 요구되는 것이라 하겠다.

## 4.3 인간관계의 3유형과 유교적 도덕규범

유교의 도덕규범은 인간관계에서 성립된다. 한자어의' 인(仁)' 이라는 글자의 구성이' 두 사람' 을 의미한다는 해석에서도 유교의 도덕성은' 사람과 사람 사이' 에 근거하고 있다는 인식을 보여준다. 삼강과 오륜도 이러한 인간관계의 특정한 형식을 보여준 것일 뿐이다. 유교의 가장 일반적인 인간관계는 나[己]와 남[人]의 관계다. 유교의 기본성격은" 나를 수련하고 남을 다스린다[修己治人]"라고 규정된다. 이러한 나와 남 관계는 대립적이거나 분리된 것이 아니라 상호적인 것으로 이해되는 데에 유교적 특성이 있다. 그것은 나를 근본으로 하여 남에게로 지향해 나가는 것이다. 나와 남의 관계 속에는 부모· 자녀· 이웃· 주인· 손님· 스승· 제자 등 구체적인 인간관계들이 포함된다. 나와 남의 사이에서 성립하는 기본적 도덕규범은 내가 만나는 구체적 남[부모· 자녀 등]에 대한 통합적이고 일반적인 도덕규범으로 확인될 수 있다.

유교윤리의 가장 일반적 규범은' 서(恕)' 로 확인된다.' 서' 의 규범은 나의 도덕성을 남의 도덕성과 상호 확인하여 일치시키는 것으로서, 인간관계의 가장 포괄적인 규범원리다. 이러한 일치에서 윤리적 공동체가 성립할 수 있게 된다.' 서' 는 모든 구체적 규범들을 포괄하는 최고 규범이라는 사실에서 인(仁)· 의(義)· 예(禮) 등의 규범들도' 서' 에 기초를 두고 있다. 이러한' 서' 는 남의 잘못을 관용으로 받아들이는‘ 용서(容恕)’ 와는 구별된다.
그것은 나와 남이 서로 입장을 바꾸어서 상호 이해의 일치성을
확보하는‘ 추서(推恕)’ 로 일컬어지기도 한다. 오상(五常), 즉 인
(仁)· 의(義)· 예(禮)· 지(知)· 신(信) 가운데‘ 신’ 의 덕목은 실제
로 모든 인간관계를 결합시키는‘ 일반규범’ 으로 인정된다. 따라
서‘ 서’가 인간관계를 결합시키는 과정이요 방법이라 한다면,‘ 신
(信)’은 인간관계를 결합시키는 조건이요, 결실이기도 하다.『논
어』에서도 충서(忠恕) 또는 충신(忠信)으로 일컫고 있다.
‘ 서’ 와‘ 신’ 의 일반규범은 인간관계의 유형에 따라 인· 의·
예의 3덕목을‘ 기초규범’ 으로 받아들인다. 이 3덕목은 인간관계
의 기본유형에 결합되어 있다. 그 첫째는‘ 내가 남을 향하여’ 지
향하는 결합의 추구이다. 곧 인의 덕으로 규범화된다. 둘째는
‘ 내가 남에 대하여’ 상대하여 공평함을 추구한다. 곧 의(義)의
덕으로 나타난다. 셋째는‘ 내가 남과 더불어’ 교류하여 조화를
추구한다. 곧 예(禮)의 덕목으로 인식된다.
  인간관계의 3유형에서는 먼저 나와 남 사이에 인(仁)의 인정적
(人情的)인 결합 내지 공동성(共同性)이 확인되고, 다음으로 의
(義)의 사회적인 평등 내지 공공성(公共性)이 확인되며, 그리고
나서 예(禮)의 문화적인 조화 내지 질서를 이루는 것으로 진행되
어 가는 흐름을 찾아볼 수 있다. 이러한 단계적 연속성을 식물적
생명의 성장에 비유하여 이해해 볼 수도 있다. 인은 모든 덕목의
근원으로서 마치 씨앗처럼 도덕의 발생단계를 확인시켜준다. 내
가 남을 향하여 지향하면서 나와 남의 관계가 시작하며, 인정적
표현은 인간 심성의 1차적 요소라 할 수 있다. 의는 모든 덕목의
중심으로서, 나무의 곧게 뻗어오른 줄기와 같이 도덕의 지탱원리
로 확립한다. 내가 남을 상대하는 관계에서 공정하고 합법적인
도덕규범이 성립한다. 의는 인이나 예와 상응하여 인의, 예의로

일컬어지는 연결개념이기도 하다. 송대(宋代) 이후, 또는 조선시대의 유교규범 가운데 의의 덕목이 가장 대표적 개념으로 큰 비중을 지녔다. 예의 덕목은 가장 구체적인 형식의 표현으로서 나무의 화려한 꽃이나 잎처럼 매우 장식적인 화려함을 보여준다. 실용성이나 자연성을 넘어서 인간정신과 문화의 품위를 표현하고 있다.

유교윤리의 규범체계로서 '서· 신' 의 일반규범과, 그 구성요소로 '인· 의· 예' 의 기초규범들을 제시하였지만, 이를 적용하는 ' 응용규범' 들을 확인할 수 있다. 곧 규범의 적용범위에 따라 개인윤리와 가족윤리 및 사회윤리로 나누어 볼 필요가 있다. 유교윤리는 도덕성의 주체로서 나의 윤리적 태도에 큰 관심을 기울였다. 개인윤리의 대표적 규범으로 '신독(愼獨, 홀로 있음을 삼가함)' 은 도덕의 주체적 근원성을 확립하는 것이다. 이러한 개인의 도덕적 근원성을 배양하고 행위의 도덕적 적합성을 성찰하는 도덕적 삶의 과정을 관통하여 요구되는 덕목이 ' 경(敬, 집중성)' 이라 한다면, 그 과정의 완성으로서 의지와 행위가 도덕성에 완전히 일치된 상태를 ' 성(誠, 진실성)' 의 덕목으로 인식한다. 경의 견고한 지속태도는 직(直)의 규범과 연결되고, 성의 일치된 상태는 성(聖)과 연결된다. 지혜와 용기도 도덕의 실천에 필수적인 요소로 유용하게 기능하고 있다.

가족윤리의 기본형식은 효(孝)· 제(悌)· 자(慈)의 덕목이 기본규범이 되며, 부모의 자녀에 대한 교육적 기능을 지닌 덕목은 엄격성과 자애로움의 조화로 나타난다. 부모의 자애로움은 유교전통사회뿐만 아니라 현대의 가정에서도 유용한 가족윤리로 살려나갈 필요가 있다. 사회윤리로는 공(公, 公正性)과 균(均, 均平性)의 규범이 중요시된다. 공은 공동체를 유지하는 사회적 정당성의 기준이 되며, 균은 분배의 균형을 위한 경제적 정당성의 원리가 된다.

## 4.4 현대사회와 유교윤리

오늘의 한국사회에는 서양으로부터 근대적, 현대적 제도와 규범체계가 수용되어 주도적 역할을 하고 있다. 자유와 평등의 원리에 기반을 둔 민주주의나 사유재산제도와 이윤추구의 원리에 근거한 자본주의가 한국사회의 현실적 규범체계의 기초가 되고 있다. 특히 한국사회에는 제도·문화·종교 등이 있어서, 동양과 서양이 병존하고 전통과 현대가 혼합되어 복합적인 다원사회(多元社會)를 이루고 있다. 이에 따라 통일된 윤리체계를 실현하기는 매우 어려운 것이 현실이다. 그러면서도 다양한 입장의 규범들 사이의 대립을 해소하는 좀더 조화 있고 종합적인 규범체계가 요구되고 있는 것도 사실이다. 유교윤리의 현대적 새인식도 이러한 규범들의 대립을 해소하고 조화할 수 있게 하려는 관심에 상응하는 것이다.

현대사회에서 유교윤리는 제도적 권위나 경제적 유용성이 아무리 그 자체로서 중요하다고 하더라도, 인간관계의 질서에로 복귀하고 기초하기를 요구한다. 합리성과 능률성이 인간관계에 의해 결정되는 것은 아니라 하더라도, 인간관계에 뿌리내림으로써 인간적 조건을 갖추도록 요구한다. 유교윤리는 사회제도와 경제의 합리성 및 생산성이 인간관계를 도외시하여 인간을 소외시키고 비인간화시킨다면 그것은 자기 기초를 거부함으로써 자기파괴에 빠질 것이라는 윤리적 신념을 보여준다. 독재권력의 법률이나 대립체제의 이념이 지닌 비인도적 현상은 한 체제가 아무리 그 정당성을 주장하더라도 유교윤리에서는 인간과 인간 사이의 규범에 따라 비판을 받도록 요구한다.

물론 유교윤리가 경제적 생산성과 제도적 합리성을 발전시키지 못할 수 있고 실제로 유교전통사회가 상당한 낙후성을 보였던 것이 사실이지만, 그 생산성과 합리성이 인간관계의 테두리를 벗어나 인간을 지배하며 인간을 예속시키는 결과를 예방하는 데 기여할 수 있다. 또한 모든 인간이 이룩한 제도와 기술이 인간을 위하여 봉사하고 인간의 지배를 받을 수 있도록 하는 요구가 유교적 인간관계의 윤리라 할 수 있다. 인간공동체가 인간이 아닌 제도나 기술에 의하여 지배됨으로써 인간성을 상실하게 된다면, 법률· 경제· 군사 등 공동체의 외곽은 튼튼하게 될 수 있겠지만 인간관계의 윤리에 기초한 공동체 내면은 공동화(空洞化)하여 생명을 상실한 죽은 껍데기가 될 위험이 크다고 하겠다.

유교의 인간관계는 모든 인간관계의 주체를 자신(自身)으로 확립한다. 따라서 개인주의의 고립화가 아니라, 인간관계 속에서 자신의 주체성을 확립하고 유지하는 주체주의(主體主義)적 성격을 보여준다. 개인주의가 한 인간의 다른 인간에 대한 예속을 벗어나는 자유를 제공해 주는 것이기는 하지만 이기주의에 빠질 수 있는 위험이 있고, 인간의 개체적 고립에 폐쇄될 위험도 있다. 인간은 모두 다른 인간과의 관계 속에서 자신의 주체가 됨으로써 오히려 인간의 근원적 평등성을 확인할 수 있다. 남에게 유린당할 수 없는 자신의 주체성을 유지하는 지조(志操, 直)의 규범은 자유와 준법정신을 존중하는 시민정신으로서 민주주의를 건전하게 지키는 데도 매우 유용하게 기능할 수 있을 것이다.

인간과 인간 사이의 결합원리인' 서(恕)와 신(信)' 의 규범은 인종과 국가에 의해 분리된 오늘의 세계에서 인간관계의 윤리로서 기능할 수 있다. 백인과 흑인이 서로 입장을 바꾸어 보고, 부자와 가난한 자가 서로 입장을 바꾸어 보며, 노동자와 사용자나 국민과 통치자가 서로 입장을 바꾸어 생각함으로써 마음의 일치를 확보한다면 인간사회의 갈등을 해소하고 공동체의 결속을 강화할 수 있는 힘이 될 수 있다. 서로 다른 종교의 신앙인들 사이

와 다른 이념체제 사이에서 서로' 서와 신' 의 규범으로 일치의
회복을 추구한다면 갈등의 긴장을 해소하고 일치의 평화를 확보
하는 데 매우 유익할 수 있다. 이러한 서와 신의 실천은 언제나
주체의식이 확립된 쪽에서 먼저 실천하여 상호 일치를 추구해야
할 것이다.

　내가 남을 향하여 지향하는 인(仁)의 덕목은 인간관계의 결합
은 물론 인간이 물질에 대한 관계도 인간화하는 힘으로 작용한
다. 인간관계를 물질관계로 바꾸어 놓는 것이 아니라 물질에 대
한 관계조차 인간관계로 끌어올리는 것이 인의 중요한 기능이다.
내가 남에 대하여 상대시키는 의(義)의 덕목은 인간관계의 평등
을 추구하며, 모든 인간관계의 정당성을 확보해준다. 그 정당성은
자신의 이기적인 이익이 아니라, 모두가 평등한 기회를 가진 공
정성에 의해 가능하다. 의는 대기업의 금력이나 독재권력의 폭력
을 비롯한 모든 억압을 거부하여 항의로 나타나기도 한다.

　분배에는 항상 강자와 약자 사이에 불평등이 이루어질 수 있
고, 국가와 국가 사이에도 항상 강대국의 이익이 지배하고 강대
국이 약소국을 침략하는 현실을 경험하게 된다. 한 공동체 안에
서 힘과 재화가 빈약한 사람에게 그 주체성을 보장하는 균형있
는 평등성, 곧 공평함을 실현하는 것이 의(義)의 중요 역할이다.
의는 정치적, 경제적, 국제적 정당성의 원리로서 민주주의와 자본
주의의 건전한 성장을 위해서도 현대 한국사회의 중요한 비중을
지닌 덕목이다.

　내가 남과 더불어 교류하는 예(禮)의 덕목은 한 공동체의 조화
와 질서를 확보하게 한다. 예를 통한 조화는 자기의 입장을 주장
하는 것이 아니라 남의 입장을 존중하는, 사양(辭讓)하는 마음에
서 가능하다. 신 앞에서 예(禮, 祭)를 베풀면 신의 뜻을 받아들이
는 것처럼, 인간과의 만남에서 예를 베푸는 것은 사양을 통해 남

의 뜻을 존중하는 것이다. 자신이 남의 뜻을 존중할 때 남도 자신의 뜻을 존중하는, 사양의 상호 존중함과 사양을 통한 예의 실현을 추구하는 것이 예이다. 각자의 주장이나 이해관계가 상충되어도 어느 정도의 범위에서는 그 긴장상태가 상호 발전에도 기여할 수 있는 것이 사실이다.

그러나 긴장이 심화되면 마침내 심한 갈등을 일으켜서 상호비난이나 공격을 취할 수 있고, 오늘날 핵무기 등 고도로 발달한 무기와 수십 수백만의 군대를 가진 국가나 체제 사이에는 끊이지 않고 전쟁을 불러일으켜 왔다. 전쟁은 가공할 상실과 파괴를 가져다 줄 뿐 아무런 생산적 가치가 없다. 무력을 배경으로 대결하는 체제 사이에 상호 교류와 상호이해를 향상시킴으로써 크고 작은 공동체에 평화를 줄 수 있는 방법은 사양과 조화를 통한 예의 역할에서 찾아질 수 있다. 신독(愼獨)· 경(敬)· 성(誠)의 유교적 개인윤리는 현대사회에서 점점 왜소해 가는 개체로서 인간의 자기중심을 강화시키고 주체성을 확보하는 데 매우 의미있는 역할을 할 자리를 갖고 있다. 가정도 현대사회 속에서는 점점 핵가족화하면서 그 안정성과 도덕성이 매우 쇠약해 간다. 유교전통의 가족윤리로서 효(孝)· 제(悌)· 자(慈)의 규범들은 오늘의 불안정한 가정을 결속하는 데 의미 있는 작용을 할 수 있다. 크고 작은 단위의 사회나 국가공동체 및 국제관계에서도 공정성과 균평성의 유교윤리는 서로의 긴장을 풀고 결속하는 기초적 힘으로 기여할 수 있다.


## 4.5 현대적 유교윤리의 조건과 지향

유교윤리가 전통의 속박을 벗어나 현대의 사회질서 속에서

재인식됨으로써 현대 한국사회에 기능할 수 있는 여지는 매우
크다. 우리는 전통과 현대의 재결합을 오랜 시간 요구해 왔던 것
이 사실이다. 여기서 유교 전통윤리를 현대적으로 재인식하기 위
한 기본과제들을 확인하면 다음의 3가지 조건들을 들 수 있다.
첫째, 전통사회의 제도와 연결된 유교규범은 과감히 전통질서와
분리시켜야 한다. 둘째, 유교규범들을 인간관계의 본질적 의미에
서 재인식하여야 한다. 셋째, 유교규범들을 현대사회의 조건과 문
제점에 연관하여 적응시키고 재조명하여야 한다. 유교윤리가 현
대사회 속에서 통합하고 비판하는 기능을 지닐 때 비로소 현대
유교윤리로서 자리잡을 수 있을 것이다.

　인간관계를 근본성격으로 하는 유교윤리의 현대적 형식은 새
로운 체계로 규범을 재구성한 것이다. 그것은 인간관계의 일반규
범으로 서(恕)·신(信)을 제시하고, 그 구성요소로 인간관계의 기
본적 3유형에 따라 인(仁)·의(義)·예(禮)를 인정적·사회적·문
화적 기초규범으로 확인하였다. 개인과 가족과 사회의 범위에 따
른 규범체계는 기초규범들의 응용규범으로 볼 수 있다. 이처럼
전통의 규범체계에서 현대적 체계로 재인식되고 재적응된 유교
윤리의 기본 문제점을 들어 본다면, 다음의 3가지 요소를 지적할
수 있다. 첫째, 삼강오륜의 수직적 지배규범 체계를 벗어나서 인
간관계의 수평적 평등체계를 확인할 것. 둘째, 가족윤리의 확장체
계인 인정적 윤리를 벗어나서 인간관계의 형식에 따른 인정적,
사회적, 문화적 다원성을 확인할 것. 셋째, 현대사회의 정치적, 경
제적 기본질서에 상응하며 현대사회의 비인간적 요소와 윤리적
모순점을 비판할 수 있는 보편적 진실성을 확인할 것. 이러한 현
대의 유교윤리는 한국사회의 도덕적 조화와 기능을 개선할 수
있고, 나아가 한국의 윤리체계가 세계성으로 발전해 갈 수 있는
계기를 마련할 수 있을 것이다.

유교윤리의 핵심은 각 시대의 제도와 연결되면서 그 제도를 개혁해 가는 도덕적 기능을 통하여 인간과 인간의 관계를 확립해 가는 것이다. 인간관계 속에서 나의 주체성을 확립하며 비인간화해 가는 현대의 거대한 기계적· 제도적 질서를 부단히 인간화에로 회복하도록 이끌어가는 기능을 통하여 독특한 기능을 발휘할 수 있을 것으로 기대된다.

# 5. 명분론(名分論)의 성격과 양상

## 5.1 명분의 개념적 성격

명분(名分)은 어떤 사람이 자신의 특정한 상황 또는 처지에서 판단하고 행동할 때 제시되는 바 자기의 조건에 맞는 정당성이요, 명목이며, 그 명목에 합당한 본분이라 할 수 있다. 명분은 사람에게 도덕적 당위성을 부여하며, 명목과 본분 사이를 일치시킴으로써 사회질서를 확립시키는 규범이 된다. 학생· 법관 등의 사람이 학업· 판결 등의 일이라는 명목을 갖고 있다면, 그 명목에 따라서 진리탐구· 공정성 등 실질의 본분 내지 분수가 따른다. 여기서 명목은 마땅한 본분을 지시하고, 본분은 명목의 정당성을 제공하여, 양자가 일치하는 것이 바로 명분의 개념이다.

이러한 명분은 인간개인의 행위나 국가사회의 모든 집단의 결정이 그 목적에 맞게 실행되어야 한다는 행위의 정당성을 조건으로 제시한다.' 특히 유교사회의 전통에서는 이 명분적 정당성이 의리사상과의 연관성 속에 이해되고 있음을 유의할 필요가 있다.

' 명분' 이라는 말이 나타나기 시작하는 것은 전국시대로 보인다.『장자(莊子)』 천하(天下)편에서는 유교경전의 특징을 지적하는 가운데,"『춘추』는 명분을 말한다"라 지적하였다. 곧『춘추』의 기본정신이 명분을 밝히는 데 있는 것으로 규정한다. 물론 명분은 유교사회에서만 쓰고 있는 용어는 아니다. 제자백가의 저술 속에서' 명분' 이라는 용어의 사용경우를 찾기는 어렵지 않다.

① 『관자(管子)』: "관직을 정하고 명분을 밝혀 신하들과 담당
   자에게서 책임을 살핀다." 명분이 관리의 직책에 따른 책임
   과 연관된 것으로 말하고 있다.
② 『시자(尸子)』: "천하를 다스릴 수 있으면 '분'이 이루어지
   고, 옳고 그름을 분별할 수 있으면 '명'이 정해진다." 명·
   분이라는 두 글자를 분석하여 설명하고 있다. 다스리는 방법
   은 분별[分]에 있는 것으로 보았으며, 그 분별의 올바른 기준
   은 명목[名]에 있는 것으로 보고 있다.
③ 『상자(商子)』: "물건을 파는 사람이 저자에 가득하지만 도
   적이 감히 빼앗지 못하는 것은 명분이 이미 정해져 있기 때
   문이다." 명분이 행위의 정당성을 판단하는 기준이며 행위를
   규제하는 규범으로 작용하고 있음을 의미한다.

이처럼 명분은 특히 사회적 질서와 연관되는 인간의 직분이나
행위의 규범으로서 제시되며, 유교뿐만 아니라 선진시대 제자백
가들 사이에서 통용되던 용어임을 확인할 수 있다.

명분이 특히 유교사상과 밀접하게 관련되는 것으로 파악되고,
그 개념은 공자의 정명(正名) 사상과 상통하는 것으로 지적되고
있다. 『논어』 자로(子路)편에서 공자는 정치를 하는 데 반드시
'정명'으로 할 것을 강조하였다. 여기서 정명(正名)의 '명(名)'
은 명분을 의미하며, '정명'은 '명분을 바로잡음'을 뜻하는 것으
로 이해할 수 있다.

정명의 마땅한 근거를 설명하면서 "명분이 바르지 않으면 말
이 순서가 없게 되고, 말이 순서가 없으면 일이 실지로 이루어지
지 않는다. ……"라 한다. 이러한 명분의 의미는 공자가 말하고
있는 "임금은 임금답고 신하는 신하답고 아비는 아비답고 자식
은 자식다워야 한다."(안연편)의 뜻과 일치한다. 명분을 바로잡음
이 실지로 일이 이루어지는 데까지 이른다는 것은 명분이 실지

와 마주치게 된다는 것을 의미한다. 명분(또는 명목· 명칭· 언어 등)과 실질을 일치시키는 것은 명실론(名實論)의 문제로서 논의된다.

개념적 언어와 실재의 대상을 연관시키는 인식론적 내지 논리적인 입장의 명실론이 있지만, 이와 구별하여 규범적인 명분과 구체적인 현실의 일치를 추구하는 명실론이 제기된다. 명분이 실질과 만나지 못하면 공허한 명분이 되고 말 것이며, 실질은 명분을 만나지 못하면 그 정당성을 지니지 못하게 된다.


## 5.2 명분론의 유교적 전개

### 1) 강상론(綱常論)과 명분

유교는 인간관계의 도덕적 질서에 깊은 관심을 보여왔으며, 이에 따른 사회제도적 규정을 하고 있는 만큼 명분의 개념은 특히 유교에서 적극적이고 다양한 의미로 제시되고 있다.

공자가 " 임금은 임금답고, 신하는 신하답고……"라 한 인간의 사회적 위치에 따른 본분의 명분개념은 봉건적 신분제도에서 가장 뚜렷하게 드러나고 있다. 주나라의 봉건계층으로서 천자· 제후· 경대부(卿大夫)· 사(士)· 서인의 5복(五服) 제도에서는 각 신분계층이 의복· 수레· 의례 등 온갖 분야에서 지켜야 할 엄격한 분수를 규정하고 있다. 이러한 신분적 분수를 어기게 되면 참람하다는 도덕적 비난과 함께 분수를 벗어났다는[犯分] 죄를 입기도 한다. 『맹자』에서는 순(舜)임금이 설(契)을 사도(司徒)로 삼아 가르치게 한 인륜의 기본 5조목으로서 이른바 오륜(五倫, 父子有親· 君臣有義· 夫婦有別· 長幼有序· 朋友有信)을 제시하고 있다. 『서경』 순전(舜典)편에서 보이는 5품(五品) 또는 5교(五敎)도 바로 오류이다.

오류에서 제시하는 것은 부모와 자식, 임금과 신하, 남편과 아내, 어른과 아이 및 붕우는 인간관계 속에서 한 인간이 갖는 명목이다. 이러한 명목은 각각 '친애·인자·분별·순서·신의'라는 덕목을 실천하여야 할 본분을 요구한다. 이러한 오류이 바로 중요한 명분론적 규범체계로 나타난다. 오류은 유교적 도덕의식에서는 최고의 보편적 규범인 강상(綱常)으로 인정되고 있으며, 이 강상은 명분의 기본조건이며 중대한 조목으로 받아들여지고 있다. 오류의 강상을 지키는 것은 바로 명분을 확보하는 것이지만, 강상의 규범을 위배하는 것은 명분을 어그러지게 하는 일이다.

이처럼 유교의 명분이 봉건계층적 질서나 인간관계를 중심으로 하는 도덕규범으로 나타나고 있는 데 대하여, 노장철학의 자연주의적 입장에서는 명분이란 인위적인 규범형식에 사로잡혀 자유로움을 상실한 상태로 비판하고 있다.

① 『노자』:" 이름이 없는 박(樸)은 하고자 함이 없을 것이며, 하고자 하지 않음으로써 고요하면 천하는 저절로 안정할 것이다."(37장) 명목으로 분별될 수 없는 '박'의 무위(無爲)한 세계를 내세우고 있다.

② 『장자』:" 성인은 옳고 그름을 조화시켜 천균(天均)에서 쉬니, 이것을 양행(兩行)이라 한다."(제물론) 시비선악의 분별을 떠난 자연의 조화상태는 하나의 명분만을 지키는 것이 아니라 여러 가지 방법이 병행하는 것임을 말한다.

명분개념은 사회적 인간관계의 당위적 규범이라는 점에서 인위적인 가치판단을 넘어서서 분별이 없는 자연에로 돌아가려는 노장사상과는 정면의 대립적 입장을 피할 수 없다.

2) 『춘추』와 『주역』의 명분론

명분론은 장자가 지적한 바와 같이 『춘추』의 기본정신을 이루고 있다. 맹자는 공자가 『춘추』를 지은 이유를 명분론의 동기에서 설명하고 있다.

> " 신하로서 임금을 죽이는 자도 있고, 자식으로서 아비를 죽이는
> 자도 있으니, 공자가 두려워하여 『춘추』를 지었다." (등문공· 하)

신하나 자식이 본분을 어기는 심각한 혼란을 경계하기 위한 명분론적 관심에서 저술되었음을 밝히고 있다. 이와 함께 맹자는 『춘추』와 같은 역사서술을 통한 포폄은 천자의 일임을 지적하면서," 나를 알아주는 자도 『춘추』요, 나를 죄줄 자도 『춘추』이다"라고 한 공자 자신의 말을 이용하였다. 그것은 공자가 천자의 고유한 본분인 포폄의 일을 행함으로써 그 자신이 명분에 어긋나는 죄가 있음을 고백한 것이라 해석한다. 미언대의(微言大義) 내지 춘추대의(春秋大義)라 일컬어지는 것은 바로 공자가 『춘추』에서 보여준 춘추필법(春秋筆法)의 명분론을 역사평가에 관철한 것이다.

> 동중서(董仲舒): "『춘추』는 사물의 이치를 판별하여 그 명분을
> 바루는 것이다."(『춘추번로』)

『춘추』가 명분론의 역사적 적용이라 한다면 이에 비해 『주역』에서는 명분의 근본원리가 제시되고 있다.『주역』 계사전의 첫머리에서는," 하늘은 높고 땅은 낮으니 건(乾)과 곤(坤)이 정해지고, 높고 낮음이 베풀어지니 고귀하고 비천함이 자리잡는다"라고 말한다. 그것은 우주론적 질서로서 하늘과 땅을 높고 낮은 것

으로 인식하며, 이에 따라 인간사회의 질서인 고귀하고 비천함이 상응하여 있음을 의미한다. 봉건적 신분질서로서 고귀함과 비천함이나 남녀의 상호관계를 존귀하고 비천한 것으로 파악하는 등 다양한 차등현상은 명분론적 정당성을 지니는 것으로 이해된다. 이 명분론적 정당성은 하늘이 높고 땅이 낮은 것으로 파악하는 우주론적 인식에 근거를 두고 있다.

이와 함께 『주역』 이괘(履卦)에서는 " 군자는 위와 아래를 분변하여 백성의 뜻을 안정시킨다"라 한다. 여기서 ' 아래와 위를 분변한다' 는 말은 바로 봉건적 신분사회의 명분론이 지니는 핵심적 형식인 것으로 지적된다. 유교의 명분개념이 봉건사회의 사회질서와 규범체계의 기본성격인 계층적이고 상하적인 차별성을 기초로 하고 있기 때문에 이러한 명분론이 봉건적 신분질서를 옹호하는 역할을 하고 있는 것은 분명한 사실이다.

그러나 명분론의 입장에서 보면 신분적 분별도 신분적 차별에 목적을 두고 있는 것은 아니다. 오히려 인간관계의 분별을 통하여 질서의 조화를 지향하는 것이라 할 수 있다. 이러한 입장에서는 명분의 상실은 사회적 혼란인 동시에 우주적 혼돈을 의미하게 된다.

### 3) 순자(荀子)의 명분론

명분론은 공자에서의 정명사상을 이어서 맹자에 의해 강상론적 규범으로 제시되었다. 그러나 순자에 이르면 명분론은 더욱 구체적이고 명확한 인식으로 나타난다. 순자는 인간이 동물과 다른 근본적 차이는 두발로 걸어다니거나 몸에 털이 없는 데 있는 것이 아니라 ' 구별[辨]하는 능력' 에 있는 것으로 지적한다. 생물적인 부모와 자식이나 암컷과 수컷은 실제로 인간과 동물의 양쪽 모두에서 찾아볼 수 있지만, 인간만이 부모와 자식이 친밀하고 남자와 여자를 구별하며 위와 아래를 구별할 수 있다고 본다.
　순자는 인간존재의 근본조건을 구별능력에서 확인함으로써 명분사상을 가장 잘 드러내주고 있다. 명분은 위와 아래를 분별하고 친밀함과 소원함을 분별하는 등, 분별능력에서 드러나는 것으로 이해된다. 인간이 집단을 이루어서 사회생활을 할 수 있는 근거를 '분수[分]', 곧 위와 아래나 친밀함과 소원함의 분수라 보고, 분수는 의리에 따라 행할 수 있는 것이라 한다.

> 『순자』:" 사람의 도리(道)는 구별보다 큰 것이 없고, 구별은 분수[分]보다 큰 것이 없으며, 분수는 예법[禮]보다 큰 것이 없고, 예법은 성왕(聖王)보다 큰 것이 없다."(非相편)

　곧 인간질서를 형성하는 구별의 원리는 분수이며, 분수의 근거는 예법임을 지적한다. 그는 분수란 예법과 함께 의리에 근거하여 구현되는 것임을 주목하여 분수와 예의(禮義)를 연관시켜 파악하고 있다. 순자는 인간이 욕망에 따라 서로 다투는 데서 사회적 혼란이 일어난다는 사실을 현실사회의 근본문제로 밝힌다. 그는 이러한 문제를 해결하기 위하여 분수를 확립할 것을 주장한다.

> 『순자』:" 성왕은 예의를 제정하여 분수를 드러냄으로써 부귀하고 비천함의 등급, 어른과 아이의 차별, 지혜로움과 어리석음 및 유능함과 무능함의 분별을 확립한다."(榮辱편)

### 4) 도학의 명분론

　선진시대의 명분론은 송나라 때 도학자들에 의하여 이론적인 쟁점이 부각되었고, 역사적인 이해에 철저히 적용되었다. 도학자들이 사서(四書)연구에 관심을 갖게 되고 특히 『맹자』를 정통으로 인정하여 13경(經)에 포함시키게 되었다. 여기서 맹자의 혁명

론을 명분론적 입장에서 찬성할 수 있는지의 여부에 대한 논란
이 일어나게 되었다. 사마광(司馬光)은 임금과 신하의 분수[君臣
之分]를 인륜의 최고규범으로 절대화하여 맹자가 탕임금과 무왕
의 혁명을 정당화하는 혁명론의 입장을 비판하였다. 사마광의 명
분론은 강지(江贄)의 『통감절요(通鑑節要)』에 인용되고 있다.

> " 천자의 직책은 예법보다 큰 것이 없고, 예법은 분수보다 큰
> 것이 없으며, 분수는 명목보다 큰 것이 없다."(위열왕 23년조)

　여기서 예법은 기강(紀綱)을 의미하며, 분수는 임금과 신하의
분수요, 명목은 공(公)· 후(侯)· 경· 대부의 명목을 의미한다. 사
마광의 『의맹(疑孟)』과 이구(李覯)의 『상어(常語)』도 명분론적 입
장에서 맹자를 비판한 대표적인 저술이다. 이구는 공자가' 임금
은 임금답게 신하는 신하답게' 하도록 요구한 데 비하여 맹자는
누구나 임금이 될 수 있다고 주장하는 것이라 비판하였다. 이와
는 상반하여 여윤문(余允文)은 「존맹변(尊孟辨)」을 저술하여 맹
자를 옹호하였다. 또한 주희는 「독여은지존맹변(讀余隱之尊孟辨)」에
서 여윤문의 글을 수정 보완함으로써 맹자를 변호하였다.
　사마광과 이구가 임금중심의 명분론을 내세운 데 비해, 주희는
백성과 천명이 명분보다 더 상위에 있다고 보는 입장으로서, 민
본사상과 천명사상을 명분론에서 조화시키고 있다. 명분론을 지
배자중심의 권위주의 논리로 전개한 사마광과 명분론을 천명론
의 하위개념으로 보는 주희 사이의 명분론에 관한 논란에서 주
희의 도학이 맹자를 계승하고 있음을 보여준다.

## 5.3 명분론의 양상

### 1) 신분적 명분

명분은 인간이 구체적인 현실에서 자신이 위치한 자리에 합당하게 지켜야 할 분수라 할 수 있다. 따라서 인간은 현실의 다양한 상황에 상응하는 다양한 명분을 만나게 된다. 일반적으로 명분은 인간의 당위적인 행동절차로서의 예법과 연관되고 있다. 예법은 한 인간이 구체적 인간관계 속의 처지 곧 분수에 상응하는 행동규범으로 나타난다. 인간은 사회 속에서 예법을 확립함으로써 명분을 실현하고 동시에 사회적 질서를 확보하게 된다. 예법과 사회질서의 다양한 차원에 따라 명분의 성격도 다르게 나타난다.

명분의 양상을 크게 구별해보면, 봉건적 사회질서인'신분적 명분'을 비롯하여, 도덕적 내지 법률적 정당성에 따르는'명목적 명분', 상황에 대처하는 개인적 선택적 행위로서의'처세적 명분', 강상론적 신념을 생명을 바쳐 지키는'절의(節義)적 명분', 국가체계나 국제질서의 정치적 정당성으로서의'대의(大義)적 명분' 등 다섯 가지로 제시해 볼 수 있다.

세습적 신분제도는 봉건적 질서로서 명분의 기본조건으로 인식된다. 천자·제후·경·대부·사·서인 등 5복제도의 분수를 다시 세분해 볼 수 있다. 대부와 사는 다시 각각 상·중·하의 3등급으로 나뉘며, 사대부(양반)도 다시 문반과 무반을 나눈다. 조선사회에서는 양반·중인·양인·천인 등 4가지 신분계급을 구분하였다. 여기에 더하여 적자(嫡子)와 서자(庶子)를 엄격히 나눈다. 신분을 더욱 세분화시켜서, 백성을 사·농·공·상 곧 사민(四民)으로 나누거나, 조선 후기에서는 사대부의 유학(幼學), 중인의 교생·허통·공생, 상인(常人)의 백성·공천·사천·재인·

백정으로 9등급이 나누어진다. 또한 천인에서도 노비·기생·상여군·혜장·무당·백정 등 칠천(七賤)이 구별되기도 한다.

모든 사람은 신분적 조건에 따라 자신의 당위적인 역할을 부여받게 되며 그것이 바로 명분을 이루고 있다. 이러한 명분을 어기는 것은 자신의 역할과 신분적 사회질서를 거부하는 것으로 중대한 비판을 받게 된다. 하위의 신분에 있는 자로서 상위의 신분에 저항하는 행위에 대해서는 참람에서 반역[逆]으로까지 규정하여 비난과 징벌을 가한다. 또한 복종하는 행위에 대해서는 순응[順]으로 규정하여 상을 내리는 신분적 지배질서를 확립한다. 신분질서가 명분적 정당성을 부여받음으로써 명분은 엄격한 신분적 한계를 규정하는 원리로 적용되고 있다. 신분에 따라 착용하는 의복이 다르고 의례절차나 행동양식이 다르며 심지어 언어도 신분에 따라 다른 신분적 한계의 온갖 제약을 명분으로 강화시킨다.

2) 명목적 명분

어떤 일에서 그 일의 실제와 목적으로서의 명목이 구별될 수 있고, 그 일을 통해서 성취할 수 있는 실리와 도덕적으로 마땅하거나 법률적으로 합법적인 명목이 구별될 수 있다. 여기서 명분은 실제를 인식하거나 실리를 획득하기 이전에 그 목적과 정당성의 명목을 확인시켜준다. 실제는 아무리 불완전하더라도 명목은 항상 완전한 상태로 제시된다. 실제는 아무리 여러 가지 요인에 뒤얽혀 있더라도 명목은 항상 가장 단순화되어 나타난다. 여기서 불완전하고 복합적인 요소에 얽혀 있는 실제를 명목에 맞도록 이끌어 가고자 하는 요구가 바로 명목적 명분이다.

한 학생은 그가 공부를 잘 할 수 있는지 아닌지의 실제적 조건과는 상관없이 공부하는 것이 학생이라는 명목에 비추어 열심히 공부해야 한다는 명분적인 요구를 받는다. 선비는 배가 부르게 먹어서는 안 된다는 도덕적 명목이 있을 때, 그가 아무리 배가 고프고 맛있는 음식이 먹고 싶더라도 식탁 위에 음식을 조금이라도 남겨놓아야 한다는 의식은 실리적 판단이 아니라 명목적 판단에 따른 것이다. 어떠한 구체적 일에 부딪쳐서도 실리적 효용성을 생각하기에 앞서서 그 도덕적 정당성과 법률적 적합성의 명목을 찾아서 이를 근거로 하여 결단하고 행동하는 것은 가장 일반적인 명분론의 형식이다.

### 3) 처세적 명분

한 개인으로서 정부의 관직에 나아가거나 사회 속에 일정한 지위를 갖는다는 것은 그 정부와 사회기관의 정당성에 대한 긍정적 인식과 승인자세가 있어야 한다. 그렇지 않다면 자신이 활동하는 공공기관의 정당성 여부에 전혀 무관심하거나, 그 기관이 부당함을 알고서도 참여한 것이 된다. 부당함을 알고서도 참여하였다면 부도덕한 것으로 평가될 수밖에 없다. 정당성에 관심을 갖지 않거나 무시하였다면 실리적일 수는 있겠지만 명분적인 정당성을 확보할 수는 없다. 한 인간이 자신의 정당성을 온전하게 실현하기 위해서는 먼저 자기행위의 동기를 정당하게 해야 할 뿐만 아니라, 동시에 자신이 행동하게 될 환경의 정당성을 확보하여야 한다.

한 의사가 비록 아무리 객관적 과학인 의학지식에 따라 의술을 시행하였다고 하더라도, 범죄단체 속에서 시행한 의술이라면 그 정당성을 온전하게 확보하기는 어렵다. 한 사회의 이념적 정당성에 비추어 볼 때 어떤 정부나 사회단체가 부당한 것임을 알면서도 그 속에 참여하여 권력과 이익을 향유하였다면 이러한 태도는 처신의 명분적 정당성에 크게 위배된다. 따라서 인간은 당면한 사회적 조직에 대해 처신하는 방법으로서 그 조직이 정당하면 나아가서 참여하고 부당하면 그 조직을 정당하게 개조하기 위한 투쟁을 하거나 그렇지 않다면 그 조직을 떠나서 물러나야 한다는 것이 명분론의 처세적 원리이다.

### 4) 절의적 명분

명분은 일반적으로 도덕적 정당성에 근거하고 있다. 이러한 도덕적 정당성의 전통적 기본규범은 '삼강오륜'으로 대표되는 강상론으로 인식되었다. 강상의 가장 큰 조목은 부모와 자식, 임금과 신하, 남편과 아내 사이의 규범이다. 이러한 강상의 규범은 인륜(人倫)이요 천륜(天倫)이다. 인륜이기에 인간이 인간노릇을 할 수 있는 근본조건이요, 천륜이기에 인간이 벗어날 수 없으며 인간에게 부여된 절대적 명령이다.

충(忠)· 효(孝)· 열(烈)의 덕목은 일상적인 행동규범으로서 실천되는 것이지만 이 규범들의 실천이 중대한 위기를 만나게 되면 생명을 바쳐 이 규범들을 지키도록 요구된다. 국가존망의 위기를 당하거나 왕위찬탈의 위기를 당했을 때 생명을 바쳐 이를 막는 것은 명분에 합당한 순절(殉節)의 의리이다. 만약 이 위기를 막지 못하면 마땅히 침략자나 찬탈자에게 저항하며, 타협을 거부하는 것이 절의(節義)를 지키는 길이 된다. 부모에 효도하기 위하여 생명을 바치게 되는 극단적 상황은 너무 특수하여 크게 문제삼지 않으나, 특히 부인이 남편을 위하여 생명을 바쳐 정절을 지키는 경우는 전통사회에서 매우 중요시되는 절의적 명분의식이다. 나라를 지키다 생명을 잃는 순국(殉國)이나 진리를 옹호하다 생명을 잃는 순도(殉道)는 역사 속에서 가장 추존되어온 절의적 명분의 표출이라 할 수 있다.

5) 대의적 명분

'춘추대의'의 개념에서도 드러나고 있는 것처럼 국가의 기본
체제나 국가간의 질서는 가장 범위가 크고 중대한 문제이므로
대의(大義)로서 명분적 규범이 되고 있다. 춘추시대에서는 봉건
적 체제를 그 나라와 세계가 지켜가야 할 최고의 정당성으로 받
아들였다. 이처럼 오늘날 사회체제의 기본원리를 이루는 민주주
의는 우리 시대의 대의적 명분으로 받아들여질 수 있다. 대의적
명분은 한 사회에서 가장 광범하고 근본적인 중대한 규범을 이
루는 것으로 인정된다. 그러나 현실의 생활 속에서는 이 대의적
명분이 구체적인 작은 명분들과 상충을 일으키는 경우가 드물지
않다.

만약 어떤 대의적 명분이 구체적인 명분들과 상충될 때는 마
땅히 이 대의적 명분을 우선시켜야 할 것으로 인식된다. 특히 한
국가나 사회체제의 정치적 정당성은 다른 모든 구체적 문제들의
기초가 된다는 의미에서 대의적 명분으로서의 비중을 지닌다. 일
상생활에서'대의명분'을 일컫는 것은 다양한 명분의 형식을 포
괄적으로 가리키는 경우라 할 수 있다. 대의명분은 반드시 국가
나 국제사회의 체제와 연관된 정당성이 아니더라도, 구체적인 사
건에서 성립하는 다양한 작은 명분들을 넘어서 성립하는 정당성
으로서 가장 일반성을 지니고 비중이 큰 명분을 가리키는 경우
가 많다.

## 5.4 명분론적 인식의 전통

1) 삼국· 고려시대의 명분론

한국의 전통사회는 역사적으로 경험하였던 많은 문제에 대응하는 과정에서 명분론적 가치기준을 적용하였던 풍부한 사례가 있다. 특히 조선시대에 들어오면 유학의 이론적 인식수준이 높아지면서 명분론에 관한 체계적 주장을 하거나 논설을 저술한 경우가 상당수 보인다. 명분론적 이해의 전통을 삼국 및 고려시대와 조선시대로 크게 나누고 명분론의 이론적 인식을 별도로 소개하겠다.

중국의 사료인 『위략(魏略)』에 기록된 자료에 의하면 전국시대에 연(燕)나라가 스스로 왕이라 칭하고 조선을 침공하자, 조선도 왕이라 칭하며 연나라에 반격하였다 한다. 이때 조선왕은' 주(周) 왕실을 높이기 위해서' 라고 반격이유를 제시하였다. 삼국시대 이전 우리의 고대국가가 침략자를 방어하는 명분을 춘추대의로 인식되는 존주론(尊周論)으로 제시한 것이다.

삼국시대는 국가 사이에 긴장과 갈등이 심하고 전쟁이 빈번한 시기이었던 만큼, 충성과 용기의 규범에 근거한 절의적 명분이 강하게 제기되었다. 동시에 신분적 권위적 차이를 넘어서 보편적 정당성을 지닌 명분이 사회질서의 건전한 기초로 작용되고 있음을 보여준다. 고구려의 유리왕은 태자 해명(解明)이 이웃 황룡국 임금에게 힘을 과시한 일을 책망하면서 자결하라는 명령을 내렸다. 이 명령을 전하는 사신 앞에서, 태자는" 부왕이 나를 불효자라 하여 칼을 주어 자결케 하시니 어찌 아버지의 명령을 어길 수 있으랴"라 하면서 주위의 만류를 뿌리치고 자결하였다. 여기서 아버지의 명령을 절대적인 대의명분으로 지키는 태도를 엿볼 수 있다.

고구려의 을파소는 재상에 임명되었을 때, " 때를 만나지 못하면 은둔하고 때를 만나면 벼슬하는 것은 선비의 떳떳한 일이다"라고 밝히는 데서 선비가 한 시대에 나아가고 물러나는 처세적 명분을 제시하였다. 고구려의 평강공주는 어릴 때 부왕이 바보 온달에게 시집보내겠다고 희롱하였던 일에 대해서, " 필부도 식언(食言)을 하지 않으려 하거늘 하물며 지존하신 임금님이겠습니까. 그래서' 임금은 희롱하는 말이 없다' 라고 합니다."라 하며 부왕의 명령을 따르기를 거절하였다. 여기에 대의명분에 따라서는 임금의 명령이며 아버지의 명령도 거절하는 확고한 명분의식을 찾아볼 수 있다.

을지문덕이 수나라 장수 우중문에게 보낸 시(詩)에서" 넉넉한 줄 알진대 그만둠이 어떠리[知足願云止]"라 하였고, 백제의 근구수왕이 태자 때 고구려의 군사를 추격하는데 장군 막고해가『노자』의 말을 인용하여" 넉넉한 줄 알면 욕되지 않고 그칠 줄 알면 위태롭지 않다[知足不辱, 知止不殆]"라 간언하고 있다. 이것은 전쟁터에서 진군을 정지시키는 중대한 결단에 도가사상의 격언이 매우 유용한 명분적 규범으로 쓰여지고 있음을 보여준다. 백제의 충신 성충(成忠)은 국가존망의 위기를 당하여서, " 충신은 죽어서도 임금을 잊지 않는다"라 하면서 방어대책을 진언한다. 이처럼 국가의 위기에서 신하의 절의적 명분을 밝히는 것이다.

신라의 박제상은, " 임금이 근심스러우면 신하가 욕되고 임금이 욕되면 신하가 죽는다"라는 말을 신하의 대의명분으로 삼아 위난에 뛰어들었다. 그는 일본왕의 회유에도 불구하고, " 차라리 신라의 짐승이 될지언정 결코 왜국의 신하는 되지 않겠다"라고 주장하다가 죽음을 당하여 절의적 명분을 실천하였다. 특히『논어』에서, " 겨울이 된 뒤에야 소나무와 잣나무가 늦게 시드는 것을 알겠다"라는 공자의 말은 신라의 죽죽(竹竹) 등 청년 장수들이 전쟁터에서 후퇴하지 않고 당당하게 전사하는 절의적 명분을 제공하고 있다.

신라의 장수인 김흠춘이 전쟁터에서 아들 반굴에게," 국가의 위기를 당하여서는 생명을 바쳐야 충성과 효도를 양쪽 모두 온전하게 이루게 된다"라 훈계한다. 그것은 국가에 대한 충성의 규범과 가정에서 부모에 대한 효도의 규범이 전쟁터라는 구체적 상황에서 상충할 때 지켜야 할 절의적 명분을 제시하는 것이다.

고려 성종 때 거란이 우리 땅에 침략해 왔을 때, 거란장수 소손녕과 고려의 서희가 담판하였다. 이때 서로가 고구려의 옛 땅을 차지할 권리의 정당성을 명분으로 삼았을 때 고려가 국가의 명칭에서 고구려 계승을 명목적 명분으로 삼고 있음을 밝혔다. 역사적으로 국가간의 외교적 교섭이나 군사적 갈등에서 가장 우선하는 쟁점은 명분의 정당성을 확보하는 것이다. 14세기 말엽 원나라와 명나라가 교체하는 시기에 고려 말기의 정부 안에서 친원파와 친명파가 대립한 것은 국제질서에 대한 명분론적 인식의 차이에서 오는 것으로 유학자들에 의해 친명파의 대의적 명분론이 뒷받침되었다.

2) 조선시대의 명분론

조선시대는 도학이 융성하게 발전하면서 강한 의리론과 정통성을 내세웠던 만큼 명분론에서도 절의론의 정당성과 함께 국제질서 속에서' 존화양이(尊華攘夷)'의 춘추대의를 내세우는 대의적 명분론이 역사의 중요한 국면에서 강력하게 제시되었다. 고려왕조의 멸망과 조선왕조의 창업 그 자체가 명분론적으로 중대한 쟁점을 불러일으켰다. 혁명세력은 조선왕조의 창업을 명분론적 입장에서 혁명으로 규정하여 정당화시켰다. 그러나 상당수의 고려 말기 관료는 강상론을 내세워 절의적 명분을 실천하였다.

혁명론에 섰을 때는 조선왕조 건국에 적극 참여하여 활동하지만, 강상론에 섰을 때는 고려왕조에 충절을 지켜 자결하거나 은둔하여 조선왕조를 거부함으로써, 상반된 행동양상을 보여주었다. 조선초 태조에서 태종 사이의 시대에서는 혁명론적 명분이 강력히 제기되었다. 이에 비해 세종시대에 오면서 혁명론과 강상론이 병행하게 되었다. 한편으로는 『용비어천가』를 짓는 등 혁명론적 명분을 강화시켰지만, 다른 한편으로는 『삼강행실도』를 편찬하면서 충신의 항목에 조선왕조의 창업공신들을 수록한 것이 아니라, 조선왕조 건국에 항거하거나 협력을 거부한 절의파 인물인 정몽주와 길재를 수록하고 있다. 이러한 사실에서 강상론적 명분이 새롭게 대두하고 있음을 본다.

바로 여기에서 이른바 창업기(創業期)를 지나고 수성기(守成期)에 접어들면서, 조선사회 안에는 명분론의 중요한 전환이 일어나고 있음을 보여준다. 사실상 세종시대 이후에는 강상론 내지 절의론이 명분론의 기준으로 확립되었다. 혁명론과 강상론의 명분론적 대립은 조선사회 전반기에서 중요한 정치사회적 의미를 지니고 있다. 공훈을 존중하고 대대로 조선정부에 중요한 관직을 맡아서 정치세력을 형성한 훈구파(勳舊派)와, 초야에서 절의를 숭상하며 도학의 학문적 수양에 힘쓰는 사림파(士林派)로 양극화되어 첨예한 대립을 나타내게 되었다.

특히 어린 단종의 숙부인 수양대군(뒤에 세조)이 선양(禪讓)을 표면의 명분으로 내세우면서 왕위를 찬탈하는 사건에 대하여, 왕위찬탈에 협조하고 세조의 조정에 나가서 관직을 지닌 인물인 정인지·신숙주 등의 현실론적 명분과 왕위찬탈에 항거하여 단종의 복위를 도모하다가 희생당한 사육신이나 세조의 조정에 나가기를 거부한 생육신 등의 절의론적 명분은 완전히 상반된 입장을 취하게 되었다.

정몽주에서 길재를 거쳐 계승되어 가는 사림파의 학통을 이은 김종직은 세조의 왕위찬탈을 풍자하여 비난하는 「조의제문(弔義帝文)」이라는 시를 지었는데, 이 시를 그의 제자 김일손이 사초(史草)에 실었다가 마침내 수많은 선비들이 희생당하는 무오사화를 초래하였다. 사림파의 선비들이 지속적으로 절의론적 명분을 명백하게 제시하는데 비하여, 훈구파의 관료들은 현실론적 명분을 취하고 있기 때문에 명분론의 도덕성이 약하지 않을 수 없었다. 이에 따라 훈구파가 권력의 힘을 빌어 선비들을 제거하는 참혹한 사화를 잇달아 일으킨 것도 사실상 명분의 허약성을 힘으로 해결하려는 데서 발생하였던 현상이다.

조광조는 중종반정의 공신들의 행적을 심사하여, 그 가운데 공신의 명목에 적합하지 않은 인물들의 거짓 공훈을 삭탈하는 작업을 하였다. 그는 이렇게 하여 명분을 바로잡음으로써 사회기강을 수립하고자 하였다. 임금이 오랑캐에 대응하는 도리와 명분에 어긋난다 하여 변경을 노략질하는 여진족 추장을 잡기 위한 군사의 출동을 반대한 사실도 있다. 여기서도 조광조는 군사적 전술의 이해득실보다도 대의명분을 앞세우고 있음을 보여준다.

조광조가 군자와 소인을 엄격히 분별하고 의리와 이욕을 예리하게 나누고 있는 것도 명분의 정당성을 확인하려는 데 뜻을 두고 있는 것이다. 사림파의 선비들이 선조 이후 실재로 정치를 담당하면서 사림정치가 실현되었다. 이때에는 선비들이 서로를 군자와 소인을 분별하는 논란이 일어나면서 붕당이 발생하였다. 동인과 서인으로 갈라져 서로를 소인이라 비난하는 당파적 분열은 명분의 엄격성을 지나치게 자의적으로 적용시키는 데서 오는 폐단이라 할 수 있다.

조선 후기의 인조 때 만주족의 청나라가 침략해 온 병자호란에서 청 태종에게 항복하였던 사건은 명분론적으로 중요한 쟁점

을 일으켰다. 병자호란에 임금과 신하들이 남한산성에서 항전할
때에 김상헌· 정온· 홍익한 등은 화친을 거부하고 임금과 신하
가 성을 지키다 함께 죽을 것을 요구하며, 나라가 멸망하더라도
불의한 침략자에게 항복할 수 없다는 척화론(斥和論)을 주장하였
다. 이에 비해 최명길 등은 침략자들에게 항복하여 신하로서 섬
기더라도, 화친을 맺어서 백성의 희생을 줄이고 나라의 명맥을
보존하자는 주화론(主和論)을 내세웠다.

그 당시 척화와 주화 사이에서 몇 차례 번복을 거듭하다가 마
침내 항복함으로써 주화론이 채택되었다. 이때 척화론을 주장하
던 김상헌과 척화삼학사(斥和三學士) 등은 청나라의 심양에 끌려
가 심문을 받으면서도 끝까지 대의를 명분으로 내세우고 절의를
지켰다. 주화론이 실리론적 입장에 선다면 척화파는 의리론적 입
장에 선다. 척화의리는 문화[中華]와 야만[夷狄]을 엄격히 분별하
는 대의적 명분론에 근거하고 있다. 중화의 문화를 자부하는 조
선사회로서는 만주족의 청나라를 야만적인 것으로 규정하여 존
화양이론 내지 존왕천패론의 춘추대의를 응용한 숭명배청론(崇明
排淸論)을 제기하게 되었다.

병자호란 이후로 배청(排淸) 의식은 춘추대의를 계승하는 것으
로서 대의적 명분론을 표출하는 것이었다. 효종과 송시열을 비롯
한 당시의 도학자들은 배청론을 북벌론(北伐論)으로 전개하기도
하였다. 도학자들의 배청론에 나타나는 대의적 명분론은 비록 홍
대용· 박지원· 정약용 등의 실학자들에 의해 철저히 비판을 받
았지만, 이 시대의 정통이념으로 강력하게 확보되었음을 본다.

19세기 후반에 서양과 일본의 무력침략이 가중되어 가자, 국가
적 위기의식 속에서 조선왕조의 문화적 정통성의 자각이 일어났
다. 여기서 서양을 물질주의적 야만성에 기초를 둔 오랑캐로 규
정하고, 서양과 서양화한 일본을 배척하는 척양론(斥洋論)· 척왜

론(斥倭論)을 전개하였다. 이른바 위정척사론(衛正斥邪論)도 존화
양이의 춘추대의를 한말의 시대에 적용시킨 명분론적 인식이라
할 수 있다.

일본의 무력위협 아래 1876년 개항한 다음, 서양문물을 능동적
으로 수용하려는 개화파와 전통문화를 수호하려는 수구파로 나
뉘었다. 여기서 근대라는 역사적 상황에 대처하는 보수와 진보의
명분론적 입장이 양극적으로 대립을 보였다. 갑오경장 이후로 신
분제도가 붕괴되고 중국중심의 천하관이 해체되며, 평등하고 합
리적인 사회를 추구하고, 실용성과 능률성이 존중되었다. 이러한
상황에서 수구파의 대의적 명분론이 지닌 형식은 비현실적이고
전근대적이며 사대주의적 예속으로 비판을 받았던 것이 사실이
다. 그러나 의병운동으로 항거하거나 일본의 식민통치정책을 거
부하여 일본의 국권찬탈에 저항하는 가장 강력한 대중적 힘은
수구파의 명분론적 전통에 근거한 신념에서 발생하였음을 본다.

명분론의 양상은 시대와 가치관에 따라 변하는 것이 사실이지
만 어느 시대에서나 그 시대의 명분이 없을 수 없다. 그것은 명
분의식이 한 사회의 체제적 정당성과 도덕의식의 기준을 제공해
주기 때문이다.


## 5.5 명분론의 이론적 이해

명분론적 신념과 실천은 일찍부터 강하게 나타났지만, 이론적
이고 체계적인 이해를 보여주었던 것은 조선시대 유학자들 사이
에서라고 할 수 있다. 세조의 왕위찬탈에 대한 항의로 관직에 나
가기를 버렸던 생육신의 한 사람인 김시습은 「명분설(名分說)」이
라는 논설로서 명분론적 인식을 서술하고 있다. 그는 명분의 명

(名)은 천자· 제후· 공경· 대부 등 신분적 명목이요, 분(分)은 상
하와 존비 및 귀천의 분별을 말하는 것이라 규정한다.

김시습은 또한 명분을 예절과 연결시켜서 파악하였다. 곧 명분
이 있어도 예절이 없으면 기강과 법도를 지킬 수 없어서 명분도
공허한 도구에 떨어진다고 지적한다. 그는 명분의 상하분별에서
위와 아래의 관계를 머리· 눈에 대한 손· 발의 관계나 가지· 잎
에 대한 줄기· 뿌리의 관계에 비유하여, 유기적 연관성을 강조하
였다. 그의 명분론적 이해는 전반적으로 『주역』을 통한 천지가
명분을 결정하는[定名分] 우주론적 근거를 확인하고, 『춘추』를 통
해 성인이 명분을 닦는[修名分] 규범적 형식을 인식하며, 역사서
에서 명분을 바로잡는[正名分] 역사적 행적을 검토하는 것이라
할 수 있다.

명분과 기강의 연관성에 대한 인식은 특히 근세에 활동하던
여러 유학자들의 논설에서 자주 보인다. 한 예로 한말의 유학자
이병규(李秉珪)는 「시무요의론(時務要宜論)」의 그 첫머리에서 "명분
을 바로잡아 기강을 세운다[正名分, 而立綱紀]"라는 요목을 들고
있다. 여기서 그는 공자의 정명사상을 명분의 기본문제로 확인하
며, 나아가 "명분이 문란하면 기강이 무너지고, 나라도 따라서 반
드시 망하게 된다"고 밝힌다. 당시 국가존망의 위기를 해결하는
최우선의 과제도 "명분을 범하고 임금을 무시한 죄를 밝혀야 한
다"고 강조한다.

이에 비해 중화와 오랑캐의 분별에 따른 대의명분을 주목하면
서, 두 영역이 각각의 질서에 따라 그 본분을 지키는 것을 명분
의 정신으로 보는 입장이 있다. 이황은 왜선이 사량포를 침략한
사건 이후에 올린 「걸물절왜사소(乞勿絶倭使疏)」에서 군신(君臣)·
상하(上下)를 분별하는 명분이 없는 것을 오랑캐라 규정하고, 중
화와 오랑캐 사이의 대의명분을 혼동할 수 없는 것으로 본다. 여

기서 그는 오랑캐로서의 왜(倭)에 대해 예의와 명분의 도리로써 나무란다는 것은, 짐승을 독려하여 예법과 음악을 행하도록 하는 일이라 지적하고, 짐승의 경우처럼 그 본성을 거슬러서 물어 뜯기게 된다고 경계한다. 이처럼 이황은 분별을 지키지 못하는 오랑캐에게 명분을 강요하지 않는 것으로서 오랑캐에 대응하는 외교적 원칙을 제시하였다.

17세기 후반의 이보(李甫)는 명분이 안정하지 않는 데 따라 민심이 안정되지 않음을 주목한다. 곧 비천한 자가 존귀한 자를 넘보며, 젊은 사람이 어른을 능멸하고, 상하에 분별이 없어서 예법이 행하여지지 않는 국가적 혼란의 현실상황을 지적한다. 그는 상하를 분별하여 민심을 안정시키고, 이에 따라 명분의 존중을 국법으로서 엄중히 지켰던 사회적 성격을 확인한다. 이와 더불어 역사적으로 이이(李珥)에 의하여 서얼(庶孼)이 관직에 나가도록 허통된 이후부터 신분의 분별이 무너지기 시작한 현실을 제시한다. 여기서 이보는 명분의 은폐가 민심의 불안정과 정치의 침체에 연관된다는 체제적 성격을 강조한다.

실학자들 사이에도 도학의 정통주의적 명분론을 비교적 긍정하는 인물이 있다. 곧 안정복(安鼎福)은 『주역』이(履)괘의 상하를 분별하여 민심을 안정시킨다는 의미를 명분의 기본원리로서 재확인한다. 그는 또한 명분의 분별은 인간의 판단에 따르는 주관적 판단이 아니라 자연의 필연적 이치이며 불변적인 분수가 있다고 본다. 그는 명분과 실질을 연결시켜서, 명분을 바르게 하는 것이 실지에 힘쓰는 것이라는 말을 확인한다. 나아가 『춘추』에서 이른바 명칭[名]과 도구[器]는 명분의 두 가지 장치로서 임금이 맡아서 정치를 하는 기본방법임을 지적한다. 여기서 명칭은 작위로서 신분의 상하를 분별하는 명분이며, 도구는 신분에 상응하는 거마와 의복 등을 갖추는 예법을 의미한다.

이규경(李圭景)도 「기강명분변증설(紀綱名分辨證說)」에서 기강과 명분이 없으면 삼강오륜의 도덕이 무너질 것이라 하여, 기강과 명분이 서로 연관되며 동시에 도덕규범의 근거가 되고 있음을 밝힌다. 그는 국가의 존립이나 인간의 존재의미도 이 명분에 있는 것이라 지적하고, 또한 말의 고삐나 배의 키에 비유하여 기강과 명분을 잃으면 사회제도가 혼란에 빠지거나 뒤집힐 것이라 강조한다.

이에 비해 정통주의적 명분론을 새롭고 비판적인 시각에서 논의하는 실학자들이 있다. 정약용은 신분적 명분론을 비판하여 「서얼론」에서는 부모를 부모라 부르지도 못하게 하는 서얼차별의 명분론을 비판하고, 서얼의 벼슬길을 막을 것이 아니라 정승을 시킬 수 있어야 한다고 주장하였다. 「통색의(通塞議)」에서는 신분과 지방과 적서의 차별을 철폐하여 인재선발을 하도록 요구하고 있다.

또한 「척발위론(拓跋魏論)」에서는 화이론적 명분론을 비판하여 오랑캐란 '임금이 임금노릇 못하고 신하가 신하노릇 못하는 상태[臣不臣, 君不君]'라 정의한다. 여기서 오랑캐나 중화가 불변적으로 고정된 것이 아니요, 명분을 실천하는지 여부에 따라 중화도 하루아침에 오랑캐가 될 수 있고 오랑캐도 중화가 될 수 있음을 강조하였다. 신분론과 화이론의 변화는 명분론의 변화를 초래하며, 동시에 명분론의 변화로 신분의식과 화이론이 바뀐 것도 사실이다.

북학파의 실학자인 홍대용이 『의산문답』에서 보여주는 역외춘추론(域外春秋論)은 하늘의 시각에서 보는 것이라면 화이론은 인간의 시각에서 보는 것이라 대립시켜서 화이론을 부정하였다. 또한 박지원은 「양반전」·「호질」·「예덕선생전」 등 소설에서 신분적 권위의식과 명분론을 풍자적으로 신랄하게 비판하였다. 명분론은 도학의 전통주의적 입장에서 가장 적극적으로 강조되었으며, 그만큼 근세의 실학파에서는 과감하게 비판되는 경향이 뚜렷하다.

## 5.6 명분관의 성격과 한계

한국인이 지녔던 전통적 명분관은 기본적으로 신분질서나 상하의식에 따라 각각의 분수를 지키도록 규정하여 사회적 역할을 제한하는 계층적 명분론의 성격을 지니며, 동시에 개인이나 사회가 당면하는 문제에 대응하는 판단이나 행위에서 정당성을 부여하는 도덕적 명분론의 성격을 지니고 있다.

먼저 계층적 명분관은 엄격한 계층적 사회구조를 형성하여 안정된 사회질서를 유지할 수 있게 한다. 특히 가족공동체 안에서도 부모와 자녀나 부부·형제·고부 등의 사이에 나타나는 상하의 계층적 성격은 각각의 역할에 따르는 명분을 부여함으로써 가족적인 질서를 지탱해 주었다. 부모의 도리나 자식의 도리, 또는 임금의 도리나 신하의 도리 등 각각이 지켜야 할 도리가 명분으로 주어지면, 이 명분은 위와 아래의 어느 쪽에도 지켜야 할 규범으로 작용한다.

명분이 계층적이라 하여 결코 윗사람에게 가볍고 아랫사람에게 무겁게 주어지는 억압적인 것은 아니다. 공동체 안에서 흔히 일어나는 억압적인 현상은 힘에 의해 강자가 명분을 경시하고 무시하는 데에 기인하는 것으로 볼 필요가 있다. 부분적인 폐단이 있는 것은 사실이지만, 크게 보면 전통사회에서는 명분을 통하여 힘에 의한 억압적인 사회가 아니라 위와 아래 각각의 구성원이 그 역할의 명분적 제약을 받음으로써 공동체의 질서와 결

속을 확보해왔다. 그러나 현실적으로 전통사회에서는 신분적 구
속을 벗어나 자율성을 향유하려는 인간의 자연적 욕구를 명분적
규범으로 억제한 것이 사실이다. 동시에 명분론은 기존 질서의
정적인 안정을 깨고 역동적인 변화를 추구하는 진보적 요구를
억제하는 보수적 성격을 띠고 있었다.

근대로 내려오면서 신분제도가 동요하고 붕괴하는 과정에서는
계층적 명분관도 점차적으로 타당성을 잃게 되었다. 그렇지만 아
직도 우리 사회에서는 자신의 분수를 지키는 것을 미덕으로 여
기면서, 도전과 모험의 진취적 태도를 부정하는 의식의 흔적이
뚜렷하게 남아 있음을 본다. 우리에게 익숙한 속담에서는 자신의
한정된 분수를 강조함으로써 명분론의 소극적이고 역할제한적인
성격을 보여주고 있다.

" 송충이는 솔잎을 먹어야지 갈잎을 먹을 수 없다."
" 올라가지 못할 나무는 쳐다보지도 말아라."

이에 비해 도덕적 명분관은 인간의 모든 행위에서 인간본성에
근거하는 도덕적 정당성의 기준을 제시함으로써 강한 정의감과
신념적 용기를 이끌어내고 있다. 불의에 대한 엄격한 비판의식과
타협할 줄 모르는 선비적인 꼿꼿한 강직성은 우리 사회를 도덕
적으로 건전하게 이끌어 왔다. 또한 사회적인 행위의 도덕적 명
분은 공동체의 정당성을 확고하게 함으로써 사회통합의 기능을
하여 왔다. 그러나 정당성의 신념이 지나치게 엄격한 비판의식을
발휘함으로써 사회적 긴장과 분열을 초래할 수도 있다. 조선 후
기의 당쟁도 명분론적 정당성의 대립에서 심화되었던 것으로 이
해된다.

또한 도덕적 명분론의 관심이 지나치게 강화되면서 명분의 형

식화와 체면치레가 성행하게 되고, 현실의 실용적인 관심이 쇠퇴하는 현상을 보게 된다. 이에 따라 실학파의 실용적 관심에서는 의리론적 명분론의 허구성이 비판되기도 하였다.

평등을 기본원리로 하는 현대의 민주적 사회 속에서는 계층적 명분관이 적합성을 잃고 있다. 그러나 평등사회 속에서도 자신의 역할이 정당성을 확보하기 위해서는 자신의 판단과 행동의 명분을 확인할 필요가 있다. 오늘의 시민사회에서는 이에 합당한 행위의 새로운 명분이 찾아져야 함은 당연한 일이다. 또한 우리가 부딪친 민주화나 경제성장, 소득재분배, 민족통일 등의 경우처럼, 오늘의 사회에서도 당면하는 구체적인 시대적 과제는 그 상황에서 특수한 명분을 제시하여 우리의 다양한 행위를 제약할 수 있다. 명분의식의 건전한 작용은 한 사회를 도덕적으로 정당하고 실용적으로 생산적이게 하며, 사회를 강건하게 통합시키는 기능을 갖는다.

# 6. 유교의 사생관(死生觀)과 거듭남

## 6.1 거듭남의 유교적 의미

죽은 다음의 세계에 대한 말을 무척이나 삼가하는 유교전통에서도 한 생명이 새롭게 거듭남에 대한 강한 요구가 여러 형태로 표현되고 있다. 여기서 한 생명이 새롭게 거듭난다는 것은 단순히 자연적 생명의 일시적 단절을 겪고 난 다음 원래의 생명이 다시 살아나서 연장되는 것을 의미하지는 않는다. 중병을 앓는 환자가 심장의 박동이 중지한 상태로 몇 분이 흐른 다음 의사의 전기충격 치료를 받고 나서' 다시 살아나는 것'이나, 심지어 식물인간으로 뇌사상태에서' 다시 살아나는 것'과 같은 경우를 ' 거듭남'으로 보기는 어렵다.

' 거듭난다'는 말에는 이중적 생명관이 전제되어 있다. 곧 하나는 낡은 생명이요, 다른 하나는 새로운 생명이다. 마음과 육신이 죄악과 나태로 더럽혀진 범속한 생명과, 착하고 깨끗하며, 아름답고 활기 있는 신성한 생명이라는 두 세계를 인정하는 것이다. 이 두 생명 사이에서는 낡고 범속한 생명이 죽음과 초월의 계기를 겪은 다음에 새롭고 신성한 생명으로 출현하는 거듭남의 과정이 성립한다. 유교적 의식에서 죽음의 계기는 반드시 자연적 생명의 죽음을 요구하는 것은 아니다. 자연적 생명의 죽음이거나 다만 의식 안에서 경험되는 죽음이거나 근본적으로 한 생명의 단절과 초월을 통한 새로운 생명의 획득이 있어야 거듭날 수 있는 것으로 이해된다. 이러한 유교적 거듭남은 끊임없이 자신을 새롭게

하여 거듭나는‘ 길' [道]로서의 하늘의 마음을 아는 것이요, 복괘
(復卦)의 견천지지심(見天地之心)에서 확인된다. 이러한 유교적
거듭남의 의미는 그리스도교적 부활의 의미와도 만날 수 있을
것이다.

## 6.2 유교에서의 삶과 죽음

공자의 말씀에“ 아침에 도[진리]를 들으면 저녁에 죽어도 좋다
[朝聞道, 夕死可矣]”라는 유명한 구절이 있다. 육신의 죽음으로써
모든 것이 부정되고 지워지는 것이 아니라는 죽음에 대한 인식
을 보여준다. 동시에 진리를 얻는다면 인간의 생명은 죽음에 의
해서도 소멸될 수 없는 가치를 확보한다는 생명관을 확인시켜
준다. 맹자는 이 의미를 좀더 구체적인 비유를 들어 설명하고 있
다.
“ 물고기도 내가 원하는 것이고, 곰의 발바닥도 내가 원하는 것
이지만, 두 가지를 함께 가질 수 없다면, 물고기를 버리고 곰의
발바닥을 취할 것이다. 생명도 내가 원하는 것이고, 의리도 내가
원하는 것이지만, 두 가지를 함께 가질 수 없다면, 생명을 버리고
의리를 취할 것이다.”(『孟子』 告子上) 살기를 원하고 죽기를 싫
어하는 것은 인간의 자연적 심리이다. 그렇지만 생명보다도 귀한
가치를 위해 죽음을 감수하는 결단은 단지 죽음의 허무가 아니
라 생명의 새로운 세계를 성취하는 계기를 이룬다.
진정한 삶의 실현은 죽음을 넘어서서 가능하다. 이러한 삶은
목숨의 연명과는 본질적으로 다르다. 삶의 두 차원으로서, 구차스
럽게 살아가는 삶과 삶의 진실한 의미를 실현하는 삶이 간결하
게 대조되어 제시된다. 공자는“ 사람이 산다는 것은 곧은 것이다.

곧음이 없이 사는 것은 요행이 죽음을 면하고 있는 것이다.[人之生也直, 罔之生也, 幸而免]"라 하여 곧은 삶과 곧지 못한 삶을 죽음 이전의 삶과 죽음을 넘어서는 삶으로 대조시켜 주고 있다. 욕망과 감정에 따라 흔들리고 있는 세속적 삶은 진정한 삶이 되지 못한다. 죽음을 꿰뚫고 지켜지는 신념의 곧음은 인간의 삶을 진정한 삶의 의미로 끌어올려 주고 있다.

　삶과 죽음에 관한 공자의 말씀이 자주 논의되고 있다. 제자 계로(季路)가 어느 날 죽음에 대하여 물었을 때 공자는" 아직 삶도 모르는데 어찌 죽음을 알겠는가[未知生, 焉知死] "라고 간결하게 대답하였다. 이 구절은 결코 공자가 죽음의 문제에 대한 대답을 회피하거나 사후세계에 대한 불가지론의 입장에 서 있는 것은 아니다. 정자(程子)는 이 구절을 해석하면서 죽음과 삶은 마치 밤과 낮의 관계처럼 서로 떠날 수 없는 양면으로 파악하여," 삶의 의미를 아는 것이 곧 죽음의 의미를 아는 것이다"라 하고, " 죽음과 삶은 하나이면서 둘이고, 둘이면서 하나이다"라 하였다. 그것은 삶의 의미 속에 죽음의 의미를 적극적으로 끌어들이고 죽음의 의미도 삶의 의미 속에서 찾아야 할 것임을 제시한다. 뒤집어서" 아직 죽음을 모르는데 어찌 삶을 알 수 있겠는가"라는 주장도 성립할 것이다. 진정한 삶은 죽음을 넘어서는 가치 있는 삶이요, 동시에 죽음도 진정한 삶에로 이르는 필수적인 관문으로 이해될 수 있다.

　밤이 없는 낮의 세계나 낮이 없는 밤의 세계는 근본적으로 성립할 수 없는 것이며, 만약 가능하다면 그것은 밤의 의미나 낮의 의미를 동시에 부정하고 말 것이다. 밤이 편안한 휴식을 줄 수 있는 것은 낮의 부지런한 수고로움의 다음에 오기 때문이요, 낮의 땀 흘리는 노동은 밤의 충분한 휴식 다음에 가능하다. 삶과 죽음도 마치 자연의 질서 속에서 밤과 낮이 순환하듯이 되풀이 되고 있는 것으로 이해될 수도 있다. 유교적 사생관에 따르면 한 사람의 개체 안에서는 육신이 죽음과 함께 흙으로 돌아가고 영혼이 우주의 큰 기운으로 돌아가는 것으로 본다. 실재에서 흙으로 돌아가고 우주의 큰 기운으로 돌아가는 과정에서 시간의 지속에 차이가 있는 것이라 한다. 스위치를 내리는 순간 전등이 꺼지듯이 죽음과 함께 사라지는 것이 아니라, 굴뚝에서 솟아오른 연기가 서서히 대기 속으로 녹아들듯이 시야에서 사라지는 것이라 본다.

이렇게 잠시 지체되는 유예시간이 인간의 사후존재의 실상이거나 전기간이 아니다. 먼저 미시적으로 한 순간의 생각과 행위 속에서 죽음과 삶이 몇 차례씩이라도 교차할 수 있고, 거시적으로 긴 역사적 시간을 거치면서 죽음과 삶을 넘나들 수 있다.


## 6.3 거듭남의 유교적 방법

유교적 전통에서의 거듭남은 몇 가지 양상으로 파악해 볼 수 있다. 곧 그 하나는 인격적인 새로워짐이요, 다른 하나는 우주적인 순환에 따른 회복으로 구별해 볼 수 있다. 여기서 제시된 두 가지 양상의 거듭남이 지니는 공통된 전제는 하늘의 명령[天命]에 일치하는 것이고, 하늘의 질서[天道]를 따르는 것이다. 유교적 거듭남은 근원적으로 하늘의 뜻을 모르고 하늘의 뜻에 어긋나는 삶에서 하늘의 뜻을 알고 따르는 삶에로의 전환을 의미한다.

첫째로, 거듭남의 개체적 양상은 인간이 자아극복과 인격적 새로워짐으로 나타난다.

공자는 자신이 가장 사랑하는 제자 안연(顏淵)의 인(仁)에 대한 물음에 답하면서, "자신을 극복하여 예법에 돌아가는 것이 곧 인(仁)이다[克己復禮, 爲仁]"라 대답하고 있다. 여기서는 극복하여야 할 대상으로서의 자신과 돌아가야 할 목적으로서의 예법이 대립되고 있다. 조선 후기의 정약용(丁若鏞)은 이 양자를 인심(人心)과 도심(道心) 또는 소체(小體)와 대체(大體)의 대립으로 파악하였다. 극복되어야 할 자신[곧 욕망에 지배되는 세속적인 생명]과 실현되어야 할 자신[곧 진리를 따르는 신성한 생명]이 대립되는 것을 의미한다. 자신의 극복은 하나의 자신이 죽음을 의미하며 자신의 실현은 또 다른 하나의 자신이 거듭남을 의미한다. 정약용은 이 극복의 과정을 인심과 도심 사이에 일어나는 마음의 교전상태[心戰, 交戰]로 설명하기도 한다. 인간은 하나의 자신과 또 하나의 자신 사이의 전쟁을 통하여, 두 번째의 자신[곧 하늘의 뜻을 따르는 의로운 자신]이 승리하는 데서 참된 인간의 가치가 실현되는 것으로 보고 있다.

유교적 거듭남의 일반적 방법은 자신의 인격적 새로워짐으로 볼 수 있다. 유교의 경전 가운데서 가장 먼저 읽도록 요구되는 『대학』에서는 유교의 근본원리로서 세 가지 기본강령을 제시하고 있으며, 그 가운데 중심축을 이루고 있는 것은 '자신의 밝은 덕을 밝힘[明明德]'과 '백성을 친애함[親民]'이라는 두 가지 강령이다. 여기서 북송 정자의 견해를 따라서 남송의 주자는 '백성을 친애함[親民]'을 '백성을 새롭게 함[新民]'으로 고쳤다. '자신의 밝은 덕을 밝히고, 백성을 새롭게 한다'는 것은 '자신을 새롭게 하고 백성의 밝은 덕을 밝힌다'고 바꾸어 말해도 마찬가지 의미가 성립한다. "진실로 날로 새로워지고, 날로 날로 새로워지고, 또 날로 새로워진다[苟日新, 日日新, 又日新]"라고 기원전 18세기에 살던 탕(湯)임금이 목욕통에 새겨둔 구절은 새로워짐의 가장 절실한 기원이다. 여기서 새로워짐은 낡고 때묻은 것을 씻어버리고 신선하고 깨끗한 생명을 되찾으려는 추구이며, 가려지고 숨겨

진 것을 벗겨내어 그 본래의 밝음을 드러내려는 추구이다. 이러한 새로워짐 또는 밝힘은 본래 있던 것을 되찾는 것이다. 따라서, 유교적 의미의 거듭남은 원래 인간이 못 가졌던 것을 새롭게 얻는 것이 아니라, 하늘로부터 받은 것이요 원래 가지고 있던 것을 되찾는 데 있는 것임을 주목할 필요가 있다.

둘째로, 거듭남의 우주적 양상은 우주적 순환질서의 회복과 이에 대한 일치에서 나타난다. 『주역』 서괘전에서는 " 하늘(혹은 하늘과 땅)의 큰 덕을 낳음이라 한다[天地之大德曰生]"라 하여, 하늘이 만물을 생성하는 주재자임을 밝히고 있다. 하늘은 인간과 만물을 낳고 살리기만 하는 것이 아니라 이를 시들고 죽게 하기도 하는 능력을 가졌다. 그러나 하늘의 근본 덕성은 낳는 것이요 살리는 것이므로 한때 생명의 죽음은 다음 단계에서 새로운 생명의 출생을 의미한다. 춘하추동이 교대하는 자연의 계절적 순환질서는 바로 초목을 싹트고 자라며 열매 맺고 갈무리하게 한다. 가을에 시들고 겨울에는 흔적이 없던 들판에도 봄이 오면 싱싱한 새싹이 움터 나오게 하는 생명의 순환적 재생은 생명의 우주적 거듭남을 보여준다.

『주역』의 12소식괘(消息卦)는 일년 12월에 배당되기도 하지만, 하나의 성장 소멸하는 순환질서를 이룬다. 여기서 소멸의 마지막 과정은 박괘(剝卦)에서 곤괘(坤卦)로 가는 과정이라면, 생성의 처음 과정은 곤괘에서 복괘(復卦)로 나오는 과정이다. 곧 복괘는 우주적 질서의 순환에서 회복하는 단계를 의미한다. 마치 동짓달에 태양이 길어지기 시작하며 초하루 날에 달이 자라기 시작하는 것과 마찬가지이다. 『주역』 복괘에서는 복괘의 형상이 지닌 의미를 ' 하늘의 마음을 안다[見天地之心]'고 제시하고 있다. 여기서 하늘의 마음은 곧 인간과 만물을 낳고 살리는 마음을 가리킨다. 이 하늘의 마음과 그 의지를 앎으로써 모든 생명의 거듭남을 예견할 수 있다. 한말에 일제의 침략을 당하면서 당시의 유학자들은 국권을 상실당하더라도 민족의 광복을 확신하고 있었다. 맹자는 하늘을 알고 하늘을 섬김으로써," 일찍 죽는 것이나 오래 사는 것이 다르지 않다[妖壽不貳]"라 하여 생사를 넘어선 진정한 생명을 얻은 거듭남의 단계를 제시한다.

## 6.4 유교적 거듭남이 지닌 뜻

전통적으로 유교에서는 그리스도교에서처럼 사후세계를 천당과 지옥으로 형상화시키는 이해가 없으며, 또한 이를 거부하여 왔다. 나아가 유교에는 그리스도교처럼 하느님의 아늘이 죽음을 통하여 부활하였다는 극적인 사건의 모범을 가질 수 없으며, 또한 이를 인정하려고 하지 않는다. 이 두 종교 사이에는 사생관도 다르고 영혼관도 다르다고 볼 수 있다. 유교는 매우 엄격하게 윤리적 가치관과 수양론적 방법을 통하여 자신을 새롭게 하는 거듭남을 추구한다면, 그리스도교는 신앙적 열정을 통하여 구세주가 보여준 부활의 모범을 자기화하는 거듭남이다. 신앙은 외부적 힘에 의해 자신을 새로워지게 하는 방법이라면, 수양은 자신의 극복을 위한 노력을 통하여 새로워지게 하는 방법이다. 그러나 한 생명이 죽음을 넘어서 새로운 생명을 획득하는 거듭남을 지향하는 사실에서는 두 종교 사이에 긴밀한 연관성을 찾아볼 수 있다.

유교적 거듭남의 사생관은 사실상 유교적 수양론과 인간관 및 천명관의 전체를 연결시켜주는 핵심의 문제를 이룬다. 일반적으로 유교정신의 중심개념을 도덕규범과 그 실천에 있는 것으로 이해하는 데서, 유교를 가족과 국가중심의 윤리체계로 파악하거

나 세속적인 권력의 지배논리로 설명하게 된다. 그러나 유교적
거듭남의 인식은 군자·현인·성인을 지향하는 유교인의 자기완
성과 경(敬)과 성(誠)의 수양론적 실천을 통해 천명에의 일치를
지향하는 이상을 더욱 선명하게 드러내 준다. 동시에 이 거듭남
의 사생관은 유교적 구원론의 기본형식으로서 인식될 수 있을
것이다.

# 7. 유교의 정신건강

## 7.1 인간존재와 정신

　유교가 추구해 왔던 일차적인 기본문제가 모두 인간존재의 문제에 연관되어 있다는 사실에 비춰보면, 인간존재를 구성하는 정신과 신체의 문제는 모두 유교의 근본문제 속에 자리를 잡고 있다고 하겠다. 곧 심성론(心性論)의 학문적 관심에 있어서나 수양론의 실천적 관심에 있어서 정신 내지 신체의 문제는 중요한 기본과제가 되어 왔던 것이다. 그리고 여기서 정신의 개념은 물론 신체와 관련을 통하여 이해될 수 있는 것이지만, 유교에 있어서는 자기 나름의 인간존재에 관한 이해 속에서 해명될 수 있다. 유교에서의 인간은 한편으로 하늘[天]과 땅[地]이라는 우주의 구성요소와 더불어 병립하여 삼재(三才)를 이룬다는 인간존재의 독자적 근원성에 대한 적극적 긍정이 있다. 그러면서 다른 한편으로는 인간을 하늘로부터 부여된 요소와 땅으로부터 부여된 요소의 결합으로 분석하여 정신과 신체를 하늘과 땅에 배속될 수 있는 것이라 이해하기도 한다. 따라서 인간존재에 있어서 정신과 신체는 하나의 독자적 존재로서 통일된 결합체임을 강조할 수도 있고 정신과 신체는 하늘과 땅만큼이나 서로 다른 이질성의 복합임을 주목할 수도 있는 이중구조를 지니고 있는 것이다. 유교는 이러한 인간존재의 이중구조를 인식하고 이 이중성의 긴장과 균형 속에서 인간이해를 추구하고 있으며, 동시에 정신과 신체의 개념을 설정하고 있는 것이라 하겠다.

정신이라는 용어는 한자어의 일반적 용어이지만 유교에서의 전통적인 학술용어는 '마음[心]' 이라 할 수 있다. 정신과 신체를 상대시켜 설명할 수 있는 것과 마찬가지로 심(心)· 신(身)을 상대시켜 파악하고 있다. 인간의 내면적 깊은 본성에서부터 감정· 지각· 의지· 사고· 판단의 모든 작용을 포함하는 인격의 주체를 정신이라 하거나 마음[心]이라 하거나 같은 뜻으로 이해되어 뚜렷이 구별되지 않는 것 같다. 그러나 정신이라는 용어는 성립배경에서 검토한다면 도가철학(道家哲學)에서 정착된 것으로 보인다.

『장자(莊子)』에서 " 정신은 사방으로 통하여 흘러서 극치에 이르지 않음이 없으니, 위로 하늘에 닿고 아래로 땅에 쌓이어, 만물을 화육(化育)하지만, 이를 무엇이라 형용할 수 없으니 상제(上帝)와 같은 이름을 쓴다."1)라 하여 인간의 정신이 상제와 함께 신(神)이라는 명칭을 갖게 되는 이유를 설명하고 있다. 또한 『열자(列子)』에서도 「황제서(黃帝書)」를 인용하여 " 정신은 하늘에 분속(分屬)하고 골해(骨骸)는 땅에 분속한다. 정신이 형체에서 분리되면 각각 그 본래 왔던 곳으로 돌아가니 귀(鬼)라 한다. 귀(鬼)는 돌아가는 것[歸]이다"2)라 하였다. 이 말은 살아 있는 인간의 정신이 죽으면 귀신이라 일컫게 되는데 모두 하늘에 귀속되는 것이라 하여, 정신이 하늘에 원천을 두고 있음을 해명한 것이다. 한대 이후에 체계화된 도가(道家)의 이론에서는 정(精)· 기(氣)· 신(神)이 인간을 형성하는 기본구성요소로 보고, 정(精)은 신장(腎臟)에, 기(氣)는 심장(心臟)에, 신(神)은 뇌(腦)에 배당시켜 설명하기도 한다.3) 여기서 정(精)· 기(氣)· 신(神)은 각각의 독립적 위

---

1) 『莊子』 刻意 第15: " 精神四達並流, 無所不極, 上際於天, 下蟠於地, 化育萬物, 不可爲象, 其名爲同帝."
2) 『列子』 天瑞 第1: " 精神者 天之分, 骨骸者地之分, … 精神離形, 各歸其眞, 故謂之鬼, 鬼歸也."
3) 全秉薰, 『精神哲學通編』 第2篇 第2章 論精氣神運用之哲理: " 玉皇心印經曰上

치와 기능이 있지만 " 정(精)을 연(煉)하면 기(氣)로 변화하고, 기
(氣)가 변화하면 신(神)이 되며, 신(神)이 변화하여 진(眞)을 이룬
다."4)는 언급에서 볼 수 있듯이 수련(修鍊)과정에서 일관하게 유
통할 수 있는 공통의 근원을 갖고 있는 것으로 이해되고 있다.
사실 도가철학에서 기(氣)의 개념은 인간과 만물을 형성하는 근
원존재로 제시되고 있으며, 정신은 인간존재를 이루고 있는 것으
로서 기(氣)의 한 존재양상으로 이해될 수 있을 것이다.

유교에서도 도가의 정신개념이나 기(氣)개념을 여러 면으로 섭
취하였다. 때로는 그 의미를 한정시키고 비판하지만 대체로 심
(心)개념과 상당히 깊이 연관시켜 이해하여 왔던 것이 사실이다.
퇴계(退溪)는 정자(程子)가 말한 응신(凝神)이나 장자(張子)와 주
자(朱子)가 말한 심신(心神)이 인간에 있는 신[精神]이라 하고,
정신 또는 혼백이라 한 것은 인간존재에 있어서 음양의 양면을
상대시켜 일컫는 명칭이라 해명하고 있다.5) 성리학의 심성론은
특히 인간의 정신 곧 심(心)의 문제에 관해 집중적인 논의와 분
석을 추구해왔다. 여기서 심(心)은 신명불측(神明不測)하고 허령
불매(虛靈不昧)한 인간내면의 주체로서 일신(一身)의 주재가 되
는 것으로 정의된다. 이 심(心)의 본체를 ' 성(性)' 이라 하고 성은
하늘에서 부여된 것이라 한다. 그리고 심(心)이 사물에 감응하여
발현하는 작용을 ' 정(情)' 이라 하며, 심(心)은 성(性)과 정(情)을
통섭하는 실체라 본다. 그리고 이 심(心)이 헤아리고 비교하는

---

藥三品神與氣精, 太淸篇曰精神爲人之三寶" 및 同上, 精氣神圖 참조.
李圭景, 『五洲衍文長箋散考』 卷7, 精氣神辨證說 참조.
4) 全秉薰, 『精神哲學通編』 緖論: " 煉精化氣, 氣化爲神, 神化成眞, 而合天者,
　此是大道眞傳也."
5) 『退溪集』 卷29, 論李仲虎碣文 示金而精 別紙: " 程子凝神之神, 張子心神之
　神, 晦庵在人爲理之神, 心神安定之神, 卽在人之神, 二者皆單言神, 若精神
　魂魄之異名, 皆就人身上指陰陽而對言之, 陰爲精, 陽爲神, 陽之神爲魂, 陰
　之神爲魄, 所以不得不異其名也."

등 사려하는 것을 ' 의(意)' 라 하고 발현하여 지향이 정해지는 것을 ' 지(志)' 라고 한다.6) 이러한 심(心)은 신체를 주재하며 하늘에서 부여받은 성(性)을 그 본체로 하고 있지만, 성(性)을 이(理)라 한 데 상대시켜 심(心)을 기(氣)라 규정하고 있는 입장은 그만큼 심(心)이 신체와 함께 기(氣)의 영역에 속하여 공통의 존재 근거를 지니고 있음을 말해주는 것이다. 다시 말하면 심(心), 곧 정신(精神)은 한편으로 신체를 넘어서 천(天)의 영역에 속하고 있으면서 다른 한편으로는 물질적 기(氣)의 영역에 속하여 신체와 연결되고 있는 이중구조를 지니고 있는 것으로 이해된다. 이러한 마음[心]의 이중구조는 바로 인간존재의 특성을 이루는 것이다. 여기서 인간의 정신은 고정되어 있는 물질적 대상의 무엇이 아니라 다양하게 발휘될 수 있고 형성되어가는 살아 있는 존재이며, 유교의 근원적 가치 기준에 따라 부단히 새롭게 해석되고 평가될 수 있는 존재로 제기될 수 있는 것이다. 따라서 유교에서는 인간의 정신[곧 心]을 어떻게 규정하고 그 모범적 전형을 어떻게 실현할 것인가가 중요한 과제이었다. 이것이 유교에 있어서 성리학의 인간이해와 수양론의 실천적 구현을 위한 과제이었으며, 예학의 행동양식이나 의관복식에 이르기까지의 신체적 제약을 통하여 인간정신의 건전한 발휘와 더불어 인간존재를 조화 있게 완성하려는 근본적 추구라 할 수 있다.

---

6) 『栗谷全書』 卷20, 聖學輯要, 修己 第2, 窮理章 第4, 通論心性情 참조.

## 7.2 마음의 병

　마음[精神]의 본래 모습은 건전한 것이라 본다. 그래서' 어린
아기 마음[赤子之心]'은 온전한 인간[大人]의 인격이 지키는 마음
이라 하고,7) 타고난 마음을 본래 마음[良心]이라 한다. 그러나 순
(舜)이 우(禹)에게 훈계한 말에서" 사람의 마음은 위태롭기만 하
고 도(道)를 따르려는 마음은 오직 희미하기만 하다[人心惟危, 道
心惟微]"라 한 것은 마음이 본래의 바른 상태를 유지하기가 어렵
고 위태로움을 지적한 것이다. 또한 공자가" 붙잡으면 남아 있고
놓아두면 없어지며, 때 없이 드나들어 돌아올 곳을 모르는 것은
바로 마음을 두고 한 말이구나"8)라고 한 것도 마음은 잘 간직하
지 않으면 소멸되어 제 모습을 지킬 수 없는 위태로운 것임을
강조한 말이다. 이처럼 인간은 자신의 마음을 스스로 단속하고
보존하지 않을 때 마음이 쇠퇴하고 병들게 된다는 현실적인 사
실이 깊이 경계되고 있다.

　마음의 상태가 이렇게 위태로운 것으로 이해되는 까닭은 마음
이라는 존재는 언제나 외부의 사물에 감응하여 감정으로 나타나
는 것이라는 사실 때문이다. 곧 마음은 사물에 감응하는 것이기
때문에 사물에 대한 통제력을 유지하지 못하면 그 나타나는 감
정이 사물에 이끌리거나 지배될 위험이 있는 것이다. 사리깊은
마음이 사물에 반응하면서 충분히 통제력을 발휘하였다면 감정
의 조화를 이룬 마음이겠지만[中庸:" 發而皆中節, 謂之和."], 일상
적인 인간의 마음은 쉽사리 통제력을 잃고 외부의 사물에 이끌
려 감정의 조화를 얻지 못하게 된다. 오히려 진정한 감정의 조화

---

7) 『孟子』 離婁下 :" 大人者, 不失其赤子之心者也."
8) 『孟子』 告子上:" 孔子曰操則存, 舍則亡, 出入無時, 莫知其鄉, 惟其心之謂
　與."

를 확보할 수 있다는 것은 지극히 이상적인 경우이기 때문에, 정도의 차이는 있겠지만 일반적으로 인간은 항상 감정의 부조화를 경험하게 되는 것이다. 사실상 대부분의 인간의 마음은 이상적인 조화상태와 극단적으로 부조화한 파탄상태 사이의 여러 단계에 배열되어 놓여 있다고 할 수 있다. 인간의 마음을 항상 조화있게 해주지 못하고 부조화를 일으키게 하는 근본 원인은 마음 그 자체의 본질도 아니요, 외부의 사물도 아니다. 그 원인은 마음이 외부의 사물에 감응하여 감정으로 나타난다는 마음의 존재조건에 있다고 할 수 있다. 마음은 하늘에 근본을 둔다고 하지만 신체를 가진 인간에 내재하고 있는 마음이므로 기질(氣質)의 제약을 받지 않을 수 없다. 외부의 사물에 반응하여 나타난다는 존재양상은 외부의 사물을 떠날 수 없다는 제약을 받고 있는 것이다. 살아 있는 사람이 고요한 상태에서는 천성(天性)을 갖추었다 하더라도 외부의 사물에 감응하는 사실은 사람에게 없을 수 없는 조건이요, 이것을 욕망이라 한다.9) 인간의 마음이 나타나는 양상은 바로 욕망과 일치하는 것이라면 마음이 있는 한 욕망이 없을 수 없고, 욕망은 인간의 마음이 나타나는 감정의 기본형태라고 할 수 있다. 그런데 이 욕망은 인간의 마음을 외부의 사물에 감응하게 하는 원동력이지만, 동시에 마음의 자기통제력을 붕괴시키고 조화를 깨뜨려 사물에로 이끌어 가는 힘이기도 하다. 이처럼 마음이 나타나는 과정에서 그 본래 모습을 은폐시키는 요인으로 기질의 제약과 욕망의 은폐가 지적된다.10)

인간의 마음이 작용하여 나타나는 과정의 양상으로 희(喜)· 노(怒)· 애(哀)· 구(懼)· 애(愛)· 오(惡)· 욕(欲)의 칠정(七情)을 들

<hr/>

9) 『禮記』 樂記: "人生而靜, 天之性也, 感於物而動, 性之欲也."
10) 『栗谷全書』 卷21, 聖學輯要, 正心章 第8: "心之本體, 湛然虛明, … 感於物而動, 七情應焉者, 此心之用也, 惟其氣拘而欲蔽, 本體不能立, 故其用或失其正."

고 있으며, 이 칠정은 인간에게 없을 수 없지만, 또한 이 감정들
이 바로 마음을 어지럽혀서 본래의 모습을 은폐시키는 것이다.
곧 마음에 노여움이 일어나면 마음이 바른 상태를 얻지 못하고,
두려움이나 좋아하고 즐거워함이나 근심스러움이 일어나도 마음
이 바른 상태를 얻지 못한다 하여11) 마음의 작용인 감정이 도리
어 마음을 어지럽히는 원인임을 강조하였다. 맹자는 감정이 외부
의 사물에 이끌려 마음의 본래 모습을 파괴시키는 현상을 도시
근교의 산에서 숲이 파괴되는 것에 비유하고 있다.12) 우산(牛山)
은 아름다운 숲으로 덮인 것이 그 본래 모습이었지만 매일 도끼
로 찍어대고 새로 싹이 돋아나도 소와 양을 놓아 먹이면 그 아
름다운 모습을 잃고 민둥산이 되고 만다. 마찬가지로 생활 속에
서 감정의 작용이 본래 마음[良心]을 어지럽혀 손상시키면 마침
내 사람의 마음도 짐승 같은 상태가 될 것이라는 것이다.

　마음이 기질의 제약과 욕망의 은폐로 본래 모습을 잃는 데서
일어나는 마음의 병상(病狀)을 율곡은 크게 '어두운 병[昏之
病]'과 '어지러운 병[亂之病]'이라 지적하였다. 그리고 어두운 병
은 다시 '지혜의 어두움[智昏]'과 '기질의 어두움[氣昏]'으로 구
분하고, '지혜의 어두움'은 이치를 밝히지 못하여 시비(是非)에
어두운 판단력의 결여를 가리키며, '기질의 어두움'은 게으르고
풀어져서 잠만 자려고 하는 것으로 긴장력의 결여를 가리킨다.
또한 어지러운 병은 '나쁜 생각[惡念]'과 '들뜬 생각[浮念]'으로
구분하여, '나쁜 생각'은 외부의 사물에 이끌려 사욕(私欲)으로
만 헤아리는 것으로 공정성의 상실을 의미하며, '들뜬 생각'은
생각이 어지럽게 일어나서 끝없이 이어가는 것으로 집중력의 상

---

11) 『大學』傳 7章: "身有所忿懥則不得其正, 有所恐懼則不得其正, 有所好惡
　　則不得其正, 有所憂患 則不得其正."
12) 『孟子』告子上 8, 牛山之木章 참조.

실을 의미한다고 볼 수 있다.13) 마음의 본성을 밝고 신령스럽다
[靈明]고 한다면 항상 각성되어 있고 지각과 판단작용을 올바르
게 할 수 있어야 할 것이다. 그러나 욕망에 사로잡혀 조급하게
서두르거나 어떤 선입견을 억지로 관철시키려 한다면 올바른 판
단은 불가능해진다. 공자는 자신이 하지 않는 일로서 자의(姿意)
로 생각하는 것, 꼭 이루겠다고 마음먹는 것, 고집하여 사로잡히
는 것, 자기중심으로만 생각하는 것의 4가지를 열거하였다.14) 이
것도 욕망에 사로잡혀 올바른 판단을 해치는 요소들을 지적한
것이라 할 수 있다. 퇴계도 " 마음의 병은 이치를 살피지 못하고
공허한 데서 억지로 찾으려 하며, 마음을 붙잡는 방법에 어두워
서둘러 얻으려다 모르는 사이에 마음을 수고롭게 하고 정력을
소모하여 일어나는 것이라"15) 하였다. 이 말은 남언경(南彦經)에
게 학문하는 사람이 일으키기 쉬운 마음의 병을 경계하는 말이
지만, 욕망에 은폐되어 올바른 판단을 상실하는 데서 일어나는
것으로서 ' 어두운 병' 에 속하는 것이라 할 수 있다.

마음은 자기중심을 확보하여 집중할 수 있을 때 그 진정한 능
력을 발휘할 수 있게 되는 것이다. 주자도 " 정신이 하나로 모이
면 무슨 일을 못 이루겠는가[精神一倒, 何事不成]"라고 언급하였
다. 이러한 마음의 집중에서 의지가 확립되는 것이다. 그러나 의
지가 나약하여 동요하게 되는 병인(病因)으로 율곡은 믿음이 없
는 것[不信], 지혜가 없는 것[不智], 용기가 없는 것[不勇] 3가지

---

13) 『栗谷全書』 卷21, 聖學輯要, 正心章 第8:" 其病在於昏與亂而己, 昏之病
有二, 一曰智昏, 謂不能窮理昧乎是非也, 二曰氣昏, 謂怠惰放倒每有睡思也,
亂之病有二, 一曰惡念, 謂誘於外物計較私欲也, 二曰浮念, 謂掉擧散亂相續
不斷也."
14) 『論語』 子罕:" 子絶四, 毋意, 毋必, 毋固, 毋我."
15) 『退溪集』 卷14, 答南時甫彦經 別幅:" 心氣之患, 正緣察理未透 而鑿空以
張探, 操心味方, 而揠苗以助長, 不覺勞心極力 以至此."

를 들었지만,16) 중심이 확립되지 않은 마음은 더욱 쉽게 욕망에
좌우되고 어지럽혀지게 될 것은 사실이다. 이처럼 마음의 자기중
심을 상실한 병증(病症)의 두드러진 예를 맹자는 자학하는 자,
곧‘ 자신에게 난폭한 자[自暴者]’ 로서 함께 말할 수 없다 하였고,
좌절에 빠진 자, 곧‘ 자신을 포기한 자[自棄者]’ 로서 함께  일할
수 없다 하였다.17)

   인간의 마음은 욕망에 의해 은폐되기 쉬운 위태로운 것이라면,
이러한 욕망을 조절하지 못할 때 인간은 자기 마음의 본래 모습
을 상실하게 되고, 바로 이 마음의 상실이 마음의 병이라 할 수
있다. 마음의 본체를 성품[性]이라 하면, 이 성품을 잃은 것, 즉
실성(失性)은 바로‘ 미쳤다’ 는 말이 된다. 인간의 마음이 본래
지닌 내용으로 맹자는‘ 차마 못하는 마음[不忍人之心]’ 을 들고
있다.18) 이 차마 못하는 마음은 자기 통제력을 갖고 있는 마음이
라 할 수 있고, 이러한 마음의 자기통제력을 상실하였을 때 인간
은 못할 짓이 없는[無所不爲] 상태가 될 것이다. 위험도 몰라 물
과 불을 가리지 않고 뛰어들거나, 이기심에 사로잡혀 사양할 줄
도 모르거나, 부끄러움도 분개할 줄도 모르거나, 동정심도 없는,
인간은 마음을 상실한 것으로 정상적인 인간이라 할 수 없다.19)
마음이 자기중심을 확보하여 신체적 행동까지 통어할 수 있어야
그 통제력을 확인할 수 있는 것이다. 행동이 마음과 괴리되어 마
음이 충분하게 행동을 통어할 수 없다면 그것은 마음이 자기의
본래 기능을 발휘하지 못하고 은폐된 것이라 할 수 있다. 혈기의

---

16) 『栗谷全集』 卷20, 聖學輯要, 立志章 第2:“ 志之不立, 其病有三, 一曰不信,
   二曰不智, 三曰不勇.”
17) 『孟子』 離婁上:“ 自暴者, 不可與有言也, 自棄者, 不可與有爲也.”
18) 『孟子』 公孫丑上:“ 人皆有不忍人之心.”
19) 『孟子』 同上:“ 無惻隱之心, 非人也, 無羞惡之心, 非人也, 無辭讓之心, 非
   人也, 無是非之心, 非人也.”

신체가 마음에 의해 지배되지 못하고 마음이 혈기에 지배된다면 감정도 결국 통제를 받지 못하여 어리석고 미친 상태에로 빠질 위험에 놓인다.20)

결국 마음이 기질이나 욕망에 은폐되는 데서 그 본래 모습을 잃고 온갖 마음의 병을 일으키게 된다. 그러나 이 기질과 욕망은 마음이 자기발현의 과정에서 필연적인 조건이므로 없을 수는 없다. 다만 마음이 자기중심성을 확보하여 능동적인 통제력을 갖느냐 못 갖느냐에 따라 건전한 본래의 마음을 확립할 것인가, 아니면 자기상실에 따른 마음의 병을 앓을 것이냐가 결정되는 것이다.

## 7.3 본래의 마음

권근(權近)은 마음을 정의하여 " 사람이 하늘에서 얻은 것으로서, 한 몸을 주재한다. 이(理)와 기(氣)가 오묘하게 결합되어 있고, 비어 있으면서 신령스러워 밝게 통달함으로써 신명(神明)이 머무르는 집이 된다. 성(性)과 정(情)을 통섭하니, 이른바 밝은 덕(德)이요, 온갖 이치를 갖추어 만사에 대응하는 것이다"21)라 하였다. 이것은 성리학에서 논의하는 심(心)개념을 포괄적으로 정의한 것이라 할 수 있으며, 여기서도 마음의 본래 모습을 몇 가지 찾아볼 수 있다. 첫째는 신체를 주재하는 지위를 가졌다는 것이며, 둘째는 신명(神明)이 깃들어 있어서 밝게 통달한다는 기능을 가졌다는 것이고, 셋째는 밝은 덕(德)을 속성으로 가졌다는

---

20) 『淵齋集』 近思續錄, 卷4 存養(栗谷全書의 引用):" 氣役於心, 則心有主宰, 而聖賢可期, 心役於氣, 則七情無統, 而愚狂難免."

21) 權近, 『入學圖說』:" 心者, 人所得乎天而主乎身, 理氣妙合, 虛靈洞澈, 以爲 神明之舍, 而統性情, 所謂明德而具 衆理應萬事者也."

사실이다.

" 마음은 신체를 주재하는 것이요, 하나이지 둘로 나눌 수 없는 통일체요, 주체이지 대상이 될 수 없는 것이며, 사물을 명령하는 존재요 사물에 명령받아서는 안 되는 것이라"[22]는 주자의 마음에 관한 규정에서도 신체에 대한 마음의 주재적 지위가 강조되고 있다. 인간이 인간으로서의 가치를 확보할 수 있고, 하늘과 땅에 더불어 삼재로서 병립할 수 있는 근거는 바로 마음이 신체를 통어할 수 있는 능력과 지위를 가졌다는 데서 찾았던 것이 유교의 전통적 입장이다. 인간의 마음은 신체를 넘어서 형체가 없는 것이라는 점에서 하늘로부터 왔다고 하지만 하늘과 동일한 존재라는 뜻이 아니라 하늘에 통할 수 있는 존재라는 뜻이다. 오히려 기질의 요소가 내포되어 이치와 오묘하게 결합되었다고 규정되는 것이 마음의 특성이라 할 수 있다. 이런 의미에서 마음은 이(理)와 기(氣)의 두 영역이 결합한 것이지만 이나 기 또는 하늘과 땅의 요소로서 둘로 쪼갤 수 있는 것이 아니라 묘합(妙合)의 동일체이다. 분해되어 어떤 다른 존재들로 환원될 수 없다는 통일성이 확립되어야 마음이 독립존재로서 고유성과 더불어 근원성을 갖게 된다.

마음은 동일체이므로 의식작용을 하는 주체로서의 마음이 마음 그 자체를 완전히 대상화시킬 수 없다. 마음이 마음 그 자체를 완전히 대상적으로 인식할 수 있는 것은 일정한 한계 안에서 가능할 뿐이다. 따라서 마음은 궁극적으로 주체성을 자기본성으로 지니고 있으며, 그만큼 마음은 지배와 조종의 대상이 아니라 지배하고 조종하는 주재적 지위를 갖는다. 어떤 존재에 전적으로 의존하려는 감정이 있을 수 있지만 그것은 마음의 한 상태일 뿐

---

22) 『朱子大全』卷67, 觀心說:" 心者人之所主乎身者也, 一而不二者也, 爲主而 不爲客者也, 命物而不命於物者也."

이지 마음의 본래 모습일 수는 없다. 마음은 하늘에서 얻은 것이
라는 말도 절대적 존재인 하늘의 피조물로서 이해하는 것이 아
니라,"마음을 다하면 본성을 알고 본성을 알면 하늘을 안다."23)
는 말에서처럼 마음이 하늘에 통할 수 있다는 원천성 내지 일관
성을 의미하는 것이다. 그것은 곧 하늘이 세계를 주재하는 것과
마찬가지 지위로서 마음이 한 몸을 주재하는 것을 뜻하며 태극
(太極)이 우주의 근원적인 통일체인 만큼 마음이 한 인간의 통일
체로 이해되고 있음을 말한다.24) 마음이 통일체이지만 동시에 마
음은 하늘의 초월적 영역과 기질의 신체적 영역에 뻗어 있다. 따
라서 마음이 때로는 형체의 기질에 따른 사사로운 데서 일어나
기도 하고, 때로는 천명(天命)의 본성에 따른 올바른 데 근원하
기도 한다 하여 인심(人心)과 도심(道心)으로 분석해서 파악되고
있다.25) 여기서 인심과 도심은 하나의 마음이지만 발현하는 양상
에서 구분되는 것이므로 도심이 주재가 되어 인심을 절제하고
인심이 도심에 복종함으로써 인심과 도심이 일치하는 통일성을
이루어야 마음의 본래 모습을 발현하는 것이 된다.26) 공자의"마
음이 하고자 하는 대로 따르더라도 법도를 어기지 않는다[從心所
欲, 不踰矩]"라는 언명도 이렇게 통일된 본래의 마음을 보여주는
것이라 할 수 있다.

　다음으로 마음은 신명(神明)이 깃들어 있어서 밝게 통달하는
기능을 가졌다는 것은 마음의 지각과 판단능력을 포함하여 그
본래의 상태를 보여 주는 것이다. 마음은 본래의 상태가 비어 있

23)『孟子』盡心上:"盡其心者, 知其性也, 知其性, 則知天矣."
24)『華西集』卷24, 易有太極心爲太極說:"易有太極, 孔子之訓, 所以揭示天地
之原本也, 心爲太極, 朱子之釋, 所以發明人物之活本也."
25) 朱子,「中庸章句序」:"心之虛靈知覺一而已矣, 而以爲有人心道心之異者, 則
以其或生於形氣之私, 或原於性命之正, 而所以爲知覺者不同."
26)『栗谷全書』卷14, 人心道心說:"方寸之中, 初無二心, 只於發處, 有此二端
… 必以道心節制, 而人心常聽命於道心, 則人心亦爲道心矣."

으며[虛] 신령스러운[靈] 성질을 지니는 것으로 지적되고 있다. 비어 있다는 것은 실체가 없는 진공을 의미하는 것이 아니요, 물질적인 공간의 일정한 용기가 아니라, 무엇이나 얼마든지 받아들일 수 있어서, 그 본성이 맑고 비어 있음은 마치 거울의 비어 있음이나 저울의 수평을 이룸에 비유될 수 있다는 것이다.27) 사물을 받아들여 지각하는 데 마음에 일정한 형식이나 범주가 있어서 대상을 분해하거나 구성하는 것도 아니고 받아들이는 것도 공간적 물질이 아니다. 대상을 있는 그대로 비추어 주고 이에 따라 감응(感應)하는 것이 마음의 본래 기능이라 보고 있다. 그대로 비추지 못하는 것은 마음에 장애가 있거나 찌꺼기가 남아서 생기는 것일 터이니 그만큼 마음의 본래기능을 상실한 것이 된다. 어떤 고정관념이나 선입견 또는 욕심이 마음에 일어나면 곧 마음이 맑게 비어 있는 본래의 모습에 장애를 일으킬 것이다.

마음의 신령스러움은 마음이 수동적으로 받아들이거나 비추기만 하는 것이 아니라 능동적으로 펴나가는 능력이 있음을 말한다. 이러한 능동성이 있음으로써 마음은 외부의 물질에 지배되지 않고 스스로 신체와 대상세계를 통어할 수도 있는 것이다. 마음이 신령스럽고 능동적이란 사실은 곧 마음은 살아 움직이는 것임을 가리킨다. 인간의 마음은 살아 있는 신체에 붙어 있는 것이 아니라 그 스스로가 살아 있는 것으로서 신체를 주재할 수 있는 것이다. 마음이 마비된 식물인간을 생각해 보더라도 인간의 생명이 지닌 가치를 발휘할 수 있는 원천은 살아 움직이는 마음에 있다고 할 수 있다. 정자는" 사람의 마음은 항상 살아 움직이기를 요구하니 무궁하게 두루 흘러서 한 구석에 정체됨이 없다."28)

---

27) 『栗谷全書』 卷21, 聖學輯要, 正心章 第8:" 心之本體, 湛然虛明, 如鑒之空, 如衡之平."
　　『淵齋集』 近思續錄, 卷4 存養(退溪集에서 引用) :" 心之於事物, 未來而不迎, 方來而畢照, 旣應而不留, 本體湛然, 如明鏡之水."

하였고, 주자도 " 사람의 마음은 살아 있는 것이니, 움직이는 것이
마땅하면 움직이고, 정지하는 것이 마땅하면 정지하여, 때에 어긋
나지 않으면 그 도(道)가 밝게 빛나게 된다. 이것이 본래 마음의
온전한 본체요, 광대한 응용이다."29)라 하였다. 마음은 살아 있는
것이기에 고정된 것이 아니라 무한히 성장하여 확장될 수 있으
며, 이러한 마음의 능동적 활동이 두루 미쳐 헤아릴 수 없으므로
신령스러운 것이다. 그것은 또한 인간을 무한한 가능성 속에 열
어주는 원천이 된다고 할 수 있다.

　그리고 마음이 밝은 덕(德)을 그 속성으로 지닌다는 것은 도덕
성이 마음에 근거하는 근본성질임을 말해준다. 덕(德)이란 글자
의 옛 글자가 덕(悳)이라 쓰였고 그것은' 곧은 마음[直心]' 이란
뜻이다.' 곧은 마음' 이란' 본래의 마음'·' 바른 마음' 이란 뜻이
니 덕은 유교적 의식에서 마음의 근본성질임을 확인할 수 있다.
인간의 의식은 도덕성을 벗어나서 사고할 수 있지만 도덕성이
결여된 마음이라고 한다면 그것은 이미 사람의 마음이 아니라
짐승의 마음이요, 실성한 마음이 되고 만다. 하늘에서 부여된 본
성이 순수한 선(善)이라는 성선설(性善說)이 있지만 하늘은 선의
기준이 될 수 있으나 선악으로 논의할 수 없는 차원이다. 물질의
세계도 그 자체로서는 선악이 없는 영역이다. 다만 인간의 마음
은 그 본체에서 선의 근거를 지니고 있으면서 그 현상에서 선악
이 발생하는 계기를 내포하고 있다. 마음이 발현하여 감정으로
나타날 때 선과 악이 나뉘어지고, 그것은 특히 도심이 아니라 인
심에 선과 악이 깃들게 된다고 지적된다.30) 또한 권근은 형체의

---

28) 『心經附註』 卷3:" 人心常要活, 則周流無窮, 而不滯於一隅."
29) 『同上』:" 夫人心活物, 當動而動, 當靜而靜, 不失其時, 則其道光明, 是乃
　　本心全體大用."
30) 『栗谷全書』 卷14, 人心道心說:" 性具於心, 而發爲情, … 及其發也, 善惡
　　是分."

기질에서 일어나는 것을 인심이라 할 때 이 인심이 의(意)에 속
한다 하고 그 의(意)의 계기[幾微]에 선과 악이 있다고 하였다.31)
따라서 마음의 근본성질이 도덕성이라 한다면 사람의 마음은 악
을 벗어나서 선을 실현함으로써 마음의 본래모습을 드러낼 수
있는 것이다. 맹자가 말하는' 차마 못하는 마음'은 곧 그 내용으
로 측은히 여기는 마음[惻隱之心]· 부끄러워하고 미워할 줄 아는
마음[羞惡之心]· 양보하는 마음[辭讓之心]· 옳고 그른 것을 가리
는 마음[是非之心]을 내포하고 있다.32) 이러한 마음들은 도덕성
의 표본을 이루는 조건으로서 인간 마음의 본래적 모습을 드러
내고 있다. 또한 맹자가" 인(仁)은 사람의 마음이다[仁, 人心也]"
(告子上)라고 한 말도 마음의 근본속성이 인간성의 본질개념인
동시에 도덕성의 기본개념인 인(仁)과 일치하고 있음을 강조한
것이다.

이렇게 인간마음의 본래 모습을 신체에 대해 주재적 지위를
확립하고 신명으로서 밝게 통달하여 살아 움직이는 기능을 발휘
하여, 도덕적 속성을 내포하는 상태에서 찾아본다는 것은 상당히
추상적인 것이 되겠지만, 최소한 유교에 있어서 마음의 본래 모
습에 따른 이상의 모형을 제시하여 건전한 마음의 기준을 확인
해 볼 수는 있을 것이다.

---

同上,"道心, 純是天理, 故有善無惡, 人心, 也有天理, 也有人欲, 故有善有
惡."
31) 權近,『入學圖說』:" 其生於形氣者, 謂之人心, 而屬乎意, 其幾有善有惡."
32)『孟子』公孫丑上, 不忍人之心章 참조.

## 7.4 건전한 마음의 실현방법

유교에서 가장 깊이 관심을 기울이는 것은 온전한 사람을 이루려는 것이고, 따라서 이를 위하여 마음을 건전하게 확보하여 유지하는 문자가 핵심적인 과제가 되어 왔다. 현실적으로 사람의 마음은 항상 위태롭고 또 어느 정도는 은폐되어 제 모습을 찾는 방법은 일차적으로 마음 자체에 의한 태도에 달려 있다. 기우만(奇宇萬)은 " 신체의 병은 열(熱) 때문이라면 치자와 잣을 쓰든지 한기(寒氣) 때문이라면 인삼과 부자를 쓰겠지만, 마음의 병을 치료하는 데는 이렇게 하는 것이 병이 된다면 이렇게 하지 않는 것이 약이 되니 마음을 한 번 돌리는 데 달려 있다" 하여 지극히 단순하게 마음의 병을 치료하는 방법을 지적하였다.33) 공자도 " 인(仁)이 멀리 있는가? 내가 인을 하고자 하면 바로 인이 이른다"34) 하여 참된 인간성의 실현이 자신의 의욕에서 가능한 것임을 강조하고 있다. 또한 학문을 인간으로서 성숙하는 방법이라 한다면 맹자가 " 학문의 길은 다른 것이 아니라 풀려난 마음을 찾아들이는 것[求放心]일 뿐이다"35)라고 언급한 것도 마음의 자기확보가 자기실현의 출발점임을 밝히고 있는 것이다.

자신의 마음을 보존하여 지키고 배양함으로써 마음의 본래 모습을 드러내려는 존양(存養, 存心養性)론은 유교의 수양론이요, 곧 참된 자아의 실현방법론이라 할 수 있다. 맹자가 " 마음을 지키고 성품을 기르는 것은 하늘을 섬기는 방법이다[存其心, 養其

---

33) 『松沙集』 卷11, 病藥說贈朴聖存:" 古人謂旣知如是爲病, 不如是爲藥, … 及其治之, 治身之病, 容有蔘附梔柏之費, 而亦或有寒熱誤診, 用藥添病之患, 治以之病, 所謂蔘附梔柏者, 在吾一轉之間, 又無誤診添病之患, 其爲治顧不易耶."
34) 『論語』 述而:" 仁遠乎哉, 我欲仁, 斯仁至矣."
35) 『孟子』 告子上:" 學問之道無他, 求其放心而已矣."

性, 所以事天也]"(盡心上)라고 언급한 것은 마음의 존양(存養)을 통해 인간은 초월적인 세계에까지 소통될 수 있음을 보여주는 것이다. 여기서 마음을 지키고 기르는 방법은, 내면적으로 마음 자체를 안정시켜 스스로 성장할 수 있게 하며 외면적으로 장애를 제거하여 침해를 막아 보호하는 소극적 방법과, 마음의 궁극적 성장방향을 밝혀 이끌어 가고 행동양식이나 도구적 수단을 통해 마음의 배양을 도와주는 적극적 방법으로 구분해 볼 수 있다.

마치 산에서 초목이 햇볕과 비를 받아 저절로 자라듯 마음도 외부의 자극과 방해가 없는 고요한 밤에는 마음의 맑은 기상, 곧 야기(夜氣)가 펴나오게 된다. 이 야기를 보존하며 기르는 것은 흐린 물을 고요히 두어 맑게 가라앉히듯이 마음을 스스로 본래 모습을 찾게 하는 것이다. 「숙흥야매잠(夙興夜寐箴)」에서는 " 밤이 깊어 자리에 들면, 손발을 가지런히 모으고, 생각을 일으키지 말아야, 심신이 돌아와 쉬게 된다. 야기(夜氣)를 길러서, 곧게 안정시키면 근원을 회복한다"36)고 하여 야기를 길러 마음의 본래 모습을 찾는 방법을 제시하고 있다. 맹자가 " 마음을 기르는 데는 욕심을 적게 하는 것보다 더 좋은 것이 없다[養心, 莫善於寡欲]"(盡心下)고 한 것도 욕망을 줄여 마음의 동요와 은폐를 막음으로써 본래 마음을 보존할 수 있다고 지적한 것이다. 욕망이 없을 수 없지만 통제하기 어려울 만큼 커지면 마음의 평정이 깨어지고 본래 모습을 상실하게 되므로 욕망의 억제가 강조되게 되는 것이고, 철저한 금욕주의는 아니지만 욕망의 억제가 유교적 수양론의 기본적인 방법의 하나를 이루고 있는 것이 사실이다.

마음의 본래 모습을 그대로 간직하여 지키려는 방법으로서 가

---

36)『退溪集』卷7, 進聖學十圖剳(幷圖) :" 夜久斯寢, 齊手斂足, 不作思惟, 心神歸宿, 養以夜氣, 貞則復元."

장 중요한 방법은 경(敬)의 실천이라 할 수 있다. 마음이 위태롭고 희미한 것이라는 현실적 자각에 따라 정밀하게 살피고 한결같이 지킨다[惟精惟一]는 방법이 순(舜)의 훈계 속에 이미 제시되었다. 마음의 작용 속에서 본래 모습과 은폐요소를 정밀하게 살펴 장애와 은폐요소를 제거하는 것이 성찰(省察)의 과제라면 마음의 본래 모습을 지켜서 기르는 것이 존양(存養)의 과제로서, 고요할 때의 존양과 발동할 때의 성찰은 마음을 지켜가는 기본 방법이다.37) 그리고 존양과 성찰은 모두 마음의 본래 모습을 한결같이 지키는 방법이요, 이것이 곧 경(敬)의 과제인 것이다. 마음은 본래 통일체요 분열되어서는 안 되는 것이며 경(敬)은 이러한 본래의 마음을 한결같이 집중하는 태도이다. 「경재잠(敬齋箴)」에서는 " 일이 두 가지라고 마음을 두 갈래로 내지 말고, 일이 세 가지라고 마음을 세 갈래로 내지 말아라. 마음을 오로지 한결같이 하여 만 가지 변화를 살펴야 한다. 여기에 종사하는 것을 ' 경(敬)을 지닌다[持敬]' 고 한다"38)라 하여 경(敬)이 마음을 한결같이 집중시켜주는 것임을 밝혀준다. 『중용』에서 말하는 바 아무도 안 보는 곳에서도 경계하여 삼가고[戒愼乎其所不睹], 아무것도 안 들리는 곳에서도 두려워하는[恐懼乎其所不聞] 마음의 한결같은 집중이 경(敬)의 태도요, 경(敬)은 곧 마음이 분열하거나 외부의 사물에 이끌리게 되는 것을 막고 각성된 자기통일성을 이룰 수 있는 방법이라 할 수 있다. 또한 마음은 내면의 본체를 지니고 있으면서 외부의 사물에 감응하는 것이므로, 최한기(崔漢綺)가 구분하는 것처럼 장애요인도 기질에 따라 속에서 축적되어 나타나는 속증거[裏證]와 밖에서 침입해 들어오는 겉증거

---

37) 栗谷은 「聖學輯要」의 正心章에서 涵養(곧 存養)과 省察 및 通論涵養省察와 3節로 논의하면서, 이 章의 大要가 敬을 위주로 한다고 밝혔다.

38) 『退溪集』 卷7, 進聖學十圖箚(幷圖) :" 弗貳以二, 弗參以三, 惟心惟一, 萬變是監, 從事於斯, 是曰持敬."

[表證]가 있다고 본다면 각각에 대처하는 치료법을 찾아야 할 것이다.39) 『주역』에서 " 경(敬)으로 속을 곧게 하고, 의(義)로 겉을 바르게 한다[敬以直內, 義以方外]" (坤卦· 文言)고 한 것은 마음속과 외부에 대한 대응에서 경(敬)과 의(義)로 바르게 하는 것을 말한다. 여기서 의(義)도 마음의 발현양식으로서 경(敬)의 발현이라 보고 있는 것은 경(敬)이 마음 내면에만 한정된 것이 아니라 사물에 대한 대응에까지 적용되는 마음의 실현방법임을 보여준다.40)

경(敬)에 의해 각성되고 집중된 마음을 지킴은 나아가 마음이 지향될 기준과 목표가 밝혀질 때 더욱 확고해질 수 있다. 따라서 마음의 실현방법에는 경(敬)에 머무름[居敬]과 더불어 이치를 추구함[窮理]이 요구된다. 이치를 추구하는 것은 학문의 문제이지만 유교에 있어서 학문은 지식의 추구가 아니라 인간의 자기실현을 위한 방법[爲己之學]인 만큼 건전한 마음의 실현도 이치를 추구하는 학문 없이는 불가능하다고 할 수 있다. 또한 이치를 추구하는 것은 마음을 온전하게 실현하기 위한 것이기 때문에, 경(敬)이 이(理)를 요구하며 거경(居敬)이 궁리(窮理)의 근본이 되는 것이요, 궁리가 거경을 일으키는 것은 아니다. 이치를 추구하면 선이 무엇인지 드러나고 선을 실천한다면 온전한 인간을 실현할 수 있게 된다. 『주역』에서도 " 이치를 추구하고 본성을 온전히 실현하여 천명에 이르게 된다[窮理盡性, 以至於命]" (說卦傳)고 언급하여 이치를 밝히는 것이 인간의 궁극적 완성에 필수적임을 지적하고 있다. 율곡이 마음의 어두운 병과 어지러운 병을 다스리

---

39) 崔漢綺, 『推測錄』 卷1, 心病俗病:" 心之病痛, 有表裏之分, 由外侵內, 謂之表證也, 積中發外, 謂之裏證也, 表證由外物而至, 故從其外物治之, 裏證由氣質而發, 故從氣質矯之, 乃治療之眞銓也."
40) 『栗谷全書』 卷21, 聖學輯要, 正心章 第8:" 直內之敬, 敬以存心也, 方外之義, 敬以應事也."

는 방법으로서 "이치를 추구하여 선을 밝히며, 의지를 독실하게
하여 기질을 거느리며, 마음을 간직하고 배양하여 참됨[誠]을 보
존하며, 반성하고 살펴서 거짓됨을 제거한다"41) 하여 궁리(窮
理)· 독지(篤志)· 함양(涵養)· 성찰(省察)의 4가지를 들면서 궁리
를 선행시키고 있는 것은 이치가 기준을 제시해 주는 것이기 때
문으로 보인다.

　소극적으로는 생각을 일으키지 않는 것이 순수한 마음을 기르
는 방법이기도 하지만 적극적인 면에서 사물에 대응할 때 생각
이 없으면 어리석음에 빠지고 올바르게 생각할 수 있을 때 온전
한 인간에로 나갈 수 있다.42) 마음의 기능은 사고작용을 하는 것
이며, 이 생각할 수 있는 마음은 생각이 없는 감각기관이나 신체
를 통어할 수 있기 때문에, 마음을 지키는 인간이 온전한 인간이
될 수 있는 것이다.43) 생각하고 판단할 수 있는 마음의 능력이
적극적으로 발휘될 때 마음의 장애도 제거하여 본래의 마음을
회복시킬 수 있는 방법이 제시될 수 있다. 율곡이 "게으른 것이
병이 됨을 알면 부지런하고 독실함으로써 치료하며, 욕망이 병이
됨을 알면 이치를 따름으로써 치료하고, 몸을 엄격하게 검속하지
못함이 병이 됨을 알면 엄숙하고 장중함으로써 치료하며, 생각이
어지럽게 흩어짐이 병이 됨을 알면 한결같이 집중함으로써 치료
하는 것이다. 병이 비록 나에게 있지만 약을 밖에서 구하지 않는
다."44)라 한 것도 마음의 판단능력이 능동적으로 마음의 병을 치
료하게 되는 것임을 보여준다. 이치의 인식을 통해 올바른 기준

41) 『同上』:" 窮理以明善, 篤志以帥氣, 涵養以存誠, 省察以去僞, 以治其昏亂."
42) 『書經』 多方:" 惟聖罔念作狂, 惟狂克念作聖."
43) 『孟子』 告子上:" 心之官則思, 思則得之, 不思則不得也, 此天之所與我者,
　　先立乎其大者, 則其小不能奪也, 此爲大人而已矣."
44) 『淵齋集』 近思續錄, 卷5 力行:" 知懶爲病, 則治以勤篤, 知欲爲病, 則治以
　　循理, 知檢束不嚴爲病, 則治以矜莊, 知念慮散亂爲病, 則治以主一, 病雖在
　　己, 藥不外求."

이 찾아지고, 이에 대한 사려에서 얻은 확신이 의지로 나타나면 마음은 욕망의 물질적 집착이나 사사로움의 개인적 폐쇄성에서 벗어나 본래의 마음을 확충해가서 넓고 멀리 이르게 되어 온전하고 큰 인격을 실현할 수 있는 것이다.

　마음이 외부의 사물에 감응하여 나타난 것이 감정이고, 이 감정은 본성과 더불어 마음에 없을 수 없는 기본내용을 이루고 있다. 따라서 감정의 조절과 순화가 마음의 바른 모습을 확보하는 데 중요한 과제가 된다. 유교에서 감정을 순화시키는 가장 기본적인 방법은 예(禮)와 악(樂)이다.

　" 음악을 이루어 마음을 다스리면 평이하고 곧고 자애롭고 어진 마음[易直子諒之心]이 자연스럽게 일어난다. 이런 마음이 일어나면 즐겁고, 즐거우면 편안하며, 편안하면 오래 간다. 오래 가는 것은 하늘의 모습이요, 하늘은 신령하다. 하늘은 말하지 않아도 믿을 수 있고 신령은 노여워하지 않아도 위엄이 있다. 이것이 음악을 이루어 마음을 다스리는 것이다. 예법을 이루어 몸을 다스리면 장중하고 공경스럽게 된다. 장중하고 공경스러우면 엄숙하고 위엄이 있게 된다. 마음속이 잠시라도 화평하고 즐겁지 않으면 비루하고 거짓된 마음[鄙詐之心]이 들어오게 되고 장중하고 공경스럽지 않으면 경솔하고 태만한 마음[易慢之心]이 들어오게 된다."45)

　「악기편(樂記篇)」의 이 말은 음악과 예법에 마음을 화평하게 하고 몸을 장중하게 하여 본래의 마음을 지킬 수 있게 하는 역할이 있음을 뚜렷하게 드러내 준다. 「경재잠(敬齋箴)」에서 의관을 바르게 하고, 바라보는 눈매를 존엄하게 하며, 발은 반드시 무

---

45)『禮記』樂記:" 致樂以治心, 則易直子諒之心, 油然生矣, 易直子諒之心生則樂, 樂則安, 安則久, 久則天, 天則神, 天則不言而信, 神則不怒而威, 致樂以治心者也, 致樂以治身則莊敬, 莊敬則嚴威, 中心斯須不和不樂, 而鄙詐之心入之矣, 外貌斯須不莊不敬, 而易慢之心入之矣."

겁게 두고, 손은 반드시 공손하게 두라고 하는 지시도 경건한 마음을 지키는 행동적 표현이요, 행동절차를 복잡하게 규정하여 구속하는 예법이 극히 형식적으로 보이기도 하지만, 예(禮)가 감정에서 나왔다 하고[禮出於情] 그 근본정신이 경(敬)에 있다[禮者, 敬而已矣] (孝經)는 이해를 통해서 보면 예법이 행동을 규제하여 감정을 조정하고 나아가 경(敬)으로써 마음의 본래 모습을 실현하는 방법으로 성립되었음을 알 수 있다.

이런 뜻에서 유교의 근본문제가 인간의 이상적 실현을 추구하는 것이었으며, 그것은 곧 마음의 참된 본래 모습을 회복하고 배양하는 데서 이루어질 수 있는 것으로 확인되었고 실천되었다는 사실을 다시금 음미해 볼 필요가 있는 것이다.

제 2 부

# 한국사상과 유교

# 8. 한국사상의 사유체계

## 8.1 철학적 사유의 전통

한국인의 철학적 사유의 전통이 한국철학사를 형성하는 과정에는 중국을 비롯한 외래문화의 철학체계가 깊이 침투하고 있는 것이 사실이다. 유교· 불교· 도가의 철학사상을 비롯하여 기독교사상이나 서양철학의 다양한 형태가 한국문화 속에 전래하였을 때 경우에 따라 약간의 곡절을 겪었다 할지라도 어느 경우에나 마침내 상당히 광범한 영향력을 발휘하게 되었던 것이다. 마치 우리가 좋은 품질의 국산품을 못 만들 때 그것을 힘들여 만들어야겠다는 의지보다 손쉽게 외국상품을 좋아하는 것처럼, 외국에서 전래하는 철학사상에 의존하면서 자신의 창조적 철학체계를 제시하지 못하였다는 반성을 해볼 수 있다. 그러나 한국인이 민족적 고유성을 지켜왔고 또한 그 자신의 민족사적 현실 속에서 철학적 사유를 하였던 만큼, 비록 철학체계의 독창적 양식을 제시하지는 못하였다 할지라도 철학적 사유를 하는 의식의 근거에서나, 삶의 현실을 인식하는 자세에서 한국인의 의식이 지닌 특성을 밝혀 볼 수 있을 것이다.

## 8.2 긍정의 세계

철학적 사유는 그 출발점에서 회의와 부정을 중요시하는 방법적 입장을 지닌다고 할 수 있다. 일상적인 인식을 의심하고 거부함으로써 확고하고 명백한 인식을 얻을 수 있다는 것이다. 그러나 이러한 부정의 사유는 인간의 삶에서 중대한 위기로 나타나게 되고, 이를 감행한다는 것은 용기를 떠나서는 불가능하다. 여기서 한국인의 철학적 사유가 지닌 기본적 특성은 회의나 부정이 아니라 긍정적 입장이라는 점이다. 우리가 살고 있는 이 세계를 전면적으로 부정하여 본 일이 없으며, 인간존재의 가치를 전면적으로 회의한 일도 없다. 단군신화(檀君神話) 속에서 유일한 부정의 계기라 할 수 있는 백일 농안 햇빛을 보지 말라는 금기도 21일 만에 깨뜨린 웅녀(熊女)의 후손이어서 그런지도 모르겠다. 불살계(不殺戒)를 살생유택(殺生有擇)으로 완화해 줄 수 있고, 한국의 가장 탁월한 불교철학자인 원효(元曉)도 파계하여 자식을 낳고 세속에 돌아오게 되는 사례를 보여주었다.

철저한 부정이나 회의의 결핍은, 우리 민족사가 흔히 수난사라 지적되는 것처럼, 불안의 연속 속에서 자기방어의 본능에서 초래된 현상이라 볼 수도 있고 역사적 위기를 극복하기 위한 지혜라고 해석할 수도 있을 것이다. 어떻든 한국인은 이 세계와 자기존재를 근원적으로 긍정하는 사유방법을 통하여 세계를 이해하고 있음을 볼 수 있다. 환웅이 하강(下降)한 삼위태백(三危太伯)은 홍익인간(弘益人間)할 만한 곳이었고, 하느님 아들도 이 인간 세상을 탐구하였으며, 곰과 호랑이도 사람으로 화하기를 기원하였다. 불교가 신라에 전파되면서 오대산은 5만의 진신(眞身) 불보살(佛菩薩)이 현재한다는 실화를 낳았고 불국사의 조영(造營)에서 드러나는 것처럼 불국토 신앙을 보여주었다. 공자가 구이(九

夷)의 땅에 가서 살고 싶다고 하는 구이가 바로 우리 땅이고 군
자국이라는 한국 유교인의 신념도 우리가 사는 세계에 대한 긍
정의 의식을 표현한 것이다.

청조 때 조선조 후기의 유학자들은 우리나라가 중화 문화를
계승하는 최후의 보루라는 확신에서 우리나라를 씨앗으로 쓰기
위해 먹지 않고 남겨놓은 가장 큰 열매 곧 석과(碩果)에 비유하
기도 하였다.

이러한 현실긍정 내지 자기긍정의 의식은 창조의 사유가 아니
라 보존의 사유를 형성하였던 것이라 할 수 있다. 기존의 가치나
질서가 썩어서 저절로 새로운 것에 의해 대치되기 전에 개혁하
거나 혁명을 하는 의지가 약하고 자각적인 의식 속에서 새로운
가치나 질서를 창조하는 데 무력하였던 현상을 지적할 수 있다.
여기서 외래사상이 새롭게 등장하여 지배적인 지위를 손쉽게 누
리게 되는 것이고, 또한 한 번 확립된 사상은 지속적인 영향력을
유지하게 되는 것이라 할 수 있을 것이다. 우리의 사대의식도 강
한 외세에 의존적이면서 자기보존의 방법이었던 것이고, 그만큼
한국인의 의식 속에 체질화되어 있는 것이라 볼 수 있다.


## 8.3 의리(義理)의 순정성(純正性)

조선조 시대에 유학, 특히 주자학[道學]이 사회의 통치 이념으
로 정립되면서 한국의 근세철학은 주자학이 주류를 이루었다. 그
리고 이 주자학의 기본양식을 철학적으로는 성리학이라 한다면
실천이념에서는 의리론이라 할 수 있다. 이때 성리학은 실질적으
로 의리론의 근거를 밝히는 방법이었으며, 그만큼 의리론이 주자
학의 중심과제요 목적이었던 것이다. 따라서 의리는 선악과 시비

를 나누는 것인 만큼 논쟁적인 면이 강하게 드러났다. 정몽주와 정도전의 사이에 역사적 업적이나 그 주장의 철학적 논리성을 따지기에 앞서서 의리에 대한 적합성 여부를 가리게 된다. 사육신에 대해 정인지와 신숙주의 논죄는 공적이 아니라 의리를 기준으로 한 것이다. 이기적인 인물을 소인이라 하고 의리를 따르는 인물을 군자라 구분하면서, 아무리 부귀를 소유하였더라도 소인이라는 비판을 받을 수 있는 반면에 비록 빈곤에 시달리더라도 의리를 지키는 선비상이 정립되었다. 이러한 도덕적 가치규범이 확립되었을 때 그 기준을 순수하게 지키려는 의지가 유학의 주자학파를 통하여 철저히 수행됨으로써 시대의식을 형성하였던 것이라 할 수 있다.

　의리론의 구현에는 두 가지 방향이 있다. 하나는 철학적 근거를 밝히는 성리학의 탐구요, 다른 하나는 실천적 형식으로서 예학의 해명이다. 그리고 이 두 가지 양식이 모두 정치의 현실 속에서 제시되었다. 서경덕의 '기(氣)' 론과 이언적의 '이(理)' 론이 성리학의 두 가지 입장으로 제시되었을 때, 퇴계 이후로 '기(氣)' 론은 철학사의 정통에서 배제되었고 '이(理)' 론도 성(性)· 정(情)의 작용이 선악에 어떻게 관계되는가를 밝히는 사단칠정론(四端七情論)에로 집중하고 있다. 퇴계에 의해 사단의 능동적 초월성이 주장되거나 율곡에 의해 칠정의 현실적 포괄성이 강조되는 입장의 차이가 나타나자, 이기론은 심성론으로 확립되고, 나아가 의리의 근거로서 심성의 인식에 대한 대립이 심화되었다. 사단의 초월적 근거를 강조하는 퇴계학파[嶺南學派]의 전통에서는 경(敬)을 통한 내면적 수양을 중시하면서 정치적 현실로부터 이탈하는 경향을 띠고, 칠정의 현실성을 강조하는 율곡학파[畿湖學派]의 전통에서는 성(誠)의 개념을 근거로 이상의 현실화를 추구하는 경향을 보여준다. 여기서 이 두 입장은 철학적 탐구의 길을 벗어나 이념적 교조로 확립되고 그만큼 자신의 순수한 입장을 고수하려는 정통주의로서 강화되어 갔던 것이다. 의리론이 예학으로 전개되었을 경우에도 예의 형식규범이 의리에 따라 설정되면 확고한 옹호적 태도가 확립되어 비타협적이고 폐쇄적 대립이 심화될 수밖에 없었고 그 현상이 17세기 후반에 예송(禮訟)으로 폭발하였다.

의리의 기준은 명분으로 형식화하고 성리설에서나 예설의 학설상의 차이도 명분의 적합성 여부 내지 의리의 정당성 여부로 분별되어, 정명(正名) 또는 정통을 순수하게 지키려는 의지는 격렬한 대립과 분열을 초래하게 되었다. 조선 후기에 당론이 분열되자 격심한 정쟁이 되고 사회의 전반적인 분열을 고착시키는 데까지 심화되었던 것도 의리론의 순정(純正)한 확보를 추구하는 데에 기인한다고 할 수 있다. 단순히 호전적이고 잔인한 당파적 분열이 아니라 의리의 규범을 순수하게 고착시키려는 집념이었으며, 그것은 부수적인 보존본능으로 작용하기도 하지만 비타협적인 분열 속에 조화를 상실하는 의식의 폐쇄성을 형성하였던 것이다.

## 8.4 융화(融和)의 논리

주자학파의 의리론과 정통주의적 입장은 엄격한 순정성을 요구하는 그만큼 논쟁적이고 분파적인 성격을 띠는 것이지만 한국인의 철학적 사유의 전통 속에는 또 하나의 다른 흐름으로서 융화적이고 종합적인 성격을 보여주고 있다. 이 두 가지 의식의 양상은 표면적으로는 모순된 것이지만 양자의 균형 속에 철학사가 이어지고 있는 것으로 보인다. 의리론의 엄격성과 배타성은 사회

이념의 표준을 수립함으로써 통합을 추구하는 기능을 갖는다면, 융화론의 절충적이고 포용적 성격은 조화와 균형을 통하여 통합을 추구하는 기능을 갖는 것이라 할 수 있다. 의리론은 이상적 가치 규범의 유지를 추구한다면, 융화론은 우리의 역사적 현실 속에서 이상을 구현하는 방법이요 논리이기도 하다. 한국인의 철학적 사유에 창조성이 결핍되었다는 지적도 가능하지만 융화성이 추구되었던 점을 주목할 필요가 있다.

삼국 시대에 연개소문이 당으로부터 도교를 수입하고자 할 때 유·불·도 삼교가 정족을 이루어야 한다는 주장을 한 것이나, 최치원이 난랑비서(鸞郞碑序)에서 우리나라의 전통사상을 현묘지도(玄妙之道) 또는 풍류라 지적하면서 그 내용은 삼교를 포함하고 있다고 밝히는 것은, 우리의 철학사상석 지향은 모든 대표적 사상을 포괄하고 융화시키는 것임을 보여주는 것이다. 부모에 대한 효와 임금에 대한 충이라는 두 가지 규범 사이에 어느 것이 선행적인가를 결단해야 하는 전장터의 상황에서 신라의 김흠춘은 아들에게 나라의 위기에 목숨을 바치는 것은 충과 효를 둘 다 온전히 이루는 것이라 훈계하였다. 하나를 버리고 다른 하나를 선택하는 모순률의 논리가 아니라 둘 다 포괄함으로써 지양하는 융화의 논리가 제기되는 것이다. 원효의 화쟁론(和諍論)이 모든 분파적 대립을 원융(圓融)하게 종합시키고, 지눌의 돈오점수(頓悟漸修)나 정혜쌍수론(定慧雙修論)을 통한 교(敎)·선(禪) 양종의 융화를 추구하는 것도 한국적 사유의 전통 속에 그 융화적 특성을 발휘하였던 것이라 할 수 있다.

조선조 시대의 주자학적인 배타적 정통주의 속에서도 중심논리는 융화론이다. 이(理)·기(氣)가 서로 분리될 수 없다는[不相離] 율곡의 입장은 말할 것도 없고, 이·기가 서로 혼동될 수 없다는[不相雜] 것을 강조하는 퇴계의 입장에서도 이·기 또는 도

(道)· 기(器)가 서로 분리될 수 없음을 부정하지 않는다. 모든 분별적 인식은 과정이요, 수단이지만 인식의 목적에는 언제나 근원적인 통일성이 전제되어 있는 것이다. 당쟁이 발생하던 시기에 이를 화해시키려던 율곡은 양시양비론(兩是兩非論)을 제기하여 시비의 양극적 대립을 지양하려고 하였다. 유가철학의 원리이기도 하지만, 중용은 양극단을 포용하는 것[執其兩端]이고, 인(仁)은 두 사람의 관계를 결합시키는 힘이며, 악(樂)은 화(和)의 양식으로 이해된다. 한국인의 철학적 사유 속에서 배타적 순정성의 추구를 의(義)라고 한다면 융화의 원리는 인(仁)이라 할 수 있고, 분별의 예(禮)에 대해 조화의 악(樂)이 상응하듯이, 융화의 원리는 의리의 순정성을 추구하는 것과 더불어 마치 원심력과 구심력처럼 균형점을 찾아왔던 것이라 하겠다.

## 8.5 이상으로서의 인도(人道)

한국인의 의식의 바닥에 세계와 자기존재에 대한 긍정이 자리 잡고 있으며, 이념적 표준의 순수한 확보를 위한 의지와 다양성을 융화하여 지양하려는 요구가 균형을 이루고 있다고 할 때에 이러한 세 가지 형식은 자기보존의 목적을 위해 작용하는 것이라 할 수 있다. 그리고 한국인의 사유 속에 철학적 근본문제는 인간에 대한 이해요, 의미부여임을 확인할 수 있게 된다. 한국철학은 대상세계에 대한 인식방법이나 초월적 형이상학의 체계를 해명하기보다는 지속적으로 인간의 문제를 다루어왔다. 그리고 이 인간존재는 자연이나 사회로부터 분리되어 파악되는 것이 아니라 모든 영역의 세계 속의 초점이고 목적적인 존재로 이해되는 특성을 지닌다.

단군신화 속에서도 환웅은 인간 세상을 탐구하였고 동물은 인
간이 되기를 기원하였다. 천· 지· 인의 삼재는 여기서 균형을 이
룬 정삼각형도 아니고 천(天)을 정점으로 뻗어내리는 것도 아니
요, 인간을 정점으로 지향하는 삼각형의 구조를 보여준다.『삼국
유사』속에 늙은이, 젊은 여자, 거지꼴의 중 등의 평범한 주변의
사람모습으로 진신(眞身) 불보살(佛菩薩)이 현신(顯身)하는 많은
설화가 전해진다. 이러한 설화를 통하여 지존(至尊)의 불보살이
얼마나 우리 주위에 가까운 인간의 모습으로 나타나는가를 엿볼
수 있고, 동시에 주변의 평범한 인간이 모두 불보살일 수 있는
가능성을 지닌 것으로 인식하였던 의식을 이해할 수 있다. 그것
은 인간을 떠나서 부처를 찾는 것이 아니라 인간 속에서 부처를
찾는 의식의 표현이다.

성리학이 태극론이나 이기론의 형이상학적 문제를 내포하고
있지만 한국 성리학의 기본주제가 사단칠정론· 인물성동이론 등
인간본성의 문제에 관심을 집중하고 있는 사실도 한국철학에 있
어서 철학적 기본과제가 인간의 문제임을 다시 한 번 뒷받침해
준다. 정조 때 성이심(成以心)이 저술한 역학의 제명을『인역(人
易)』이라 하였고, 최한기는 자신의 철학체계를 집성한 저술의 제
목을『인정(人政)』이라 붙였다. 한국인이 자신의 사유체계에 그
기본과제가 인간임을 밝혀준 사례이다. 근세에 동학에서도 인내
천(人乃天) 또는 사인여천(事人如天)의 교리를 제시한 것도 한국
철학의 전통 속에서 지극히 자연스러운 귀결이라 할 수 있다.

인간으로서 하늘과 통하고 자연과 어울리고 사회 속에 맺어지
는 것은 한국철학의 과제요, 한국인의 의식 속에 깊이 침투되어
있는 이상형이라 할 것이다. 비록 이상이 현실이나 역사 속에 온
전히 실현되지는 못한다 할지라도 이 이상은 끊임없이 한국인의
철학적 사유를 이끌어 가는 희망이요, 기원이라 할 수 있다. 인심

이 곧 천심이듯 인도(人道)는 천도(天道)와 일치하는 것이고, 인간의 무한성과 그 실현가능성에 대한 신념을 내포하는 것이다. 그것은 인간에 대한 근원적 긍정이고 순수성의 확립이면서 융화의 구현이라고도 할 수 있을 것이다.

# 9. 한국사상의 전개

## 9.1 한국사상의 발아와 불교철학의 융성

삼국시대로 들어오면서 우리 민족은 철학 이전의 신화시대 내지 철학사의 선사시대로부터 철학사상이 싹트는 단계로 성장해왔다. 우리 민족의 시조신화 또는 건국신화에는 우리의 기본적인 사유방법이 간직되어 있다.

단군신화에서는 환인(桓因)과 환웅(桓雄)이 사는 하늘이 있고 곰과 호랑이가 사는 땅이 있어서, 세계는 하늘과 땅의 두 영역으로 드러난다. 하늘로부터 온 아버지[환웅]와 땅으로부터 온 어머니[熊女] 사이에 우리 민족의 시조 단군왕검(檀君王儉)이 탄생한다는 사실에서, 인간생명은 하늘과 땅의 결합으로 설명되고 있다. 단군신화에서는 우리의 의식 속에 인간세상을 긍정하는 마음과 인간생명에 대한 존중의식 및 우리의 강토에 대한 사랑이 간직되어 있음을 보여준다.

삼국이 고대국가로 본격적인 성장을 할 때 유교·불교·도교의 3교가 중국으로부터 전래되어 왔다. 이 3교는 삼국사회의 발전에 필요한 도덕규범과 천학사상의 원리들을 제공하여, 우리 민족의 정신적 성장에 풍족한 영양을 공급하였다. 당시 삼국은 경쟁과 대립 속에서 확장과 통일을 추구함으로써, 서로의 관계는 매우 심한 긴장 속에 빠졌다. 이때 유·불·도 3교는 국민정신을 강인하면서도 융화할 수 있도록 이끌어 가는 원동력을 제공하였다.

원광(圓光)스님이 신라청년들의 수련단체인 화랑도에게 실천규범으로 가르친 세속오계(世俗五戒)는 유교와 불교의 덕목을 그 시대현실에 맞게 종합하여 충성· 효도· 신의· 용감성· 자비심을 제시한 것이다. 화랑이었던 김흠춘(金欽春)은 황산벌 싸움에서 아들 김반굴(金盤屈)에게" 나라가 위급할 때 목숨을 바칠 수 있다면 충성과 효도를 양쪽 모두 완전히 이룰 수 있다"라고 훈계하였다. 국가를 위한 충성과 부모를 위한 효도는 서로 다른 공동체를 위한 도덕규범이지만, 구체적이고 긴박한 상황에서 이 규범들을 통합하는 방법을 제시함으로써 공동체 사이의 조화를 이루고 있는 것이다.

삼국시대는 융화정신을 존중한다는 점에 사상적 특징이 있다. 유· 불· 도 3교도 사회 전체의 발전을 이루도록 서로 조화롭게 역할하였다. 최치원(崔致遠)은 화랑인 난랑(鸞郎)의 비문에서 우리 민족의 고유한 전통사상인 풍류(風流)는 유· 불· 도 3교를 포함하여 대중을 교화하는 오묘한 도리라고 밝혔다. 화랑은 도덕과 의리를 서로 연마하고 노래와 춤으로 함께 즐기는 가운데 여러 사상들을 포용하고 융화함으로써 삼국통일의 정신을 기르는 데 기여하였던 것이다. 연개소문도 유· 불· 도 3교는 세발 솥[鼎]의 발과 같아서 하나도 빠져서는 안 된다 하여 다양한 사상의 균형을 추구하였다. 최치원은 진감국사(眞鑑國師) 비문의 첫머리에서 " 도(道)는 사람에 멀리 있지 않고, 사람은 나라에 따라 다르지 않다. 그러므로 우리나라의 젊은이가 불교도 하고 유교도 한다"라 하여, 진리가 모든 인간에게 보편적인 진실성임을 확인함으로써 우리 민족이 불교나 유교를 자유롭게 받아들일 수 있는 주체적 근거를 밝혀 주었다.

삼국시대와 통일신라시대에서 우리의 철학사상이 당시 중국 중심의 세계적 수준에 도달한 것은 불교철학에 있어서였다. 고구려 승랑(僧朗)의 삼론(三論)사상과 신라 원측(圓測)의 유식(唯識)

사상, 원효(元曉)의 화쟁(和諍)사상, 의상(義湘)의 화엄(華嚴)사상
이 철학적 사유에서 가장 높은 수준에 나아갔다.

승랑과 원측은 모두 중국에 가서 활동하였다. 인도에서 전래된
당시 중국의 대승불교는 중관(中觀)철학과 유식(唯識)철학이 양
립하고 있었다. 중관철학은 모든 존재는 독립된 자기성질이 없다
고 철저히 부정함으로써 공(空)이라 파악하였다. 이에 비해 유식
철학은 인간의 분별과 집착을 타파함으로써 나타나는 진리의 세
계가 존재한다 하여 진실한 성품으로서 진공묘유(眞空妙有)의 유
(有)를 인정하는 입장이다.

승랑은 중관철학의 계통인 삼론사상을 체계화하여 훗날 수나
라 때, 길장(吉藏)에 의하여 완성되는 중국 삼론종의 선구자가
되었다. 그는 불교의 궁극적 신리인 중도(中道)를 인식하는 방법
으로서 세속적인 진리인 세체(世諦)와 초월적인 진리인 진체(眞
諦)의 2체를 결합시켜 파악한다. 곧 있다고 말한 세체와 이를 부
정하여 없다고 말한 진체를 통합하여 하나의 세체로 삼고, 다시
그것을 부정하는 진체를 드러내어 가는 변증법적 인식방법이다.
또한 그는 중도란 유와 무의 두 가지로 나뉘는 것이 아니요, 이
'나누어지지 않는 중도[不二中道]'가 바로 2체[세체와 진체]의
본체라고 파악하였다.

원측은 중국에 유식철학을 처음 전래한 현장(玄奘)의 제자가
되어 현장의 법통을 이은 규기(窺基)와 쌍벽을 이룬 유식철학의
거장이다. 그는『해심밀경소(解深密經疏)』등 유식에 관한 여러
저술을 하였다. 그는 중관과 유식 사이의 대립을 조화하려는 독
특한 융화적 입장을 가졌고, 이에 따라 규기학통과 논쟁이 일어
나기도 하였다. 그의 학풍은 도증(道證)을 거쳐 태현(太賢)으로
계승되면서 신라 유식학의 발전에 큰 영향을 끼쳤다.

7세기에는 신라에서 불교철학의 융성이 절정기를 이루었다. 원

측이 중국에서 활동하는 동안 신라에서는 원효와 의상 등이 활동하였다. 원효는 신라불교를 대표하는 인물로서 가장 많은 불교철학의 저술을 남겼다. 그는 당시 불교가 여러 가지 종파로 분열하여 갈등하고 있는 현실을 주목하여 이를 극복하기 위해 모든 종파를 융화시킬 수 있는 이념을 추구하였다. 그는 『대승기신론』을 주석하여 『대승기신론소(大乘起信論疏 또는 海東疏라 일컬어짐)』 등을 저술하였다. 그는 일심(一心)으로 진여문(眞如門)과 생멸문(生滅門)의 2문, 곧 본체와 현상의 양면을 통합하는 『대승기신론』의 구조에서 중관과 유식의 대립이나 출세간(초월성)과 세간(세속성)의 대립을 극복하는 융화의 근원을 확인한다. 그는 불교의 모든 종파적 이론을 각각의 한계 안에서 긍정하면서 서로의 논쟁을 극복하여 전체적 융합의 논리를 제시한다. 『십문화쟁론(十門和諍論)』이란 저술도 남아 있듯이, 그의 철학적 중심문제는 화쟁론이다. 곧 모든 종파적 인식에 대한 긍정과 부정[立破], 동일성과 차별성[同異]의 어느 한쪽에 치우치지 않고 또한 중도에도 집착하지 않는 평등일미(平等一味)의 화쟁적 경지를 선명하게 제시하는 것이다.

의상은 당나라에 가서 중국 화엄종의 제2조 지엄(智儼)의 문하에서 수업하였다. 그는 본국에 돌아와 신라의 화엄사상을 이끌어 가는 역할을 맡았다. 화엄사상은 교리상으로도 대승불교의 여러 종파를 통합하는 성격을 지녔으며, 삼국통일기 이래로 신라의 불교를 주도하는 위치에 놓여 있었다. 의상은 화엄사상의 방대한 체계를 가장 간결하게 압축하여 전부 210자[7音 30行]의 운문형식으로 「화엄일승법계도(華嚴一乘法界圖)」를 지었다. 이 간결의 극치인 「법계도」는 모든 화엄사상을 연역할 수 있는 근본원리를 제시한 것으로 중요시된다. 또한 이 「법계도」는 하나의 도인(圖印)으로 표현되어 화엄세계, 곧 해인삼매(海印三昧)를 상징하는 것으로 이해되며, 오늘날까지 한국불교의 의식에서 마치 다라니 [呪文]처럼 암송되고 있다. 그의 사상의 특징으로는 화엄사상의 번쇄한 이론에 빠지지 않고 그 핵심정신을 파악하여 실천하는 데 주력하는 것을 지적할 수 있다.

신라의 말기에는 화엄사상을 비롯한 교학(敎學) 사상들이 점차 형식적이고 관념적인 데에 빠져서 활기를 잃었다. 불교교단도 왕실과 귀족에 의존하여 사치하게 되고 폐단을 일으켰다. 이때 선풍(禪風)이 일어나 불교교단의 쇄신과 불교정신의 신선한 개혁을 추구하였다. 선(禪)사상은 이미 7세기에 법랑(法朗)이 당나라에서 전해왔으나, 9세기 초 도의(道義)가 6조 혜능(慧能) 계통의 남종선(南宗禪)을 도입한 이후에 활발하게 일어났다. 당시 선학은 지방에서 9산선문(九山禪門)을 세우는 데까지 발전하였다. 신라 말의 선풍을 크게 둘로 나누어 가지산(迦智山)의 도의 등 교학의 문자적 내지 개념적 이해를 철저히 배격하여 순수한 선의 방법을 추구하는 순선(純禪)의 경향과 실상산(實相山)의 홍척(洪陟) 등 교와 선의 융통을 추구하며 세속적 태도까지 포용하는 태도를 보이는 융선(融禪)의 경향으로 구분할 때, 융선계열이 점차 성행하였다.


## 9.2 불교철학의 발전과 성리학의 수용

불교는 고려의 건국과 더불어 국가의 지도적 신념으로 발전해 갔다. 태조는 「훈요(訓要) 10조」의 제1조에서 고려의 건국은 부처의 호위에 힘입었다고 밝히며, 선종과 교종의 사원을 보호하도록 당부하고 있다. 이처럼 확고한 위치의 불교에서는 교학과 선풍이 다양한 가운데 융화와 통합의 방법이 추구되어 왔다. 그 중요한 인물의 사상을 들어 보면, 균여(均女)의 화엄사상과, 의천 (義天)의 천태(天台)사상과, 지눌(知訥)의 선(禪)사상 및 보우(普愚)의 임제선(臨濟禪) 등이다.

10세기 후반의 균여는 화엄사상의 입장에서 우주만물의 본체인 성(性)과 그 현상인 상(相)의 일치를 강조하는 성상융회론(性相融會論)을 제시하였다. 그것은 화엄사상을 유식사상인 법상종과 통합하려는 융화론이다. 그가 향가인 「보현십원행가」(普賢十願行歌)를 지은 것도 대중을 교화하여 융화정신의 실천을 확대하려는 것이다. 11세기 말에 의천은 천태종을 일으켜 교학의 여러 종파를 통합하기 위해 회삼귀일(會三歸一)의 융화론을 강조하였고, 나아가 교학의 입장에서 선학의 포용을 추구하여 교관병수론 (敎觀並修論)을 제시하였다. 그는 " 언어나 형상을 떠나면 미혹에 넘어지고 여기에 집착하면 진실에 혼미할 것이다"라 하여 문자를 중시하는 교학과 문자를 무시하는 선학의 양쪽을 모두 인정한다. 또한 어느 한쪽의 입장을 고집하는 논쟁을 마치 있지도 않은 토끼뿔의 길이를 다투는 것이요, 환상으로 본 꽃의 빛깔을 다투는 것과 같다고 비판하였다.

12세기 말 지눌은 선의 입장에서 교를 포함하려는 논리로서 정혜쌍수(定慧雙修)를 주장한다. 그는 우주만물이 변하지 않는 본체에서 나타난다는 화엄의 성기설(性起說)을 선에서 ' 마음이 곧 부처[心卽是佛]' 라는 주장과 일치시켜 파악하였다. 그는 선과 교의 융화를 통하여 한국의 독창적인 선으로서 조계선, 곧 보조선을 창립하였다. 그의 선사상은 수행방법에서 먼저 부처와 내가 일체임을 단번에 깨우치는 돈오(頓悟)를 하고 이 깨달음에 근거하여 점차로 수행해 가는 점수(漸修)를 병행하는 돈오점수론을 제시하고 있다. 지눌의 선풍은 활발하게 계승되었지만 14세기 말에는 고려왕조의 말기적 쇠퇴와 더불어 불교교단이 타락한 현실을 극복하기 위하여 보우와 혜근(慧勤) 등이 임제선을 도입하여 선풍을 쇄신하는 데 새로운 활력을 불어넣었다. 보우는 교단의 기풍을 바로잡기 위해 선원(禪院)의 실천규범인 백장(百丈)의 청규(淸規)를 받아들여 "하루를 일하지 않으면 하루 동안 먹지 말라"라는 근로정신을 강조하였다. 그는 교파가 분열하여 갈등하는 현상을 극복하기 위하여 9산의 통일을 주장하는 일의(一義)사상을 제시하였다. 그는 일의가 곧 일심(一心)이라 하여 중생과 부처가 다르지 않음을 강조하며, 온갖 분파의 대립을 무의미한 것으로 지적한다.

고려시대에는 불교가 주도적 지위를 유지해 갔지만, 정치제도나 원리에서 유교의 영향력도 상당히 컸다. 고려초의 유학자 최승로(崔承老)는 상소문에서 "불교를 수행하는 것은 수신(修身)의 근본이요, 유교를 실행하는 것은 치국(治國)의 근원이다"라 하여 불교와 유교의 역할을 구별함으로써 이 둘 사이에 균형을 촉구하고 있다. 당시의 유교사상은 철학적 체계성을 갖추지 못하고 도덕규범이나 정치원리 내지 문학적 형식으로 표현되었다. 고려 말에 안향(安珦)이 원나라로부터 송대 주자(朱子)의 학풍을 수입하면서 유교사상은 새로운 단계에 들어섰다. 주자의 학풍, 곧 도학(道學)은 성리학(性理學)의 철학적 이론으로서 기초가 확고하며, 의리론(義理論)의 행동원리가 확립되었다. 그리고 예학(禮學)의 행동양식도 정밀하며, 수양론(修養論)의 방법과 절차가 갖추어지고, 경세론(經世論)의 정치적 실천체계도 제시된 것이다. 여기에서 철학적 기초는 성리학에서 확인되고 있다.

우리나라 성리학의 시조로 정몽주(鄭夢周)를 꼽는다. 그는 "유교인의 도는 모두 일상생활에서 쓰이며 평범하고 통상적인 것이다. 먹고 마시는 일이나 남녀가 만나는 예절은 모든 사람에게 같은 것이요, 여기에 지극한 이치가 있다"라고 하여, 구체적 현실과 궁극의 원리가 서로 떠날 수 없는 연관성에서 유교의 진리관을 특징적으로 지적하였다. 그는 고려 말에 절의를 지킨 의리정신에서나 유교를 옹호하기 위해 불교이론을 비판하였던 입장에서나 예학의 선구자로서, 조선시대에는 고려 말 도학의 대표적 인물로 존중되었다.

## 9.3 도학의 정착과 성리학의 융성

고려 말과 조선 초에 걸쳐서 활동하던 인물은 두 가지 상반된 입장의 신념을 선택하지 않을 수 없었다. 하나는 강상론(綱常論)에 입각하여 고려왕조를 수호하려는 신념에 따라 새 왕조를 받아들일 수 없다는 절의정신이요, 다른 하나는 혁명론(革命論)에 입각하여 새 왕조를 통해 유교이념을 확립시키려는 개혁 정신이다. 전자에 속하는 인물은 고려 말에 순절한 정몽주와 조선 초에 모든 관직을 거부한 길재(吉再)요, 후자에 속하는 인물로는 고려 말부터 혁명에 가담하여 조선초 개혁의 중심적 활동을 하였던 정도전(鄭道傳)과 조선건국 후 새 왕조의 정비에 참여하였던 권근(權近)이 있다.

정도전은 조선왕조의 제도를 유교이념에 근거하여 정립하는 작업을 담당하였던 인물이다. 그는 불교를 비판함으로써 유교이념에 따른 사회개혁의 기초를 마련하고자 하였다. 그의 「불씨잡변(佛氏雜辨)」과 「심기리편(心氣理篇)」은 도학의 정통주의적 신념과 성리학적 이론에 근거하여 불교를 이단으로 비판하였던 대표적인 저술이다. 그는 불교의 근본개념은 심(心)이고, 도가(道家, 곧 老莊哲學)의 근본 개념은 기(氣)라 한 데 대하여 유교의 근본 개념을 이(理)라 지적하여, 주관적 유심주의와 객관적 자연주의를 서로 대립시키고 이를 지양하는 철학으로서 유교의 이성적 합리주의를 제시한 것이라 할 수 있다. 정도전이 불교비판을 통해 유교이념을 제시하였다면, 권근은 유교이념 자체의 이론적 체계화를 위해 노력하였다. 권근의 『입학도설(入學圖說)』은 성리학의 입장에서 유교의 기본체계를 도해(圖解)의 방법으로 해명하였다. 『입학도설』의 제1도인「천인심성합일지도(天人心性合一之圖)」가 성리학의 전반적인 문제를 하나의 도형(圖形) 속에 집약하여 극도로 간결하게 체계화시킨 것은 조선조 성리학의 선구적 업적이라 할 수 있다. 또한 『오경천견록(五經淺見錄)』은 현존하는 가장 오래된 유교경전 주석서로서 중요한 의미가 있다.

조선조의 도학은 관료층보다도 도학이념을 탐구하고 실천하던 선비들, 곧 사림(士林)이 담당주체로 등장하였다. 도학이념을 순수하게 추구하는 사림은 집권관료 세력의 현실주의적 태도에 대해 근본주의적 입장에서 예리한 비판을 하였고, 이에 따라 사화(士禍)가 잇달아 일어나 사림이 희생당하기도 하였다. 그 대표적 선비는 16세기 초의 조광조(趙光祖)이다. 그는 '이'에 의해 하늘과 인간이 조화하는 우주론과 '도'에 의해 임금과 백성이 조화하는 사회상을 도학적 이상으로 제시하였다. 16세기에는 도학의 철학적 기초인 성리학이 융성하게 발전하는 시기이다. 성리학은 존재의 질료적 근거인 기(氣)와 원리적 근원인 이(理)의 두 가지 기본형식을 갖춘 이기론(理氣論)을 기초로 한다. 여기에서 '이'가 '기'보다 근본적이라고 보는 입장인 주리론(主理論)과 '기'가 '이'보다 근본적이라 보는 주기론(主氣論)으로 구분된다. 당시에 서경덕(徐敬德)은 가장 근원적인 존재를, 맑고 형체가 없는 하나의 '기'라 하여 주기론의 입장을 선명히 하였고, 이에 비해 이언적(李彦迪)은 궁극존재인 태극(太極)을 '이'라 하여 주리론의 입장을 밝혔다.

16세기 후반에서 이황(李滉)과 이이(李珥)는 조선시대 성리학을 대표하는 두 봉우리를 이루었다. 이들은 성리학을 본격적 수준으로 끌어올렸으며, 특히 인간의 본성에 근거한 착한 감정인 사단(四端, 惻隱· 羞惡· 辭讓· 是非의 마음)과 인간의 통상적 감정인 칠정(七情, 喜· 怒· 哀· 懼· 愛· 惡· 欲의 감정)을 이기론으로 정밀하게 분석하여 이른바 사단칠정론(四端七情論)을 전개하였다. 이황은 기대승(奇大升)과 토론하면서 사단을 칠정에 대립시켰으며,‘ 이’와‘ 기’가 서로 능동적으로 발동하는 것이라 하여 이기호발설(理氣互發說)을 주장하였다. 이와는 달리 이이는 성혼(成渾)과 토론하면서 사단도 칠정과 같은 감정으로서 다만 착한 감정만을 가리킨 것이라 하여‘ 이’의 능동성을 인정하지 않는 기발이승일도설(氣發理乘一途說)을 주장하였다. 여기서 이황은 이원론적 경향을 보이며 주리론의 입장에 선다면, 이이는 일원론적 경향을 보이는 것으로 특징지을 수 있다. 이들은 성리학에서 영남(嶺南)학파와 기호(畿湖)학파의 종장(宗匠)으로서 조선조 성리학의 대표적인 두 학통의 원류를 이루었다. 이황의「성학십도(聖學十圖)」는 성리학과 수양론의 핵심을 도상(圖象) 속에 간결하고 체계적으로 압축한 것이요, 이이의「성학집요(聖學輯要)」는 유학의 체계를 정리한 것으로서 이 시대의 학문적 범위와 핵심을 정리한 대표적 저술이기도 하다.

## 9.4 사상의 근세적 다변화

임진왜란이 끝나고 17세기부터 조선사회가 후반기로 접어들자 사상풍토에서도, 한편으로는 도학의 정통성이 강화되었으며, 다른 한편으로는 도학일변도를 벗어나 양명학(陽明學)· 실학(實學)·

서학(西學) 등 여러 유파가 등장하여 다변화하는 현상을 보여준
다. 이 시대에서도 도학의 사회적 영향력은 절대적이었으며, 예
학· 의리론· 성리학의 분야에서 활발하게 전개되었다. 이황과 이
이의 성리학설이 정립되자 이에 토대하여 도학이념의 행동양식
으로서 『주자가례(朱子家禮)』를 기준으로 하는 관(冠)· 혼(婚)·
상(喪)· 제(祭)의 의례에 관한 토론이 활발하여짐으로써 17세기
는 예학의 시대로 일컬어지기도 한다. 의례의 문제는 가정과 지
역사회 또는 국가의 공동체의식을 강화하고 질서를 정립하는 데
중요한 역할을 하는 것이었다. 또한 병자호란(1636)에서 만주족
인 청(淸)나라에 굴복하는 치욕을 당한 17세기 중엽 이후로 조선
사회의 도학적 이념은 중화문화를 높이고 오랑캐를 물리치는 의
리론, 곧 존화양이론(尊華攘夷論)으로 쟁배하였다. 이 의리론의
배청(排淸)의식에 따라 당시의 사회는 청나라의 문물을 극단적으
로 배척하는 보수적 폐쇄성을 보이게 되었다. 이 시대에 성리학
은 이황과 이이의 사단칠정론에 관한 논쟁을 계속 심화시켜 가
면서 한편으로 새로운 논쟁점을 제기하였다. 곧 18세기 초에 기
호학파에서 권상하(權尙夏)의 제자인 이간(李柬)과 한원진(韓元
震) 사이에서 인간의 본성과 동물[사물]의 본성이 같은가 다른가
의 문제, 즉 인물성동이론(人物性同異論)에 대한 논쟁이 일어났
다. 이간 등은 인간이나 사물이 하늘로부터 부여받아 타고나는
성품은 모두' 이' 로서 같다고 보는 구동론(俱同論)의 입장을 주
장하였고, 한원진 등은 인간과 사물이 타고난 성품에는' 기' 도
내포되어 있으며,' 기[기질]' 가 다른 존재는 성품도 다르다고 보
아 상이론(相異論)을 주장하였다. 서울 근교에 많이 사는 구동론
자들을 낙론(洛論)이라 하고, 충청도에 많이 사는 상이론자들을
호론(湖論)이라 하여, 이 논쟁을 호락(湖洛)논쟁이라고도 한다.
 성리학의 성즉리설(性卽理說)은 인간의 성품을' 이' 라 파악하

는 객관적 입장인 데 반하여, 왕양명(王陽明)을 통해 정립된 양명학, 곧 심학(心學)의 심즉리설(心卽理說)은 인간의 마음을 '이'라고 확인하는 주관적 입장이다. 양명학은 16세기 초부터 조선에 전래되기 시작하여 일찍이 이황의 「전습록논변(傳習錄論辯)」에서 비판을 받은 이래로 도학으로부터 이단이라고 철저한 배척을 받아 공개적인 학문활동도 할 수 없었다. 양명학은 정제두(鄭齊斗)에 의해 하나의 학맥을 이루어 미약하게 명맥이 계승되었지만, 실학파의 인물들에게 부분적으로나마 수용되고 있음을 볼 수 있다.

　17세기부터 중국을 통하여 전래하기 시작한 서학, 곧 서양문물을 적극적으로 받아들인 것은 개방된 의식을 지닌 실학파 인물 중에서 나왔다. 이수광(李晬光)이 처음 서양문물을 소개한 이래 이익(李瀷)은 천문학 등 서양과학을 적극적으로 긍정하였다. 이익의 학맥인 성호학파 안에서는 서학의 문제가 본격적으로 토론되었다. 신후담(愼後聃)과 안정복(安鼎福)은 천주교 교리 및 서양 중세철학의 천주·영혼·물질 등의 개념문제에 관해 성리학적 이론으로 비판하였다. 이에 상반하여 이벽(李檗)·이승훈(李承薰)·정약용(丁若鏞) 형제 등은 서학을 적극적으로 받아들여서 천주교 신앙까지 갖게 되었다. 특히 정약용은 경전주석을 하면서 천주교 교리의 천주·영혼 등의 개념으로부터 많은 영향을 받았다. 천주교 신앙은 도학의 정통의식에서 이단으로 철저한 배척을 받아 개항후 까지 지하신앙운동으로 지속되었다.

　조선 후기의 사회적 모순과 도학이념의 형식화를 비판하고 현실의 실용성과 합리성을 추구하는 개혁사상으로서 실학이 성장하였다. 실학은 개방적 자세로 양명학·서학 등의 새로운 지식을 받아들이며, 과학기술을 활용하고 신분적 억압질서를 개선하려는 근대적 의식에 눈떴고, 여기에서 우리의 역사·지리·언어 등에 관한 민족적 관심이 싹텄다.

실학사상의 발생기인 17세기에 이수광은 실심(實心)으로 실정(實政)을 행하고 실공(實功)으로 실효(實效)를 거두기를 요구하는 무실론(務實論)을 제시하며, 『지봉유설(芝峯類說)』에서는 백과전서적인 폭넓은 지식을 수용하는 개방적 자세를 보였다. 유형원(柳馨遠)은 토지제도를 비롯한 행정제도의 개혁론을 제시하였으며, "눈금이 잘못된 저울은 저울 노릇을 할 수 없다"라고 하여 도학의 근본주의에 맞서서 현실의 구체성을 강조하였다. 실학파가 성립되는 18세기에 이익의 성호학파는 제도개혁론과 더불어 서양과학에 대한 관심을 통해 실용적 합리성을 존중하며, 우리의 역사· 지리 등 국학연구를 활발하게 일으켰다. 홍대용(洪大容)· 박지원(朴趾源)· 박제가(朴齊家) 등의 북학파(北學派)는 도학의 배청의리론을 벗어나 청조의 생산기술을 적극적으로 수용하려는 실용적 관심을 보였으며, 이용후생(利用厚生)의 경제가 정덕(正德)의 도덕성에 기초가 되는 것으로 확인한다.

19세기는 실학사상이 전성기를 이루고 또한 쇠퇴하는 시기이다. 성호학파를 이은 정약용은 고증학· 양명학· 서학 등의 입장을 폭넓게 수용하여 독자적 체계로 방대한 경전주석을 하여 철학적 입장을 밝혔다. 그는 성리학이 인간의 성품을 '이'라 한 것과는 달리, 성품을 기호(嗜好)라 하여 선천적 본질이 아니라 후천적 실천을 중요시하였다. 그는 행정체제에 대한 개혁론의 체계적 저술을 남겼다. 북학파를 이은 김정희(金正喜)는 「진흥이비고(眞興二碑考)」에서 고증학의 실증적 연구방법을 금석학(金石學)에 도입한 업적을 남겼다. 실학파의 마지막 거장인 최한기(崔漢綺)는 근원적 실체를 '기' 또는 신기(神氣)라 하고, 현상을 '기'의 운화(運化)라고 하여 유기론(唯氣論)의 기(氣) 철학을 체계화하였다. 그는 인식작용의 경험주의적 성격을 철저히 분석하였고,

서양과학의 적극적 수용과 응용자세를 보여주고 있다.


## 9.5 근대적 위기와 변혁

　개항(1876)과 더불어 서양의 근대문물은 압도적으로 밀어닥쳤다. 도학이념은 서양을 오랑캐로 규정하고 서양문화를 인간의 욕망만 개발하는 반도덕적인 것으로 파악하여 엄격하게 배척하였다. 여기서 이른바 한말의 척사위정론(斥邪衛正論)이 등장하였다. 사실상 서양과 일본은 당시 제국주의적 침략의지를 보였다. 이에 따라 도학파는 국가존망의 위기의식과 문화적· 이념적 위기의식 속에서 오랑캐에 대한 양이론(攘夷論)의 전통적 배척의리와 이단에 대한 척사론(斥邪論)의 정통적 배척의지를 한층 더 강화하여 척양(斥洋) 및 척왜(斥倭)의 배척과 저항정신으로 침략세력에 항거하였다.

　19세기 말은 정치적 위기상황이었지만 동시에 성리학도 활발한 논쟁 속에서 융성하였다. 이항로(李恒老)· 기정진(奇正鎭)· 이진상(李震相) 등은 주리론을 더욱 강화하였다. 이들은 마음의 본체를' 이'라 하고 심지어 심즉리설[양명학의 입장과는 구별됨]을 주장하기도 하였으나, 전우(田愚) 등의 마음을' 기'라 보는 입장도 있어서 이 시대의 성리학적 과제는 인간의 마음을 이기론으로 파악하는 데 집중되었다. 역사적 위기 속에서 인간의 주체적 결단의 근거인 마음의 문제가 철학적 과제로 제기되었다고 할 수 있다.

　도학이 전통을 고수하는 수구론(守舊論)에 집착하고 있는 데 반하여, 서양의 기술과 제도를 도입하여 우리의 힘을 강화하자는 자강론(自强論)은 사회개혁을 추구하는 개화론(開化論)으로 나타났다. 개화사상은 전통의 세습적 신분제도를 폐지하고 산업·정치·교육 등의 제도에서 서양의 근대질서를 도입하는 과감한 개혁론이다. 전통의 의복에 상투와 갓을 갖춘 의관(衣冠)을 지키려는 도학의 수구론에 대해 양복 입고 머리 깎은 개화파의 개혁론이 대립을 극단화하였을 때, 서양의 기술을 받아들이면서 전통의 정신적 규범들을 지켜서 서로 조화시키려는 절충적 입장으로서 동도서기론(東道西器論)이 나타났다. 김윤식(金允植)은 개화론자이면서 " 신학(新學, 서양학문)의 체계가 공자의 교육과목[六藝]과 상통한다" 하여 전통과 근대질서의 조화를 강조하였고, 도학의 학통을 이은 이인재(李寅梓)는 성리학의 이일분수설(理一分殊說)로써 다양한 민심을 통합하는 헌법의 의미를 해석하였으며, 『고대희랍철학고변(古代希臘哲學攷辨)』을 저술하여, 우리나라 학자로서는 처음으로 서양철학을 체계적으로 평가하고 이해하였다.

19세기 후반에는 조선왕조의 질서가 붕괴하면서 사회저변층의 동요가 심하였다. 이런 상황에서 민족의식을 고취하면서도 민중의 고통을 구제하려는 종교운동이 일어나서 큰 세력을 형성하였다. 그 중 가장 대표적인 것은 최제우(崔濟愚)가 일으킨 동학(東學)이라 할 수 있다. 동학은 1894년 민중혁명을 일으키기도 하였으며, 일본의 침략에 저항하는 민족종교로서 성장하였다. 동학[뒤에 天道敎로 개명]은 " 하느님을 모신다[侍天主]" 라고 하고, " 사람 섬기기를 하느님 섬기듯이 하라[事人如天]" 고 하며, " 사람이 곧 하늘이다[人乃天]" 라는 기본교리에서 인간과 하늘의 일치를 통한 인간존중 사상의 극대화를 제시하고 있다.

개화사상이 대중교육의 필요성을 각성하고 더구나 국권을 상실하는 역경에서 애국계몽사상으로 활발한 활동을 전개하였으며, 도학파에서도 개혁의식을 지닌 인물들은 은둔의 소극적 저항이 아니라 적극적 개혁운동을 일으켰다. 박은식(朴殷植)은 『유교구

신론(儒敎求新論)』에서 양명학의 입장으로 유교개혁을 추구하였
고, 장지연(張志淵)은 진화(진보)· 평등· 겸선(박애) 등의 근대적
정신으로 유교이념을 재해석하였다. 이병헌(李炳憲)은 강유위(康
有爲)의 금문경학(金文經學)과 공교회(孔敎會) 운동의 영향을 받
아「유교복원론(儒敎復原論)」을 통해 유교 개혁이론을 전개하였
으며, 유교에 종교와 철학을 통합하는 체계로서「유교위종교철학
집중론(儒敎爲宗敎哲學集中論)」을 제시하였다.

불교에서도 백용성(白龍城)· 박한영(朴漢永)은 불교이념의 각
성과 교단의 개혁을 추구하였다. 한용운(韓龍雲)은『불교유신론
(佛敎維新論)』을 통해 불교의 현대적 개혁을 주장하였으며, 참된
자아[眞我]를 의미하는 진여(眞如)와 현상적 자아[現象我]를 의미
하는 무명(無明)을 대립시켜서, 불교는 무명을 극복하고 참된 자
아를 발견하는 철학적 종교임을 지적하였다. 그 밖에 전병훈(全
秉薰)은 유· 불과 서양철학을 융합하여 심리철학· 도덕철학· 정
치철학에서 일관된 철학체계를 추구하여『정신철학통편(情神哲學
通編)』을 저술하였다. 여기에서 그는 칸트의 세계정부론· 영구평
화론을 극찬하면서 자신의‘ 세계통일공화정부’ 를 구상하기도 하
였다.

오늘날 한국철학은 유교· 불교· 도교적 배경의 전통철학과 서
양철학이 양립하거나 복합되어 다양성을 보여주고 있다. 또한 우
리는 남북이 이데올로기의 극단적 대립을 이루며, 사회 안에서
물질적 가치의식과 정신적 가치의식 사이에 갈등과 불균형을 나
타내고 있다. 이러한 대립과 불균형을 극복하여 조화를 실현하는
것이 현실의 절실한 과제이며, 우리의 현실문제를 밝히고 해결하
기 위한 철학적 근거를 탐구하는 끊임없는 노력이 앞으로 한국
철학의 창조적 업적을 산출할 것으로 기대할 수 있다.

# 10. 한국윤리사상과 종교적 전통

## 10.1 한국윤리사상의 흐름

윤리사상은 전통문화의 모든 영역에서 중심축을 이루고 있다. 우리는 민족 시원의 신화나 각 시대사상에서 다양하고 복합적인 가치관과 윤리사상의 전통을 이해하게 된다. 시조신화인 단군신화 속에서는 한국인이 지닌 가치관의 원형적 모습을 찾아볼 수 있다.

하느님[桓因]의 아들[桓雄]은 인간세상을 탐내어 구하였고[貪求人世], 곰과 호랑이 등 땅 위의 짐승들은 인간이 되고자 갈구하였다[願化人間]. 이들은 모두 하느님이 선택해준 신성한 땅이요, 인간을 널리 이롭게 할 수 있는[弘益人間] 복된 자리인 태백산의 신시(神市)에 모여들었다.

이처럼 하늘 위의 신들이나 땅 위의 짐승들이 모두 인간을 지향한다는 신화적 인식에서, 우리는 현세긍정의 세계관과 민족자존의 민족의식 및 인간존중의 가치관이 소박한 형식이지만 선명하게 표현되고 있음을 본다.

첫째, 현세긍정의 세계관은 우리들이 살아가는 현실세계를 질서있고 신성한 세계로 추구한다. 우리 민족의 선조는 일찍부터 사후세계나 천상세계가 아니라 이 세상에서 하늘의 뜻에 일치하기를 추구하는 오랜 전통이 있다. 고대사회에서는 부여의 영고(迎鼓), 예(濊)의 무천(舞天), 고구려의 동맹(東盟) 등 가을추수를 마치면 제천(祭天) 의례를 베풀었다. 공동체가 함께 조상신과 천지신명께 감사하는 제사에 이어 며칠 밤낮을 술 마시며 노래하고 춤추는 축제를 벌여 즐겼다. 제사와 축제를 통해 공동체를 통합시키는 기능과 동시에 우리가 사는 이 세상의 기쁨을 적극적으로 긍정하는 태도를 보여준다.

삼국형성기에 중국 한(漢)나라에서 전파되어 온 유교문화는 국가와 가족윤리를 중심으로 사회의 통합과 질서에 기여함으로써 우리 민족의 현실긍정적 사유를 더욱 세련된 이론으로 정착시켜 갔다. 이에 비해 4세기 후반에 전래해 온 불교의 세계관은 고통과 번뇌에 속박된 차안(此岸)의 윤회를 해탈하여 피안(彼岸)의 열반을 추구하는 현실부정적 성격을 지닌다. 그러나 격심한 갈등을 겪는 삼국사회의 절박한 정신적·도덕적 요구에 상응하여 불교는 대승의 보살도(菩薩道)로써 현실세계 속의 중생을 제도(濟度)하는 데 힘써 왔다. 원광(圓光)법사가 진평왕의 요구로 수나라에 군사를 요청하는 걸사표(乞師表)를 지은 것은 수행자인 승려도 한 나라의 백성이라는 현실세계에 대한 책임감을 성실하게 밝힌 것이다. 신라의 충담(忠談)스님도 경덕왕을 위해 지은 향가인 안민가(安民歌)에서 "임금은 아비요, 신하는 사랑스런 어미요/백성은 어린 아해라고 여기시면/백성은 사랑을 알 것이외다"라 노래하여, 유교의 애민(愛民)사상과 불교의 자비사상을 잘 조화시켜 표현하였다. 한국불교의 전통에는 내세에 극락왕생(極樂往生)하기를 기원하는 아미타(阿彌陀) 신앙과 현세의 고통에서 구제받기를 기원하는 관세음(觀世音) 신앙이 병행하고 있다. 또한 이 땅에서 진신(眞身)부처를 발견하는 불국토(佛國土)신앙과 더불어 부처의 하강과 불국(佛國)의 실현을 기다리는 미륵하생(彌勒下生)신앙에서 현세긍정의 신념이 강렬하게 표현되어 왔다.

둘째, 민족자존의식은 문화적 긍지, 국가수호를 위한 충절정신, 외민족의 침략에 대한 강인한 항거의식에서 찾아볼 수 있다. 우리는 일찍부터 우리의 땅을 천신(天神)이 하강하신 신성한 땅[神

市]이요, 군자국(君子國) 또는 예의지국(禮義之國)이며 불국토라
는 강한 민족적 자긍심을 지켜왔다. 그러나 사양하기를 좋아하고
다투지 않는다[好讓不爭]는 유순한 성격의 선조들도 고구려의 대
수당(對隋唐) 항전이나 삼국통일을 위한 신라의 대당(對唐)항전
처럼 용맹하고 강인한 국가수호의지를 발휘하였다.

국가간의 심각한 갈등 속에 급격히 성장하는 삼국사회가 요구
하는 가장 절박한 문제는 국가의 강건한 결속을 도모하는 것이
다. 이를 위한 공동체의 통합규범으로서 세속오계(世俗五戒)의
충절·효도·신의·의용 등 덕목들이 유용하였다. "국가의 위기
를 보고 목숨을 바치면 충성과 효도를 모두 온전히 할 수 있
다"는 아버지의 훈계를 좇아 적진에 뛰어들었던 반굴(盤屈)의 의
용(義勇)이나 "차라리 신라의 개 돼지가 될지언정 왜국의 신하는
될 수 없다"고 일본왕의 회유를 거절한 박제상(朴堤上)의 충절
(忠節)은 삼국사회의 시대정신을 이룬다. 조선시대의 유교는 사
회적 정통성의 도덕적 기초로서 의리정신을 강화하였다. 의리정
신은 국가기강을 무너뜨리는 이욕(利慾)의 추구를 거부하며, 국
가의 존립을 위협하는 외민족의 침략에 저항한다. 려말선초의 왕
조교체 과정에서 보여준 가치관은 고려왕조에 충절을 지키는 절
의파(節義派)와 새 왕조에 참여하는 혁명파로 양극화되었다. 그
러나 세종대왕 때에 오면 조선왕조의 개국공신을 버려두고 고려
왕조에 절의를 지킨 정몽주(鄭夢周)와 길재(吉再)의 충절을 기렸
다. 그것은 공신(功臣)들의 실리적 가치가 아니라 충절의 의리적
가치를 높인 것이다.

병자호란 때 국가존망의 위기 앞에서 실리적 판단으로 화친을
주장하는 주화파(主和派)와 의리적 판단에서 화친을 거부하는 척
화파(斥和派)가 대립하였다. 실리적 판단에 따라 인조는 청 태종
에게 항복하였지만 청나라에 저항하는 배청론(排淸論) 내지 북벌

론(北伐論)의 의리적 신념이 조선조 후반의 시대이념으로 대두되었다. 조선말기 서양과 일본의 무력침략을 당하자 당시 선비들은 척화론(斥和論)을 계승하여 척양(斥洋)· 척왜(斥倭)를 표방함으로써, 침략의 야만성을 배척하고 우리 민족을 문화수호의 최후 보루라는 확신을 밝혔다. 일제에 국권을 강탈당했을 때에도 엄청난 희생을 치르면서 의병운동에 이어 민족독립운동을 끈질기게 지속한 것은 민족수호를 위한 의리적 신념에 근거한 것이다.

한국불교는 민족사의 위기 때마다 국가수호의 의지를 적극적으로 발휘하여 민족의식과 불교신앙이 융화된 호국신앙의 전통을 면면하게 계승해 왔다. 일본과 중국을 비롯한 외민족의 침략을 막고 항복받기를 기원하여 황룡사의 9층탑을 세운 것은 사찰의 호국기능을 의미한다. 문무왕은 자신이 죽은 뒤에 비록 축생(畜生)으로 추락하더라도 호국의 용(龍)이 되어 불교를 받들고 나라를 수호하겠다고 발원하여 동해의 대왕암(大王巖)에 장사지내게 한 것은 불교신앙을 호국의지로 연결시키고 있다. 고려왕실이 거란과 몽고의 거듭된 침략에 대해 부처의 가호로 침략군을 막고자 대장경의 판각을 발원하고, 조선중엽 임진왜란에 서산대사· 사명당 등이 승병(僧兵)을 일으켜 항전한 사실은 한국불교의 호국신앙적 전통이 면면히 계승된 것이다.

셋째, 인간존중의 가치관은 인간성품의 이해나, 인륜(人倫)의 도덕성 및 민본(民本) 사상에서 확인된다.『삼국유사』에 실린 풍부한 불교설화는 인간존중의식과 불교신앙의 놀라운 조화를 보여준다. 이 불교설화에서는 부처와 보살이 때에 따라 빨래하는 아낙네, 임신한 여인, 남루한 승려, 미치광이 거사, 밭 가는 늙은이 등 지극히 범상한 인간의 모습으로 나타난다. 그것은 우리가 어디서나 만나는 인간에서 부처와 보살을 발견하도록 각성시켜준다. 또한 신분의 귀천, 재산과 학식의 유무를 가리지 않고 모든

인간에 대한 존중의식의 진실한 실천을 가능하게 한다." 일체만
물이 모두 불성(佛性)을 지닌다"는 대승불교의 신념이나 "성품을
깨달으면 부처를 이룬다[見性成佛]"는 선(禪)불교의 가르침에 따
라 한국불교는 모든 인간이 부처가 될 수 있다는 가능성에서 평
등함을 깨닫게 함으로써 인간존중의식을 확보한다. 또한 조선시
대에 성행한 성리학은 하늘[天命]과 인간[人性]의 근원적 일치[天
人合一]에 대한 이해를 심화시켰다. 인간성품 속에서 천명을 발
견하며 성품이 선함[性善]을 확신하는 것은 인간존중의 정당성을
확인하는 기초가 되고 있다.

　조선말기에 발생한 동학(東學, 天道敎로 개칭)은 인간존중의
의식을 훨씬 구체적이고 직접적으로 표현하고 있다. 교조 최제우
의 "천주를 모시라[侍天主]"는 교시에 이어서 "사람 섬기기를 하
늘 섬기듯이 하라[事人如天]" 하고, "사람이 곧 하늘이다[人乃
天]"라 가르친다. 동학의 교리는 인간이 자신 속에 하늘을 내재
화시키면서 동시에 다른 인간의 존엄성을 하늘과 동일시하여 누
구나 하늘처럼 섬기게 한다. 나아가 그것은 모든 인간이 하늘과
일치함을 자각하게 함으로써 인간의 존엄성을 극대화시키는 선
언이다.

　유교윤리는 구체적 인간관계의 규범으로서 오륜(五倫)을 밝히
는 윤리이다. 오륜의 덕목은 삼국사회에서도 기본 도덕규범으로
역할하였으며, 원광의 세속오계와도 긴밀하게 연관된다. 이에 비
해 조선 후기의 실학자 정약용은 위[부모]와 아래[자녀]와 좌우
[형제]에 대한 효도[孝]·자애[慈]·우애[悌]의 가족윤리적 덕목을
마을과 국가에로 확장시켰다. 또한 그는 도덕을 인간이 서로 만
남을 잘 하는 것으로 보고, 근본적 도덕규범은 내 마음을 남에게
미루어 일치시키는 서(恕)로 규정한다. 서(恕)는 인간관계의 상호
평등적 일치인 추서(推恕)요, 자기중심의 관용인 용서(容恕)와 구

별시켰다. 인간이 서로의 평등성을 전제로 하여 인격적 일치의
만남을 이루는 것은 진정한 인간존중의 실천에 필수적이다.

　인간존중의 실천은 사회적 현실로 나아가야 한다. 삼국시대에
서 백성에 대한 군왕의 태도는 국가의 도덕성을 보여준다. 신라
의 유리니사금은 겨울에 한 노파가 얼어죽은 것을 보고서 " 백성
을 먹여 살리지 못하여 이런 지경에 이르게 했으니 이것은 나의
죄다"라 자책하고서, 나라 안의 곤궁한 백성을 보살피게 했다.
임금이 한 백성의 굶주림에도 책임지는 자세는 권력에 의한 지
배가 아니라 백성에 대한 사랑[愛民]과 보호[保民]를 통치윤리[王
道]로서 실천하는 것이다. 진흥왕순수비에도 임금의 도리[王道]를
' 자신을 닦아서 백성을 편안하게 하는 것[修己以安百姓]' 이라
하여 백성을 통치의 목적으로 삼는 위민(爲民) 사상을 밝혀준다.
" 나라는 백성을 근본으로 삼고, 백성은 식량을 근본으로 삼는
다"는 고려 성종의 교서(敎書)에서 백성이 국가의 근본이라는 민
본(民本)사상을 확인할 수 있다. 백성을 국가에 예속시켜 통치의
수단이나 대상으로 삼는 것이 아니라, 목적이요 근거로 삼는 것
은 사회적인 인간존중의 실현이다.


## 10.2 한국윤리사상의 특징

　우리의 전통사회는 강한 윤리의식에 의해 지탱되어 왔다. 시대
에 따라 윤리사상의 성격이 달라져도 전통윤리사상의 핵심적 특
징은 인간 속에서 천명을 확인하는 인도(人道)정신의 전통과 사
회통합을 위한 다양성의 융화정신 및 사회적 정당성의 확립을
위한 의리정신에서 찾아볼 수 있다.

　첫째, 인도적 윤리사상은 단군신화에서 보는 홍익인간(弘益人

間)의 이념을 비롯한 인간애의 실천에서 드러나는 전통윤리의 기본 흐름이다. 홍익인간은 풍요한 삶과 선량한 인심, 화평한 풍속의 사회를 추구하는 인도적 이념이요 윤리의식의 이상이다. 국가에서 통치자의 애민정신으로 어진 정치[仁政]를 실천하는 유교의 왕도사상뿐만 아니라 개인의 자비심을 실천하는 불교신앙의 보살행은 홍익인간의 확장으로 볼 수 있다. 인도적 정치는 권력과 형벌로 강압하는 법치(法治)가 아니다. 도덕과 예법을 기초로 백성의 자각과 자율을 존중하는 덕치(德治)이다. 조선사회에서 시행된 향약[呂氏鄕約]은 4조목[德業相勸· 過失相規· 禮俗相交· 患難相恤]을 기초로 향촌질서를 인도적 윤리의식으로 강화시켰다.

  인도정신은 인격적 신의와 공경과 진실성에서 잘 드러난다. 신라의 강수나 설씨녀가 부모의 명령조차 거스르면서 처음의 혼인 언약을 지킨 것은 이기심을 극복하고 인간의 신의를 존중하는 인도적 행위다. 효도와 충성은 진실한 인격적 사랑과 신의를 기초로 한다. 권위에 맹목적으로 순종하는 예속적 태도는 허위요 허식일 뿐이다. 인도정신의 진실한 인간애는 공경하는 마음에서 가능하다. 이황(李滉)에 의해 특히 강조되는 경(敬)은 진실을 지향하는 각성된 마음이요, 마음을 단속하여 집중하는 인격적 상태이다. 공경함이 없으면 이기심이나 자만심에 빠져 인간애· 신의· 효도· 충성 등 모든 덕목이 부패하여 형식적이고 위선적이 될 위험이 크다. 높이 하늘을 마주하는 공경은 자신을 겸허하게 하고 남을 존중하는 인도의 기본자세다. 나아가 인간애의 완성은 하늘과 인간과 만물이 일체를 이루는 성(誠)에서 찾아진다. 성은 거짓이 없는 진실성이다. 성은 차별이 없는 일체화와 의식적 노력 없이 자연스럽게 실현된다. 인간과 자연이 일체화되는 인간애의 진실한 실현은 바로 인도정신의 극치요, 동시에 천도(天道)로서의 성(誠)을 의미한다.

부처와 보살이 인간에게 베푸는 자비에서나 인간이 다른 인간과 사물에게 행하는 자비에서 불교신앙의 인도적 성격이 드러난다. 분황사의 벽화에 그려진 천수관음상(千手觀音像)에게 천개의 눈에서 하나를 드러내어 눈을 뜨게 해 달라고 간청하는 노래를 불러서 눈먼 어린자식의 눈을 뜨게 하였다는 신라의 불교설화가 있다. 자비는 보살이 자신의 눈을 눈먼 아이에게 주듯이 자신의 희생을 무릅쓰고 남을 사랑하는 이타심(利他心)의 실행이다. 이기심을 버리고 모든 생명을 살리며 해치지 않는 자비심의 보살행은 인도정신의 가장 진지한 실천이다.

둘째, 의리정신은 한국 윤리전통의 중심축을 이루며 개인의 가치의식이나 국가의 위기에 대한 대응에서 매우 강인하게 실천되어 왔다. '동방예의지국' 이라는 우리가 즐겨 쓰는 호칭처럼 예의(禮義)는 한국의 민족문화적 핵심으로 이해된다. 유교적 도덕의식은 예의와 염치(廉恥)를 인간다움의 필수조건으로 강조한다. 예의[예법과 의리]에 어긋났을 때 자신의 잘못을 부끄러워할 줄 아는 것이 염치심이요, 염치가 있으므로 예의를 어기지 않게 된다. 염치의 부끄러워하는 마음은 동물과 구별되는 인간의 특성으로 강조되기도 한다. 염치심에서 예법과 의리는 겉과 속의 관계로 만나게 된다. 예법이 의리에 근거한 구체적 행동양식이라면, 의리는 예법의 정당성을 판단하는 기준이다. 우리의 전통윤리에서 의리정신은 어떤 권위나 집단에 복종하는 예속적 의리가 아니다. 우리 민족이 예법과 의리를 자부해온 사실은 도덕적 정당성에 대해 적극적 관심과 불의에 대한 수치심을 지니고 있음을 의미한다. 이러한 의리의 실천은 불의에 대해 준엄한 비판과 거부태도를 보여주며, 용기를 동반한 의용으로 나타난다. 유혹과 위협의 양면성을 지닌 불의에 대해 타협하고 변명하는 비굴함은 의리와 용기의 결핍에서 온 것이다.

우선 의리는 이욕과의 구별[義利之辨]로서 드러난다. 이상적으로는 이익이 의리와 조화를 이루는 것이다. 그러나 현실적으로는 인간의 이기적 이익은 공공의 의리와 대립되기 쉽다. 조광조(趙光祖)는 국가의 병통이 이욕의 근원에 있다고 파악하고, 이욕의 근원을 막을 것[塞利源]을 자신의 임무로 삼았다. 또한 의리는 개인간에서 국가 사이까지 다양하게 나타난다. 임금과 신하의 관계도 의리가 없으면 성립되지 않는다. 의리정신을 담당하는 주체인 선비로서는 관직에 진출할 때와 물러날 때를 분별하여 올바르게 판단하는 의리[出處之義]를 중요한 행동기준으로 삼았다.

불의한 폭력이나 외국의 침략세력에는 생명을 바쳐 항거하여 절의(節義)로써 의리정신을 발휘한다. 임진왜란 때 의병장인 조헌(趙憲)은 결전에 앞서 "의(義)에 부끄럽지 않게 죽고 살자"고 맹세한 뒤 7백 의사(義士)와 함께 전사하였다. "생명을 버려서 의리를 취한다[舍生取義]"는 격언처럼 의리를 생명보다 높은 가치로 받아들였다. "임금은 사직을 지키다 죽어야 한다"는 조식(曺植)의 언급은 임금에게도 지켜야 할 절의를 강조한다. 나아가 국가간에도 문화를 존중하고 야만성을 배척하는 의리를 춘추대의(春秋大義)로서 중시된다. 국가간의 외교관계는 대의를 기준으로 삼아 무력에 의한 야만적 침략을 배척한다. 예의를 표방하는 우리 민족이 문화적 중심으로서 강한 자부심을 내세웠던 것도 춘추대의의 실천으로 이해된다.

셋째, 융화(融和)정신은 정통주의와 대조적으로 다양한 종교사상과 가치관들이 공존해 왔던 한국사회의 현실에서는 다양성의 조화를 통해 공동체 내의 긴장을 해소하며, 사회통합에 기여하는 전통윤리사상의 생동적 표출이다.

최치원은 화랑 난랑(鸞郎)의 비문에서 우리 민족의 고유사상으로서 깊고 오묘한 도리[玄妙之道]인 풍류(風流)를 제시하고, 풍류

사상이 3교[儒· 佛· 道]를 포함하여 생명을 직접 교화하고 있음을 강조하였다. 유불도 3교는 세계관과 가치관에서 상당한 차이를 지닌 외래사상이다. 그럼에도 불구하고 그 이질적인 다양성을 수용하여 종합할 수 있다는 것은 한국사회의 정신적 포용성과 융화정신을 보여준다. 다양성의 융화는 우리의 문화적 창조형식으로서 중요한 특성을 이룬다. 고구려의 연개소문은 보장왕에게 도교를 새로 수입하여 유교· 불교와 함께 정족(鼎足)의 형세를 이루도록 하였던 사실이 있다. 3교관계를 상호보완적으로 파악하는 융화정신의 표현이다. 여러 종교사상들 사이의 균형은 사회의 안정과 조화를 가능하게 하는 것으로 본다.

불교는 여러 종파들 사이의 대립을 극복하기 위한 논리가 탐색되어 왔다. 원효는 당시에 대표적인 쟁점인 유(有, 唯識)와 무(無, 中觀)의 대립을 통합하는 일심(一心)의 화쟁(和諍) 사상을 제시하였으며, 고려의 지눌(知訥)도 선종과 교종을 통합하여 성기설(性起說)로 체계화한다. 이러한 한국불교의 융화사상은 조선시대에 유교의 엄격한 억압을 받았으나 함허당(涵虛堂)의 「현정론(顯正論)」과 서산대사의 『삼가귀감(三家龜鑑)』은 3교가 진리에서 일치함을 강조하여 유교와의 조화를 추구하고 있다.

조선시대의 도학(道學)은 정통주의적 이념에서 불교· 도교와 더불어 근세에 수용된 천주교[西學]도 이단으로 규정하여 비판하고 배척하였다. 정통주의는 한 사회에 일관된 가치관과 사회질서를 정립하는 데 기여하지만, 새로운 문물에 대한 개방적 수용과 진보적 자기혁신의 기능이 미약하다. 도학적 전통사회는 이이 등에 의해 자기변혁[更張]이 추구되기도 하였으나, 실학파와 개화파의 비판을 받았던 것이 사실이다. 다른 사상을 포용하는 융화정신은 열린 사회를 뒷받침하고 사랑과 관용의 가치를 배양한다. 이에 비해 배타적인 정통주의는 닫힌 사회를 수호하여 강직한 의리와 지조의 가치를 배양하고 있다.


## 10.3 전통윤리의 현대적 전개

전통사상은 근대적 전환기에서 폐쇄적이고 보수적인 입장을 고수하여 사회변화에 능동적 대응을 하지 못하였다. 이에 따라 서구의 근대문물을 수용하는 개화사상과 산업화를 추구하는 근대화과정에서 전통적 가치관은 봉건적이요, 전근대적인 것이라는 전반적 비판과 파괴를 당했다. 일제 식민통치의 민족문화 말살정책을 겪고 서구지향적 근대화 과정에서 무관심과 냉대를 받은 전통문화는 오늘의 한국사회와 사이에 실질적으로 깊은 단절의 골이 파여 있다. 이제는 전통윤리의 규범은 물론 우리가 자랑하던 유구한 전통의 민족문화유산도 먼 외국문화처럼 생소하게 느껴지기도 한다. 그러나 오늘날 우리는 한편으로는 사회발전을 위해서 새로운 기술과 문화의 수용이 지속되어야 하지만, 다른 한편으로는 민족적 자기발견과 자주성을 확보하기 위해서 전통적 가치관을 새롭게 발견하고 창조적으로 재해석할 필요를 절실하게 갖고 있다.

우리의 문화전통은 항상 외국의 우수한 문물을 수용하여 발전시켜 온 경험을 갖고 있다. 신라의 최치원도 진감(眞鑑)국사비문에서 "도(道)는 사람에 멀지 않고, 사람은 나라에 따라 다르지 않다. 그러므로 우리의 젊은이들이 불교도 하고 유교도 한다"라 하였다. 전통의 포용과 융화원리는 종파주의를 넘어서 성립하는 보편성의 근거로서 도를 강조한다. 전통문화는 폐쇄적인 낡은 껍질을 벗고 자기혁신을 통하여 폭넓은 합리성의 각성이 요구된다. 우리는 어떤 사회에도 통용되는 보편적인 도이며, 동시에 우리의 삶과 긴밀한 인간의 도[人道]요, 나와 민족의 자주적 존립에도 기여할 수 있는 가치관을 요구한다. 우리는 서구문화를 수용하면서 합리성과 동시에 전통과의 조화를 추구함으로써, 서구문화는 민족의 자주성과 결합되고 전통문화는 새롭게 자기혁신을 할 수 있게 된다.

전통윤리사상은 자기혁신을 통해 오늘의 한국사회에서 신선한 역할과 기여를 할 수 있는 여지가 크다. 인간성의 의미 깊은 발견과 정당하고 화평한 사회의 실현, 그리고 민족문화의 창조기능을 제공할 수 있다.

대량생산의 고도산업화로 발전한 현대사회는 인간의 삶을 풍요하고 편리하게 하면서 동시에 기계적 효율성과 물질적 가치에 빠져들어 비인간화(非人間化)시키며 엄청난 파괴를 유발할 수 있다는 반성이 강하게 제기되었다. 자동화하고 계량화된 사회질서는 능률적인 만큼 인간의 자율성이 제약되는 고통을 초래하기도 한다. 인간관계를 존중하는 전통윤리는 현대사회에 인정적인 영혼을 불어넣어 줄 수 있다. 효도·자애·우애의 가족적 인간관계를 중요시한 전통윤리는 합리적 사회질서의 불안정한 균형을 강한 인정적 유대로 결속시켜 준다. 직장과 지역사회 및 국가는 생산적 기능만 있는 것이 아니라 가족적 사랑과 보호의 기능을 확보할 때, 개인과 공동체는 서로 보호하고 향상시키는 기능을 한다. 오늘날 아시아에서 경제성장이 활발한 현상도 유교사회의 전통적 가치관으로 설명되기도 한다. 물질적 풍요는 인간을 빈곤으로부터 해방시키면서 동시에 자만심과 향락을 촉발하여 도덕의식을 부패시킴으로써 사회를 붕괴시킬 위험이 있다. 이에 따라 겸손하고 근면하며 검소한 정신적 청덕(淸德)을 존중하는 전통윤리는 현대사회에서 개인과 공동체의 건강한 활력을 제공할 수 있다.

산업사회의 대량소비에 대해 전통윤리는 욕망의 절제를 실천하고 자연과 인간의 일체화된 조화를 추구함으로써 오늘날의 날로 심화되어 가는 환경오염과 자연의 파괴를 억제할 과제를 지닌다. 인간 삶의 높은 질은 대량의 소비와 소유를 통해서만 확보되는 것이 아니다. 자신의 욕망을 통제할 줄 알며 자신의 소유를 균평하게 분배할 줄 알 때 물질화로부터 인간성의 회복이 가능할 것이다. 나와 남의 만남을 깊은 이해로 일체화하는 서(恕) 곧 인(仁)은 전통윤리가 배양할 수 있는 참된 인권과 열린 주체성의 특성이다. 그것은 또한 오늘의 우리 사회가 앓고 있는 이기적 개인주의의 질병을 치료하고, 우리의 공동체를 사랑과 신의로 결속시켜 줄 수 있는 인격의 준칙이다. 자신과 남을 가로막는 이기심과 독선의 담을 허물고 열린 사회를 형성하는 데 전통윤리의 인간애와 인도정신이 우리 시대에 새롭게 요구된다.

전통윤리는 오늘의 한국사회에 공동체의 정당성을 확립하고 통합의 기능을 제공할 수 있는 것으로 보인다. 가족적 질서도 권위적인 형태가 아니라 구성원의 상호적인 융화원리로 제시되지만, 어른을 공경하는 윤리적 전통은 가족과 국가사회 안에서 노인층이 소외당하는 것을 막아줄 수 있다. 개인이 가족적 친애로 존중되는 공동체는 그만큼 내부의 긴장이 적고 안정성을 누릴 수 있다. 가족의식의 지나친 집착은 사사로운 인정에 흘러 사회적 합리성을 해칠 위험이 있지만, 국가를 비롯한 모든 사회공동체는 전통적인 가족윤리의 확립을 기초로 한다.

현대사회에서는 민주주의의 평등원리에 따라 전통사회의 신분적 차별과 권위적 억압을 제거하였다. 그러나 민주주의를 우리 사회에서 발전시키고 정착하는 데는 전통윤리의 민본사상이 기여할 수 있는 여지가 있다. 민본사상은 주권의 소재와 감독에 관심을 기울이지 않지만, 국가는 백성을 근본으로 삼고 사회의 유

기적 조화와 인격적 일체감을 추구하였다. 따라서 민주주의 제도
에서 사회가 지나친 경쟁과 이해관계의 대립에 빠질 때 민족적
정신은 다수의 원칙에서 결정하기에 앞서 서민대중을 정치적 정
당성의 근본으로 확인하고 전체의 조화를 위한 양보와 조정을
존중한다. 국시(國是)의 기준으로 인정되는 공론(公論)은 여론(輿
論)과 달리 다수의 의견이 아니라 양식 있는 공변된 의견이라는
의미를 갖는다. 민본사상에서의 언로(言路)는 서로의 의사소통을
위해 넓혀져야 할 것으로 바른 말[正言]을 요구하는 윤리적 의미
를 지닌다. 민본사상은 민주주의 아래서 다수의 독재를 바로잡는
기능을 할 수 있으며, 법률적 합법성만이 아니라 도덕적 정당성
을 요구함으로써 우리의 현대사회가 민주주의의 발전과 더불어
도덕적 정당성을 확보하도록 이끌어갈 수 있다.

　우리가 언제까지나 서구문화를 수입하기만 한다면 문화적 예
속으로 민족적 주체성을 확보하기는 불가능하다. 그만큼 우리는
전통문화의 계승과 서구문화의 수용을 통해서 우리의 현실에 적
합한 자주적 현대문화를 창조해야 할 과제를 안고 있는 것이다.
윤리사상에서 우리의 서민윤리는 세계인을 지향하면서도 우리의
독특한 개성을 살릴 필요가 있다. 거리에서 누구나 서로 가족적
호칭으로 부르는 인간관계는 우리 사회의 친밀한 결속력을 강화
해 준다. 또한 어른에 대한 공대말을 쓰며 자리를 사양하여 공경
하는 풍속은 우리 사회를 더욱 품위 있게 지켜준다. 균평하고 공
정한 가정과 사회의 결속을 위해서도 전통윤리는 남녀차별의식
을 제거하는 데 적극적인 자기혁신이 필요하다.

　오늘의 한국사회는 세계의 온갖 종교와 사상들이 각축을 벌이
고 있으며 양극적 이데올로기가 대치되고 있는 현실에 놓여 있
다. 여기서 다양한 종교와 사상의 수용은 우리의 문화를 다양하
고 풍성하게 해 주지만, 동시에 서로의 이질적 성격에 따른 갈등

은 사회통합에 심한 위험요인이 되기도 한다. 우리가 당면한 종교적 사상적 다원화 현상 속에서는 독선적이고 배타적인 태도는 격심한 충돌을 불러일으킬 수 있다. 이러한 상황에서 전통의 융화정신은 다원적 구성요소를 갈등이 아니라 조화로 이끌어 창조적 기능을 발휘하게 할 수 있다. 다원성의 융화는 더욱 높은 차원에서 공통의 진리를 각성하거나, 사회적 또는 국가적 문제에 대한 공통의 관심에서 일치하거나, 겸양의 덕을 각성하여 상호적 평등성을 존중하는 것으로 실현될 수 있다. 융화정신은 과거에서처럼 오늘날에도 사회적 분열과 대립을 통합하는 데 강력한 힘으로 작용할 수 있는 것이 사실이다.

　전통윤리는 형식에서 많은 낡은 껍질을 벗어야 하는 것이 사실이지만, 그 본질적 정신을 새롭게 이헤한다면 우리 시대에서 의미 있게 전개될 수 있는 중요한 요소를 지녔다. 인도정신의 보편적 가치와 민족정신의 주체적 의식이 제시되고 있으며, 개인과 사회를 정의롭게 확립하려는 의리정신의 강인함이 지속적으로 요구되어 왔다.

# 11. 한국유교의 선비론

## 11.1 선비[士]라는 말뜻

선비는 학식과 인품을 갖춘 사람에 대한 호칭으로서 특히 유교이념을 구현하는 인격체 또는 신분 계층을 가리킨다. 선비는 한자어의 사(士)와 같은 뜻을 갖는다. 어원적으로 보면 우리말에서 선비는‘ 어질고 지식이 있는 사람’ 을 뜻하는‘ 선비’ 라는 말에서 왔다고 한다.‘ 선비’ 의‘ 선’ 은 몽고어의‘ 어질다’ 는 말인 Sait의 변형인 Sain과 연관되고,‘ 비’ 는 몽고어 및 만주어에서‘ 지식이 있는 사람’ 을 뜻하는‘ 박시’ 의 변형인‘ ㅂ이’ 에서 온 말이라고 분석되기도 한다. 이에 비하여 한자의 사(士)는‘ 벼슬한다’ 는 뜻인 사(仕)와 관련된 말로서 일정한 지식과 기능을 갖고서 어떤 직분을 맡고 있다는 의미를 갖는다. 『설문해자(說文解字)』에서는 사(士)의 글자 뜻을‘ 일한다’ 또는‘ 섬긴다’ [士, 事也]는 뜻으로 보아 낮은 지위에서 일을 맡은 기능적 성격을 지적하였다. 동시에 士는 十[수의 끝]과 一[수의 시작]의 결합으로 된 회의(會意)문자로 보고 있다. 곧 十을 미루어 一에 합한다고 풀이하면 넓은 데에서 간략한 데로 돌아오는 박문약례(博文約禮)의 교육방법과 통하고, 一을 미루어 十에 합한다고 풀이하면 하나의 도리를 꿰뚫는다[吾道一以貫之]는 뜻과 통하는 것으로 해석되고 있다. 이런 의미에서‘ 사(士)’ 는 지식과 인격을 갖춘 인격으로 이해될 수 있고, 그만큼 우리말의 선비와 뜻이 통한다.

중국에서‘ 사’ 는 은(殷)대에도 관직명칭으로 나타나지만 주

(周)대에서는 봉건계급 속에 한 신분 계급으로 드러났다. 곧 왕
(천자)· 제후· 대부· 사· 서인의 5등 봉건신분 계급에서 '사' 는
'대부' 보다 낮고 '서인' 보다 높은 신분이며 관료의 직분으로서
는 가장 하위에 속하는 계급이다. 또한 '사' 는 특히 학업과 관련
시켜 언급되는 사실을 볼 수 있다. 『예기(禮記)』에는 '5사(五
士)' 제도가 보인다. 마을에서 학업에 뛰어난 '수사(秀士)' 를 가려
서 사도(司徒)에게 추천하면 '선사(選士)' 가 되고, 사도가 선사
가운데서 뛰어난 자를 국학(國學)에 추천하면 '준사(俊士)' 가 되
며, 선사와 준사 가운데서 학문이 성취된 자를 '조사(造士)' 라
하고, 대악정(大樂正)이 조사 가운데 뛰어난 자를 왕에게 보고하
고 사마(司馬)에게 추천하면 '진사(進士)' 가 되며, 사마가 진사
가운데 현명한 자를 가려서 관직에 임명하는 것이다.

'사' 의 성격은 춘추· 전국시대에 공자와 맹자를 중심으로 유
교사상이 정립되는 과정에서 관직과 분리되어 인격의 측면이 뚜
렷하게 확인되었던 것이라 할 수 있다. 공자와 그의 제자들은 자
신을 '사' 의 집단으로 자각하였다. 그들은 관직을 목적으로 추구
하는 것이 아니라 도(道)를 실행하기 위한 수단으로 보았기 때문
에 유교이념을 실현하는 인격을 선비로 확립하였다.

공자는 도에 뜻을 두어 거칠은 옷이나 음식을 부끄러워하지
않는 인격을 선비의 모습으로 강조하였다. 제자인 자공(子貢)에
게 "자신의 행동에 염치가 있으며 외국에 사신으로 나가서 임금
의 명령을 욕되게 하지 않으면 선비라 할 수 있다"라고 말하면
서, 당시 정치에 종사하는 사람을 가리켜 "좀스러운 인물들이니
헤아려 무엇하랴"라 비평하였던 것도 선비는 관직이나 신분 계
급을 넘어서 인격적 덕성을 갖춘 존재로 지적하는 것이다.

선비의 인격적 조건은 생명에 대한 욕망도 넘을 만큼 궁극적
인 것으로 제시된다. 공자는 "뜻 있는 선비와 어진 사람은 살기

위하여 어진 덕을 해치지 않고 목숨을 버려서라도 어진 덕을 이
룬다" 하였고, 증자(曾子)도 " 선비는 모름지기 마음이 넓고 뜻이
군세어야 할 것이니, 그 임무는 무겁고 갈 길은 멀기 때문이다.
인(仁)으로써 자기 임무를 삼았으니 어찌 무겁지 않으랴. 죽은
뒤에야 그칠 것이니 또한 멀지 않으랴"라 하여 인(仁)의 덕목을
지적하였다. 자장(子張)도 " 선비가 위태로움을 당하여서는 생명
을 바치고, 얻어 가지게 될 때에는 의로움을 생각한다" 하여 의
로움의 덕목을 강조한다. 맹자는 " 일정한 생업이 없이도 변하지
않는 마음을 갖는 것은 선비만이 할 수 있다"라 하여 지조를 선
비의 인격적 조건으로 지적하고 있다. 이처럼 ' 사' 는 신분 계급
적 의미를 넘어서 유교적 인격체로 파악되고 있으며, 우리말의
선비가 지닌 인격적 성격과 일치할 수 있는 것이다. 선비는 유교
이념을 담당한 인격이라는 뜻에서 ' 유(儒)' 로도 쓰인다.
  ' 사' 는 신분적 의미에서는 바로 윗계급인 대부와 결합하여 사
대부(士大夫)라 일컬어진다. 곧 ' 사' 와 대부는 신분의 상승· 하
강이 가능한 연속적 관계이므로 통합하여 하나의 계급으로 삼은
것이다. 다른 한편으로 ' 사' 가 인격적 의미에서는 유교적 인격체
인 군자(君子)의 호칭과 결합되어 사군자(士君子)로 일컬어진다.
유교의 인격개념에도 계층적 단계를 엿볼 수 있다. " ' 사' 는 현인
을 바라고, 현인은 성인을 바라고, 성인은 하늘을 바란다"라는
주렴계(周濂溪)의 말에서도 ' 사' 는 현인의 아래단계로서 군자를
향하여 상승하고 있다고 할 수 있다. 또한 ' 사' 는 사회기능적 의
미에서 독서로 학문을 연마하여 관료가 될 수 있는 신분이다. 이
런 점에서 ' 사' 는 일반의 생산활동[농업· 공업· 상업]에 종사하
는 사람과 병칭되어, 사· 농· 공· 상의 이른바 사민(四民) 속에
서 첫머리에 놓인다. 선비는 백성과 결합하여 사민(士民)으로 일
컬어지기도 하고, 서인들과 결합하여 사서인(士庶人)으로 일컬어

지는 사실은 선비가 지배계층으로 올라갈 수도 있지만 대중들과
함께 피지배층을 이루고 있다는 사실을 보여주는 것이기도 하다.
이런 여러 의미 속에서도 우리말의 선비개념은 사군자의 인격적
성격을 핵심으로 삼고 있는 것이다.


## 11.2 선비의 역사적 유래

삼국시대 초기부터 유교문화가 점차 폭넓게 받아들여지게 되
자, 유교적 인격체인 선비의 덕성에 관한 이해가 성장하여 갔다.
고구려 고국천왕(故國川王) 때(2세기 말엽)의 을파소(乙巴素)는
은둔하여 밭길이하고 살다가 추천을 받아서 재상의 자리에 올랐
던 인물이다. 그는 재상의 책임을 맡고서 나올 때 말하기를,“ 때
를 만나지 못하면 숨어 살고 때를 만나면 나와서 벼슬하는 것이
선비의 떳떳한 일이다”라 하였다. 을파소는 자신의 처지를 선비
로 자각하였고 선비의 나가고 물러서는 도리를 명백하게 제시하
고 있다. 이 시대에는 봉건신분 계층으로‘ 사’ 계급이 형성된 것
은 아니지만 유교이념의 인격으로‘ 사’ 의 관념이 인식되었다. 삼
국사회가 발전함에 따라‘ 사’ 의 활동도 점점 뚜렷해진 것이 사
실이다.

고구려 소수림왕 2년(372)에 태학(太學)이 세워진 것을 시작으
로 삼국에 각각 태학 또는 국학(國學)이 세워졌다. 이 태학에서
는 유교 이념을 교육하여 선비를 양성하였다. 또한 태학에는 박
사(博士)를 두어 인재를 가르쳤다. 박사제도는 경전에 관한 전문
지식인으로서 선비의 활동을 보여준다. 고구려 영양왕 때 태학박
사 이문진(李文眞)과 백제 근초고왕 때 박사 고흥(高興)은 역사
를 편찬· 기록하였으며, 신라의 진흥왕은 널리 문사(文士)를 찾

아서 국사를 편찬하게 하였다. 당시에 역사의 기록과 편찬은 선비들의 임무이었음을 알 수 있다.

7세기에 활동하던 신라의 인물인 강수(强首)와 설총(薛聰)은 선비의 활동모습을 뚜렷하게 보여준다. 강수는 탁월한 한문의 조예와 유교에 대한 신념을 지녔던 인물로서 삼국통일 시기에 외교문서를 다루는 데 크게 기여하였던 당대의 대표적 문장가였다. 비천한 출신의 아내를 맞는 것을 부끄러운 일이라고 나무라는 아버지께,"가난하고 천한 것이 부끄러운 일이 아니요, 도리를 배우고서도 이를 행하지 않는 것이 참으로 부끄러운 일입니다"라 대답한 것은 의리를 지키는 선비의 태도를 보여주는 것이다. 설총은 이두를 지어 경전을 해설하는 등 유교교육에 기여하였다. 그가 신문왕에게 「화왕계(花王誡)」를 지어서 어진 이를 가까이하고 여색을 멀리하도록 간언(諫言)하였던 것도 선비의 태도를 보여준다. 강수는 6두품(頭品)인 사찬(沙湌)에 임명되었고, 통일신라말의 입당(入唐) 유학생이었던 최치원(崔致遠)은 귀국하여 6두품인 아찬(阿湌)에 임명되는 사실에서 성골과 진골이 아닌 선비가 오를 수 있는 관직은 6두품에 이르는 것이었음을 알 수 있다.

고려 때에는 한층 더 교육제도가 정비되어 국자감(國子監)을 비롯하여 지방의 12목(牧)에까지 박사(博士)를 두어 인재를 양성하였고, 과거제도가 정립되어 진사과(進士科)와 명경과(明經科)를 통해 선비들이 관직에 나아갈 수 있는 길이 확보되었다. 관직제도에서도 한림원(翰林院) 또는 학사원(學士院)을 비롯하여 보문각(寶文閣), 숭문관(崇文館) 또는 홍문관(弘文館), 집현전(集賢殿) 등에는 학사(學士) 등 선비들이 맡은 관직이 있어서 문장과 경연 강의 등을 담당하였다. 고려시대에는 선비들의 공직활동도 뚜렷하게 확대되었고, 교육기관을 통한 선비의 양성도 확장되었다. 국자감을 중심으로 하는 관학이 쇠퇴할 때는 12공도(公徒)의 사학이 융성하였던 사실을 볼 수 있다.

고려 말엽 충렬왕 때 안향(安珦)과 백이정(白頤正) 등에 의하여 원나라로부터 성리학 내지 주자학이 도입되면서 유교이념의 새로운 학풍과 학통이 형성되었다. 여기서 이른바 도학이념이 정립되면서 선비의 자각도 심화되었다. 곧 불교나 노장사상의 풍조를 배척하고 유교이념을 실현하기 위한 사회개혁의식이 이들 도학이념의 선비들 속에서 성장하였다. 이색(李穡)을 중심으로 정몽주(鄭夢周), 이숭인(李崇仁) 또는 길재(吉再)의 고려말' 3은(三隱)'은 학문이나 의리 등에서 이 시대 선비의 모범으로 존숭되는 인물이었다.

조선초에 들어와 유교이념을 통치원리로 삼으면서 선비들은 유교이념의 담당자로서 자기확신을 정립하였다. 조선초에 선비들은 고려말 절의를 지킨 인물인 정몽주를 추존하였고, 조선왕조에 절개를 굽히지 않은 길재의 학통에서 선비의식을 강화시켜 갔다. 이들은 조선왕조 건국기의 혁명세력을 중심으로 고위관리로서 문벌을 이룬 훈구세력에 대하여 새로 진출하기 시작한 인물들로서, 절의를 존숭하는 입장을 지닌 자신들을 사림파로 구분하는 선비의 공동체의식을 형성하였다. 사림파는 도학의 이념을 철저히 수련하고 실천하며 사회의 개혁의지를 발휘하였다. 이들은 훈구파의 관료 세력을 비판하는 입장에 섰고, 훈구파는 사림파를 과격한 이상주의자로 배척하여 억압하는 데서 이른바 사화(士禍)가 일어나 사림파의 선비들이 엄청나게 희생을 치렀다. 조선시대는 유교이념이 지배한 시대인 만큼이나 선비들의 사회적 비중이 압도적이었다. 사화에서 많은 희생자가 나왔지만 마침내 선비들이 정치의 중심세력으로 등장하는 사림정치시대를 이루었다. 조선시대에는 사대부에 의한 관료제도가 정착되었고, 사회의 지도적 계층에 선비의 위치는 가장 중심적인 것이었다.

## 11.3 선비의 생애와 활동

조선시대에 들어와서 선비들이 사회의 지도적 계층으로서 그 지위가 확립되었을 때에는 선비의 생활양상도 매우 엄격한 규범에 의해 표준적인 정형화가 이루어지게 되었던 것이 사실이다. 선비는 관직에 나가면 임금의 바로 아래인 영의정에까지 오를 수 있는 가능성을 갖고 있으며, 혹은 산림 속에 은거하여 있더라도 유교의 도를 강론하여 밝히고 수호하여 실천하는 임무를 지니는 중대한 책임을 지고 있는 신분이다. 따라서 이들 선비가 서민대중으로부터 받는 존중은 지극하며 그만큼 영향력도 크다. 선비는 도학의 이념을 담당하는 계층이므로 사회의 올바른 방향을 지도하는 지혜를 발휘해야 하며, 의리의 신념을 사회 속에 제시하고 실천해야 한다. 이와 더불어 유교적 도덕규범들을 실천하는 모범을 보여서 대중들을 교화하여야 하는 사회적 책임을 지고 있다. 따라서 선비는 집밖에 나가거나 집안에 들어오거나 항상 그 사회의 가치를 실현하고 제시하는 주체로서 자신의 임무를 실천해야 하는 지도자로서의 성격을 띠고 있는 것이다.

『소학(小學)』에서는 한 인간의 성장과정을 통하여 선비의 생애를 보여주고 있다. 그것은 『예기(禮記)』 내칙(內則)편을 인용한 고전적인 양식이다. 곧 어린 아이가 가정에서 교육을 받으며 성장하다가 10세가 되면 남자아이는 사랑에서 아버지와 자며 선생을 찾아가 배우고, 20세가 되면 관례를 하고 널리 배우며, 30세에는 아내를 맞아 살림을 하며, 40세에는 벼슬에 나가고, 70세에는 벼슬을 사양하고 물러난다는 것이다. 이러한 생애의 과정은 모든 인간의 평생과 비슷하지만, 선비에서 특징적인 것은 크게 학업과 벼슬살이의 두 가지를 들 수 있다.

선비는 한평생 학업이 중단되는 일이 없겠지만 특히 가정에서 받는 교육과 함께 밖으로 스승을 찾아가서 오랜 기간 동안 교육을 받는 사실은 선비가 타고난 신분으로서 성립되는 것이 아니라 학문과 수련으로 형성되는 것임을 말해준다. 이런 의미에서 선비는 독서인(讀書人)이요 학자(學者)로 이해되기도 한다. 선비가 배우는 학문의 범위는 정해진 것이 아니지만, 그 근본은 인간의 일상생활 속에서 부딪치는 일의 마땅한 도리를 확인하고 실천하는 것이다. 유교의 학문은 일상의 비근한 데에서 출발하지만 지극한 데에 이르면 인간심성의 이치와 하늘의 명령[天命]에 관한 고매한 것을 포함한다. 선비의 학문은 지식의 양적 축적을 추구하는 것이 아니고 도리를 확신하고 실천하는 인격적 성취에 목표를 둔다. 선비가 공부하는 대상으로서 경전은 선비가 지향할 대상인 성인과 현인의 말씀을 간직하고 있다.

『소학』에서는 인륜을 밝히는 조목으로서 '5륜'을 제시하고, 자신을 공경하는 조목으로서 심술(心術)· 위의(威儀)· 의복· 음식에 관한 규범들을 제시하였다. 『대학』에서도 자신의 내면에 주어진 '밝은 덕을 밝히는 일[明明德]'과 '백성들과 친애하는 일[親民]'의 사회적 과제를 가르친다. 선비는 항상 자신의 인격적 도덕성을 배양하지만 동시에 그 인격성을 사회적으로 실현하여야 한다. 따라서 선비의 공부는 이치를 탐구하는 지적인 일과 행동으로 실천하는 행위적 일의 조화 속에서 이루어지는 것이다.

선비는 자신의 덕을 사회 속에 실현하기 위해서 관직에로 나가야 할 필요를 갖는다. 일찍부터 과거시험을 치고 벼슬할 기회를 찾는다. 대부분의 선비는 과거시험에 합격하지 못해서 벼슬길에 나가지 못하는 경우일 것이다. 소수의 선비들이 과거시험을 거쳐 관직에 나가게 된다. 선비로서 관직에 나가는 것은 당연한 일이나 관직을 목적으로 삼는 것이 아니라 관직을 통해서 자신의 뜻을 펴고 신념을 실현하는 기회를 얻는 것이다. 관직에 나가

면 상관을 받들어야 하고 더구나 가장 높은 권위인 임금을 섬겨
야 한다. 그리고 아래로 백성을 돌보아야 하는 책임을 지고 있다.
그러나 선비는 임금과의 관계에서 무조건적인 신하로서 복종과
충성을 바치지는 않는다. 선비는 임금과 의리로 맺어지기 때문에
의리가 없으면 선비가 신하노릇을 하지 않는 것이 도리이다. 바
로 여기에 선비로서 관직에 나간 경우와 직업으로서 관직에 나
간 경우에 차이가 드러난다. 곧 선비는 언제나 관직에 나가서도
그 직책의 성격과 임금의 역할에 대해서 성찰하며 임금의 잘못
이 있으면 간언하여 잘못을 바로잡으려 하고 바른 도리가 실현
될 가능성이 없거나 직책이 도리에 합당하지 않다고 판단되면
물러날 수 있어야 한다. 조선 후기에 와서는 선비들이 과거시험
을 외면하는 경향이 상당히 강해졌다. 그것은 과거시험공부 곧
과업(科業, 또는 科學)은 의리를 밝히는 도학공부와 심한 차이를
드러내는 사실을 인식했기 때문이다. 처음부터 벼슬길에 나갈 의
사가 없이 과거공부는 멀리하고 도학공부에 전념하는 태도를 선
비의 고상한 태도로 여겼던 풍조가 있었다.

선비는 관료생활에서도 매우 독특한 활동을 한다. 곧 처음부터
학문으로 확립한 신념과 포부를 가지고 세상을 위해서 봉사하려
는 것인 만큼 선비의 관직에 대한 태도는 관직을 통해 자신의
학문과 신념을 펴는 것이다. 조선시대에는 선비들이 주로 맡는
관직으로 청환(淸宦)의 직책이 있었다. 홍문관· 예문관· 성균
관· 사헌부· 사간원 등 학문을 전문으로 하는 기관이거나 언로
를 맡아 임금에게 간언을 하는 직책이다. 때로는 선비들이 부모
를 봉양하고 학문을 할 수 있는 한가로운 직책으로 지방의 수령
을 자청하는 경우도 있다. 선비들의 가장 활발한 관직활동으로는
경연관(經筵官)· 언관(言官)· 사관(史官)을 들 수 있다. 경연관은
임금을 교육시키며 시사문제에 대한 논평까지 달아서 통치이념

의 형성에 가장 강한 영향을 주는 것이기도 하다. 언관은 임금의 실정을 직간하며 공론을 임금에게 전달하여 통치행위에 정당성을 확인하는 임무를 맡고 있다. 홍문관· 사헌부· 사간원의 대간(臺諫)이 간관으로서 간언을 담당하고 있지만, 선비는 어느 자리에서나 간언할 수 있는 것을 자신의 권리요 임무로 삼고 있다. 사관은 춘추관에서 역사를 기록하고 편찬하는 일이지만 특히 선비는 사필(史筆)을 들었을 때 선과 악을 직필함으로써 임금을 비롯한 어떠한 권력의 불의도 은폐하지 않는 것을 임무로 한다. 따라서 사관이 임금의 측근에서 사건을 기록하는 것은 임금의 행동을 규제하는 힘이 되며 기록한 역사는 후세에 경계가 되는 것이기도 하다.

선비들은 관지에 나간 경우에도 징치가 도리를 벗어나든지 임금이 간언을 받아들이지 않으면 관직을 사면하고 돌아온다. 임금에게 사직을 청하는 사직상소는 선비의 빈번한 행동양식이 되고 있다. 여기서 나아가고 물러서는 진퇴의 태도나 출처(出處)의 의리가 제기된다. 선비에게 나아가기를 어려워하고 물러서기를 쉽게 생각하는 태도를 요구하고 있는 것은 부귀의 욕망에 사로잡히지 않고 불의에 대한 거부적 비판정신을 확보하여야 하기 때문이다. 선비로서 평생 과거시험을 보지 않거나 벼슬길에 나가지 않는 경우를 흔히 처사(處士)라 일컫는다. 처사는 물러나 집에 머무르는 경우도 가리킬 수 있다. 다만 나아가 벼슬하는 경우에 비하여 물러나 집에 머물고 있는 처사가 더욱 높은 존경을 받는 경우가 많다.

선비는 벼슬에 나가지 않더라도 좌절하지 않는다. 오히려 산림 속에서 스승을 만나 학문과 도리를 연마하고 후진을 가르치며 벗들과 도의를 서로 권면한다. 학문에 깊은 조예를 이루어 후생을 많이 가르치고 바른 도리를 제시할 수 있으면 '선생(先生)'으

로 일컬어진다. 선생은 벼슬에 나간 사람의 호칭인'공(公)'에
비교가 되지 않을 만큼 높은 존중을 받고 있다. 따라서 벼슬에
나간 선비도 여가에 제자를 가르치고 학문을 성취하여 선생으로
일컬어지기를 바라는 경우가 많다. 선비가 벼슬에 나가지 않거나
벼슬을 그만두고 산림에서 학문을 연마하는 데 전념하고 있는
경우를'산림(山林)' 또는'산림처사'라 한다. 이들'산림'은 일
종의 공동체를 이루었으며, 그들을 대표하는'산림종장'은 정치
적 영향력도 막대하였다.'산림'은 사실상 그 사회의 공론을 주
도하는 영향력을 가지고 있는 것이다.

산림의 선비로서 학문이 높고 명망이 있으면 임금은 이들이
과거시험을 거치지 않았다 하더라도'유일(遺逸)'의 경우로서 높
은 관직으로 부른다. 이때 산림의 선비는 거듭 사퇴하는 상소를
올리면서 자신의 정치적 의견이나 현실문제에 관하여 의견을 피
력한다. 이렇게 높은 관직으로 불리어 나간 선비들은 곧 물러나
는 경우가 많으나, 한번 이상 관직에 불리어 나간 선비는'징사
(徵士)'라 일컬어진다.

선비가 물러나 사는 곳은 번잡한 거리가 아니라 한적하고 풍
광이 아름다운 곳을 찾아 서실을 짓고 학문과 도리를 강론하는
데 적합하도록 마련한다. 흔히 매우 빈한 선비가 누추한 마을 곧
누항(陋巷)에 사는 경우도 있다. 선비들은 향촌에서도 서로 공동
체를 이루어 의례를 통해 만난다. 곧 사상견례(士相見禮)·향사
례(鄕射禮)·향음주례(鄕飮酒禮)는 선비들이 향촌에서 회합하는
의례이다. 특히 선비들은 유교의 도통을 존숭하여 성균관과 향교
의 문묘(文廟)에 참배하기 위한 모임이 있고 서원을 중심으로 그
지방의 선현을 제향하기 위한 모임도 있다. 성균관과 향교가 국
가의 기관으로서 관학적 성격이 강하다면 서원과 서당에서는 선
비들이 자유롭게 참여하는 공동체를 구성하고 있다. 이들은 제향

을 비롯한 의례공동체를 구성하고 있지만, 이와 더불어 함께 학문을 강론하는 강학 공동체를 이루고 있다. 특히 선비들이 노년에는 제자들을 육성하는 것을 주요 임무로 삼아서 학통을 형성하였을 때는 학통이 하나의 결속력이 강한 공동체를 이룬다.

선비들은 자신의 감회를 '시'로 표현하는 일이 일상적이다. 선비들의 모임이 시회(詩會)로 이루어지는 경우도 흔하다. 물론 선비는 시만 지어서는 도학의 선비가 되기에 부족한 문사에 머물 수 있다. 그러나 시에서도 선비의 시는 호탕하거나 애상적인 것이기보다는 단아하고 성실함을 지키는 선비다운 자세가 구별되기도 한다. 선비는 자신의 학문을 제자들을 통하여 전하기도 하지만 직접 저술을 하여 후세에 가르침을 내려주는 것이 선비의 숭고한 임무다. '한 시대에 나가서 도를 시행하고[行道一世]', '후세에 말씀을 내려주어 가르침을 베푸는 일[立言垂後]은 선비가 지향하는 두 가지 기본적 방향이라 할 수 있다. 진유(眞儒) 곧 진실한 선비는 이 두 가지 역할을 겸할 수 있는 것이라 지적되기도 한다. 선비들은 자신의 저술을 생존시에 반포하는 경우가 별로 없다. 대부분의 저술은 죽은 뒤에 후손과 제자들이 편찬한 유고(遺稿)의 성격을 띤 것이다. 선비는 자신의 신념을 한 시대만이 아니라 만세에 전하려는 확신을 지닌 인격이라 할 수 있다. 도를 밝히고 자신을 연마하여 세상을 바로잡기 위해 도를 실천하는 노력의 과정이 선비의 일생을 이룬다.

## 11.4 선비의 정신세계

이황(李滉)은 선비를 세력과 지위에 굽히지 않는 존재로 지적하였다. 그는 선비의 입장을 세속적 권세에 대조시켜서," 저들이 부유함으로 한다면 나는 인(仁)으로 하며, 저들이 벼슬로 한다면 나는 의(義)로써 한다"라고 특징을 드러내 주었다. 선비는 유교 이념을 수호하는 임무를 지녔기 때문에 유교이념 자체가 바로 선비정신의 핵심을 이루는 것이 사실이다. 선비는 부와 귀의 세속적 가치를 따르지 않고 인의의 유교이념을 신봉한다. 특히 세속적 가치를 인간의 욕망이 지향하는 이익이라 한다면 선비의 지향하는 가치는 인간의 성품에 내재된 의리라 할 수 있다. '인'이 선비의 기본이념에 틀림없지만 역사적으로 선비가 가장 강하게 자신의 입장을 드러내는 것은 '의'를 추구하는 의리정신으로 나타난다. 공자가 "군자는 의리에 밝고 소인은 이익에 밝다"라고 한 주장에서 명백히 의리와 이익이 대립되는 '의리지변(義利之辨)'과 군자와 소인이 대립되는 '군자소인지변'의 분별의식이 확립되었다.

5세기 초 신라의 눌지왕 때 박제상은 임금의 부탁을 받았을 때 "일이 쉬운지 어려운지 헤아려서 행동한다면 이를 충성스럽지 못하다 하고, 죽게 될지 살 수 있을지를 꾀한 다음에 행동한다면 이를 용감하지 못하다고 한다"라고 한 말에서도 의리를 위하여서는 쉽고 어려움이나 살고 죽을 것을 가리지 않는 강인성을 보여준다. "살기 위하여 '인'을 해치지 않으며, 죽음으로써 '인'을 이룬다"라고 공자가 지사(志士)를 규정한 언급에서도 선비는 생명보다 더욱 귀한 가치를 신봉하고 있음을 보여준다. 맹자도 살고 싶은 욕망과 의를 지키고 싶은 욕구를 겸할 수 없을 때는 "살기를 버리고 의리를 선택하라"라고 가르쳐 의리를 생명보다 높였다. 신라의 화랑들이 무사에 가깝고 선비라 하기에는 어려움이 있다 하더라도 그들의 정신에는 선비의 신념을 볼 수 있다. 황산벌 전장에서 김흠춘(金欽春)은 아들 반굴(盤屈)에게 "위급한 때를 당하여 목숨을 버릴 수 있다면 충성과 효도를 아

울러 이룰 수 있다"고 훈계하는 데서도 의리의 실천을 지상의
과제로 받아들이는 자세를 볼 수 있다. 선비는 문사를 주로 말하
지만 무사(武士)도 '사'의 조건을 갖추어야 한다. 곧 선비는 의
리정신과 더불어 그 실천에서 생명조차 버릴 수 있는 신념의 용
기를 요구하는 것이다.

고려말에서 조선초로 전환하는 왕조교체기에 당시의 유학자요
선비들 사이에는 상반된 태도를 보여주었다. 곧 전통의 고려왕조
를 수호해야 한다는 입장과 고려왕조를 멸망시키고 새로운 왕조
를 세워야 한다는 입장이다. 이들 양쪽은 각각의 의리를 제시하
고 있다. 곧 인간본성에 근거한 하늘의 명령인 도덕률 곧 '강상
(綱常, 삼강오륜의 규범)'에 따라 고려왕조를 지키겠다는 정몽주
등의 입장이 있고, 다른 쪽에서도 하늘의 명령에 따라 백성을 살
리기 위해서는 왕권을 바꿀 수 있다는 '혁명'의 의지를 지닌 정
도전(鄭道傳) 등의 입장이 있었다. 여기서 혁명기가 지나서 수성
기(守成期)인 세종 시대에 들어오면서 선비의 의리는 강상적 충
절에 있음을 확인하게 되었다. 이에 따라 선비들은 정몽주와 길
재를 잇는 도통을 선비정신의 모범으로 받아들이게 되었다.

삼강오륜의 도덕규범을 불변의 강상이라 받아들이고 이 강상
을 의리의 중요한 형식으로 확인하는 것을 선비의 신념으로 이
해할 수 있다. 이러한 경우는 세조가 단종의 왕위를 찬탈하였을
때 절의를 지켰던 사육신이나 생육신 등의 태도는 선비의 의리
정신을 실천한 모범으로 추존되었다. 여성들에게는 효도와 충성
에 더하여 정절이 요구되며, 강상을 지키며 학행이 갖추어질 때
'여사(女士)'라 일컬어지기도 한다.

의리는 강상의 규범으로 나타나는 경우 이외에도 한층 더 큰
범위로서 '존양(尊攘)'의 의리를 들 수 있다. '존양'은 '존중화
양이적(尊中華攘夷狄)'의 원리로서 중국을 존숭하고 오랑캐를 물

리치는 중국중심의 의리이다. 이것은' 왕을 높이고 패자를 낮추
는[尊王賤霸]' 이른바' 춘추의리' 와 일치하는 것이다. 유교이념
에서는 의리의 가장 큰 문제는 정통과 이단을 구별하고 중화문
화와 오랑캐를 가려서 정통을 존숭하고 중화문화를 지키는 것을
요구한다. 따라서 선비의 의리정신에는 중화문화를 밝히고 존숭
하는 것을 가장 중요한 과제의 하나로 삼는다. 정몽주의 의리정
신에서 고려왕조에 대한 충절보다도 오히려 원나라를 멀리하고
친명정책을 추구한 데 있는 것으로 평가하기도 한다.

중화문화를 존중하는 태도는 이른바 사대주의를 심화시켜서
선비들이 모화(慕華)사상에 젖은 경우가 많은 것이 사실이다. 그
러나 조선시대 선비들의 의식에서는 사대주의에 젖어서 자신의
국가를 잊는 것은 아니다. 다만 유교이념의 중국중심주의적 해석
에 끌려들어서 자신의 국가를 변방의 제후국으로 하위적인 위치
에 두고 중국을 높이며 중국문화를 이상으로 받드는 예속적인
한계점을 보였던 것이다. 원칙적으로 보면 사대의 원리는 수단적
인 것이요, 사직(社稷)의 국가중심적 의식을 목적으로 하는 것이
정당하다.

선비들의 의리정신은 외민족의 침략을 당할 때 침략자를 불의
한 집단으로 규정하여 의리에 따라 항거하려는 태도를 보인다.
임진왜란 때 선비들의 항전을 의병(義兵)으로 인식하였던 것이
사실이다. 조헌(趙憲)은 임진왜란 때 700명의 선비들을 모아서
의병을 일으켜 금산싸움에 임하여" 오늘은 다만 한 번의 죽음이
있을 뿐이다. 죽고 살며 나아가고 물러남을 오직' 의' 자에 부끄
럼이 없게 하라"라 명령하고 모두 함께 죽음을 맞아' 칠백의사
총(七百義士塚)' 에 묻혔다. 이들은' 의' 를 따라 죽은 것이며 이
순의(殉義)정신은 선비정신의 발휘라 할 수 있다. 병자호란 때에
마지막까지 화친과 항복을 거부한 척화론(斥和論)도 선비의 의리

정신을 보여주는 것이다.' 척화 3학사' 의 한 사람인 홍익한(洪翼漢)은 심양에 끌려가서 청 태종의 심문을 받을 때에도 " 내가 지키는 것은 대의(大義)일 따름이니 성패와 존망은 논할 것이 없다"고 대답하며 굴복하지 않다가 순절하였다. 이들은 나라의 위기를 당하여 생명을 버리면서 항거하는 것은 나라를 지키는 것이 의리에 합당하다는 신념을 지녔기 때문이다. 이것이 선비정신의 강인성을 보여주는 것이기도 하다.

인조가 병자호란에서 항복하는 굴욕을 당하자 만주족의 청나라에 대한 복수설치의식이 이 시대 선비들의 의리정신에 가장 중요한 과제를 이루었다. 특히 효종은 임금으로서 북벌정책을 주도하여, " 나는 나의 재능으로 이 일을 해낼 수 있다고 생각하지 않는다. 다만 하늘의 이치와 백성의 마음이 그만둘 수 없는 것이니 재주가 미치지 못한다고 스스로 안 할 수가 없다"라고 입장을 밝혔다. 효종의 북벌론은 이 시대 선비들의 의식을 가장 명확하게 제시해 준 경우라 할 수 있다. 의리는 성공할지 실패할지 헤아린 다음에 태도를 결정하는 것이 아니다. 의리는 정당성을 제시하며 선비는 이 정당성의 명령에 따라 어떠한 장애와 고난도 감수하고 자신의 태도를 굽히지 않는 것이다.

선비정신은 의리정신으로 표현되는 데서 그 강인성이 드러난다. 의리는 변하지 않고 굽히지 않는 것이다. 신라의 진평왕 때 눌최(訥催)는 백제군의 공격을 받았을 때 병졸들에게, " 봄날 온화한 기온에는 초목이 모두 번성하지만 겨울의 추위가 닥쳐오면 소나무와 잣나무는 늦도록 잎이 지지 않는다. 이제 외로운 성은 원군도 없고 날로 더욱 위태로우니, 이것이 진실로 지사(志士)·의부(義夫)가 절개를 다하고 이름을 드러낼 때이다"라고 훈시하였으며, 분전하다가 죽었다. 죽죽(竹竹)도 대야성에서 백제군사에 의해 성이 함락될 때까지 항전하다가 항복을 권유받자, " 나의 아

버지가 나에게 죽죽이라 이름지어준 것은 내가 추운 겨울에도
잎이 지지 않으며 부러질지언정 굽힐 수 없도록 하려는 것이다.
어찌 죽음을 두려워하여 살아서 항복할 수 있겠는가"라고 결의
를 밝혔다. 여기서 소나무와 잣나무가 겨울이 되어도 잎이 지지
않는 사실로 지조의 변함없음을 비유한 공자의 말씀은 선비정신
의 강인한 지속성을 잘 보여주는 것이다.

선비는 결코 이기적 탐욕에 사로잡히지 않고 공변한 도리와
사회의 전체를 위하여 헌신적인 자세를 갖는다. 조선시대 선비의
모범이라 할 수 있는 조광조(趙光祖)는 선비의 마음씀을 지적하
여, "무릇 자신을 돌보지 않고 오직 나라를 위하여 도모하며, 일
을 당해서는 과감히 실행하고 환난을 헤아리지 않는 것이 바른
선비의 마음씀이다"라 하고, 이에 비하여 소인의 태도를 지적하
여, "자신을 위하여 도모하는 데 깊고 세상을 살아가는 데 주도
한 자는 감히 저항하는 지조와 곧은 말로 원망과 노여움을 부르
지 못하며 머리를 숙여 아래 위를 살피고 이쪽 저쪽을 주선하여
자신을 보존하고 처자를 온전히 하는 자가 대개 많으니 이들은
임금을 섬기고 나라를 근심하는 사람이 아니다"라 하였다. 선비
정신은 이기심을 넘어선 당당하고 떳떳함을 지닌다. 비굴하지 않
고 꼿꼿하며 의심하지 않고 확고함을 지닌다.

이황은 선비의 당당한 모습을 가리켜, "선비는 필부로서 천자
와 벗하여도 참람하지 않고, 왕이나 공경(公卿)으로서 빈곤한 선
비에게 몸을 굽히더라도 욕되지 않으니, 그것은 선비가 귀하게
여겨지고 공경될 까닭이요, 절의(節義)의 명칭이 성립되는 까닭
이다"라 언급하였다. 선비는 절의가 있으므로 당당하여 천자와
어깨를 나란히 할 수도 있음을 의미한다. 그는 또한 "선비는 예
법과 의리의 바탕이며 원기(元氣)가 깃든 자리이다"라 하여 선비
를 모든 예법· 의리의 주체요, 사회적 생명력의 원천이라 본다.

선비는 신분적 존재를 훨씬 넘어선 하나의 생명력이요 의리정신의 담당자임을 밝힌 것이다.

이이(李珥)는 선비를 정의하면서,“ 마음으로 옛 성현의 도를 사모하고 몸은 유교인의 행실로 신칙하며, 입은 법도에 맞는 말을 하고, 공론(公論)을 지니는 자이다”라 지적하고,“ 사림(士林)이 조정에 있어서 사업을 베풀면 나라가 다스려지나, 사림이 조정에 있지 못하고 공허한 말을 하게 되면 나라가 어지러워진다”라 하였다. 선비의 행동과 사회적 기능에서 보아도 선비는 유교이념을 신념으로 지키고 실현할 것을 추구하는 인격적 주체이다. 이들은 유교적 인격의 기본 덕성을 전반적으로 담당하고 있다.‘ 인’ 의 포용력과 조화정신은 선비의 화평하고 인자함으로 나타나며, 예의는 선비의 염치의식과 사양심으로 표현되고, 믿음은 선비의 넓은 교우를 통해서 드러난다. 선비는 평상시에 화평하고 유순한 마음으로 지공무사한 중용을 지킨다. 그러나 의리의 정당성이 은폐될 때에는 가장 예민한 감각으로 엄격하게 비판하고 배척하는 정신을 결코 잃지 않는다.

## 11.5 선비정신의 근대적 성찰과 실현

도학이 정착하면서 선비의식은 어떤 시대보다도 선명하고 자각적인 것으로 나타나고 사회적으로도 주도 세력으로 꾸준히 성장하였다. 마침내 선비가 정치의 담당자로 부상하여 사림정치를 하게 된 선조 때에는 사림들 자체가 내부의 분열을 일으키고 대립하게 되었다. 이른바 당쟁이 시작되자 당파는 계속하여 핵분열을 거듭하였고, 서로 비난하던 주장들이 정치권력의 주도권을 장악하기 위해 살륙전을 일으키기도 하였다. 당쟁은 출발점에서 보

면 선비정신의 기본 이념에 따라 '군자· 소인론'으로 비판하는
입장이었다. 선비가 자신을 반성하고 다른 사람의 좋은 점을 드
러내주는 것이 아니라, 자신을 군자라 칭하고 남을 소인으로 비
난하면서 서로 격심한 적대감을 일으켰다.

  선비가 권력의 부당성을 비판하면서 견제할 때는 순수한 입장
을 지켰으나 권력의 주체가 되었을 때 선비는 엄청난 권위를 독
점하게 되었다. 선비의 신념이 도리의 권위를 지니고 있는 경우
를 넘어서 실질적으로 권력의 권위를 지녔을 때 선비는 지배자
로서 서민 대중을 억압하고 착취하는 역할을 맡았다. 이것은 선
비의 타락상이요, 선비의 진실한 모습은 아니다. 선비는 국가권력
에 참여하지 않을 때에는 지방의 향촌에서 온갖 특권을 누렸다.
국가가 선비를 우대하도록 요구하였고 선비는 봉사자가 아니라
권력의 향유자로 군림하게 되었다.

  선비는 그 사회의 문화와 규범을 담당하는 역할을 맡았다. 여
기서 선비의 문화적 기준은 한문자의 중국문화에 젖어 민족의
전통문화와는 유리되는 문제점을 안고 있었다. 유교문화가 점점
세련되면서 서민문화는 더욱 위축되거나 유리되는 분열을 일으
켰다. 이른바 반상(班常)의 차별이 더욱 철저하게 정착되었던 것
이다. 이러한 신분주의가 심화되면서 사회적인 조화가 점차 쇠퇴
하고 계층 사이의 분열이 더욱 심화되었던 것이다.

  선비문화의 중요한 특징인 규범체계는 사회의 도덕적 질서를
확보하는 기능을 갖는다. 그러나 이 규범들이 선비의 계층적 권
위를 드러내기 위해서 강화될 때 특히 의례는 형식화하기 시작
하였다. 의례를 매우 섬세하게 조직하고 의례의 완벽한 집행자가
아니면 신분적인 권위를 유지하지 못하게 되는 것이다. 사대부의
예의범절은 매우 고상한 것이라 하더라도 너무 형식주의에 빠지
면서 실질적 효용성을 외면하고 말았다.

이러한 선비문화가 도학파의 정통성이 강화되면서 더욱 확고하게 정착되고 동시에 폐단을 낳았던 것이다. 이에 대하여 조선후기로 넘어오면서 이러한 도학적 관념성과 형식성에 대한 반성을 하고 실질적 효용성에 대한 관심을 높였던 새로운 학풍이 대두되었다. 이것이 곧 실학(實學)의 등장이다. 실학사상을 이끌어 갔던 세력도 역시 선비들이다. 그러나 이들 실학파의 선비들은 도학적 선비문화의 문제점에 대해 예리하게 반성하고 폐단을 개선하기 위한 방안을 구체적으로 제시하였다.

실학파의 선구적 인물인 유형원(柳馨遠)은 신분의 귀천이 문벌에 의하여 세습되는 것을 비판하여," 예법에는 나면서부터 귀한 자가 없다"라 하여 상하의 서열을 재덕과 연령에 따라서 나눌 것을 주장하였다. 그것은 신비가 재주나 덕이 아니라 신분적으로 사대부로 태어나고 있는 사실을 반성하는 것이기도 하다. 이러한 인식은 실학파의 학자들 사이에 사대부 내지 양반에 대한 사회적 기능과 지위를 재평가하는 문제의식을 불러 일으켰다.

박지원(朴趾源)이 『양반전(兩班傳)』에서 양반의 가식적인 행동규범과 지배계층으로서의 탐학상에 대해 조목을 열거하며 조소적으로 비판하고 있는 것도 신분제도에 대한 비판이다. 그는 선비의 역할을 재평가하면서 농사를 밝히고 상품을 유통하게 하고 공장(工匠)에게 은혜롭게 하는 것이 바로 선비의 학문이라 지적하였다. 이와 더불어 그는 당시에 농·공·상의 상민이 생업을 잃는 것은 선비가 실학을 하지 않은 과오라고 반성하고 있다. 선비는 도덕규범만 담당하고 생산을 외면할 것이 아니라 직접 생산에 참여하여 산업을 성장시키는 데서 그 사회적 책임을 다할 수 있는 것으로 지적하였다.

재화의 생산은 인간생활에 필수적인데 선비가 의리만 내세워 재화를 비천한 것으로 보는 의식을 비판한다. 곧 재화의 생산활동이 바로 도덕적임을 인정하며, 오히려 생산은 하지 않고 놀고 먹는 행위의 부당성을 지적하여 선비가 유식(遊食)계층이 되고 있음을 비도덕적인 것으로 비판하였다. 이익(李瀷)은 자신이 전형적인 선비인데도 " 나는 실 한 오리, 낟알 한 알도 생산하지 못하고 있으니 어찌 좀벌레가 아니겠는가 "라고 자책을 하고 있다. 정약용(丁若鏞)도 " 선비란 어떤 사람인가. 선비는 어찌하여 손발을 움직이지도 않으면서 땅에서 생산되는 것을 삼키며 남의 힘으로 먹는가 "라고 선비의 무위도식을 힐난하였다. 그것은 도의를 연마하는 선비의 임무가 노동으로 생산에 종사하는 평민을 천시할 아무런 권리도 없음을 강조하는 것이요, 노동의 신성성을 적극적으로 긍정하는 주장이다.

박지원은 소설을 통하여 사대부의 기만성을 비판하면서, 「마조전(男驅傳)」에서는 군자가 명예와 세력과 이익을 말하기를 꺼려하는 것은 그것을 독점하려는 심술이라고 꿰뚫어 보았다. 그는 이 소설의 한 주인공이 " 차라리 벗이 없을지언정 군자와는 벗할 수 없다 "라고 선언하고 옷과 갓을 찢어버리고 머리를 풀어 거리에서 미친 듯 노래하는 모습을 보여준다. 당시의 선비가 지닌 허위성에 얼마나 심한 혐오감을 표현하고 있는지 알 수 있게 한다. 「호질(虎叱)」에서도 위선적인 도학자인 주인공을 호랑이의 입을 빌어서 질책하면서 " 유(儒, 선비)는 유(諛, 아첨하는 자)이다 "라 하였다. 그러나 그는 선비의 도학적 폐단을 비판하여, " 선비가 성명(性命)에 관해 고담준론만 하면서 세상을 경륜하고 백성을 구제할 방법을 저버리고 시문이나 헛되이 숭상하니 정치에 시행되는 것이 없다 "라고 반성하면서도, 선비의 참된 의미를 자각하고 있다. 그는 " 선비가 작위를 가지면 선비를 버리고 대부나 경이 되는 것이 아니라, 어떤 작위도 ' 사 '에 부착되는 것이다. 천자도 작위는 천자이지만 그 몸은 선비이니, 천자를 원사(原士)라 한다"라 하여 선비를 일반적 인격개념으로 확인하였다.

홍대용(洪大容)도 선비를 분류하면서 과거시험으로 출세하는 재사(才士)와 글재주로 이름을 얻는 문사(文士)와 경전에 밝고 행동을 점잖게 꾸미는 경사(經士)를 열거하고 나서, 자신이 말하는 진정한 선비를 "인의에 깊이 젖고 예법을 따르며, 천하의 부귀로도 그 뜻을 어지럽히지 못하고, 누추한 마음의 근심으로도 그 즐거움을 대신하지 못하며, 천자도 감히 신하로 삼지 못하고 제후도 감히 벗삼지 못하며, 현달하면 은택이 사해(四海)에 미치고 물러나면 도(道)를 천년토록 밝히는 진사(眞士)라" 하였다. 선비의 바른 기풍을 추구하는 것은 도학자들 사이에도 있었지만 선비의 허위적 면모를 성찰하고 진실한 모습을 추구하는 것은 실학의 중요한 과제이기도 하였다.

한말에 이르러서는 도학이 다시 활기를 찾아 융성함을 보였다. 곧 선비정신이 쇠퇴할 때 유교이념도 은폐되고 선비정신이 살아날 때 유교이념도 활력을 찾는다. 한말에 이른바 척사위정파(斥邪衛正派)의 선비들은 이 시대의 기본과제를 유교이념의 전통에 배반되는 이념들을 거부하고 도학의 이념을 수호하는 것임을 밝혔다. 곧 도학정통에 상반되는 이단으로서 천주교에 대한 배척을 강화하였고, 도학적 의리에 배반되는 오랑캐로서 서양의 침략세력을 거부하였다. 이들은 도의 정통성에 대한 신념과 우리 민족의 문화적 우월성에 대한 신념을 확고하게 지녔다.

병인양요(1866)를 당하자 척사위정론의 대표적 인물인 이항로(李恒老)는 "선비로서 한 번 이상 왕명을 받은 자는 평일에 있어서는 마땅히 사퇴하는 것으로써 의리를 삼아야 하지만, 일단 국가에 환란이 있게 된 때에는 즉각 달려가 협력하는 것으로써 의리를 삼아야 한다"라 하여, 위기에 선비의 참여자세를 강조하였다. 이들은 서양문물의 침투가 가중되면서 서양의 위협을 정치적

인 것에 앞서서 문화적 내지 도덕적 성격을 확인하는 유교이념의 입장을 확인하였다. 곧 서양문화가 인간의 욕망을 개방하여 인간으로 하여금 재화를 유통하게 하고 여성을 자유로 접촉하게 하는 통화(通貨), 통색(通色)의 성격으로 규정지었다. 이에 따라 서양문화를 오랑캐의 것으로 규정하며, 서양선교사를 종래에 서사(西士)라 부르던 것을 서호(西胡)라 불러야 할 것으로 주장하여 선비와 오랑캐를 엄격히 구분하는 배타적 비판의식을 보여준다.

　정부가 개항과 더불어 개화정책을 취하게 되자 한말 도학자들은 정부의 입장에 순종하지만 않고 정면으로 비판하였다. 곧 이항로의 제자 유중교(柳重敎)는 " 선비란 조정에서 아무것도 받은 바가 없을 지라도 그의 자리는 천위(天位)요, 그의 임무는 천직(天職)이다"라 하여 선비를 하늘의 명령을 받은 지위와 직책을 담당한 신분으로 자각하여 왕권의 세속적 권력을 넘어서 있는 것으로 확인하였다. 따라서 그는 " 천자라도 선비의 몸을 죽일 수 있지만 선비의 뜻을 빼앗을 수는 없다"라고 확인하여 선비의 지조는 왕권 위에 있음을 밝히며, " 천직은 무겁고 임금의 명령은 가볍다"라 하여 왕명이 부당할 때는 거부할 수 있는 선비의 근거로서 하늘로부터 부여받은 직분인 천직을 강조하였다.

　일본의 침략이 강화되자 도학파의 선비들이 일본에 저항하여 항거하는 방법을 모색하게 되었다. 이항로의 제자인 유인석(柳麟錫)은 을미의병(1896)을 일으키면서 선비의 저항정신을 밝혔다. 곧 그는 " 죽음은 선비의 의리이다"라는 신념을 제시하였다. 그러나 그는 선비가 국가존망의 위기에서 침략자에 대한 항의로 의병을 일으키는 것만을 주장하지는 않았다. 이른바 선비가 국가변란의 위기에 대처하는 3가지 방법으로서, 하나는 의병을 일으켜 거역하는 무리를 쓸어내는 거의소청(擧義掃淸)이요, 둘째는 떠나서 옛 제도를 지키는 거지수구(去之守舊)요, 셋째는 죽음으로써 지조를 온전히 하는 치명수지(致命遂志)의 행동방법을 제시하였다. 이 시대 선비들은 의병을 일으키거나 자결을 하여 지조를 강경하게 드러내며, 또는 산속으로 은거하거나 해외로 망명하여 전통제도를 고수함으로써 선비의 절의정신을 발휘하였다.

그러나 도학의 척사위정론이 저항정신에 사로잡혀 보수적이고 폐쇄적인 수구론(守舊論)을 주장한 데 대하여 시대의 새로운 사조를 받아들여 개혁을 추구함으로써 자강(自强)정책을 추구하는 개화파가 대두하였다. 온건한 개화파는 유교적 신념을 기반으로 하면서 서양근대문물을 수용할 것을 시도하였다. 이 수용론에서 한 걸음 나아가 유교 개혁사상이 출현하고 있다. 곧 유교전통의 폐단에 대해 과감한 비판과 반성을 거쳐서 새로운 유교정신의 수립을 추구하는 입장이다. 이들 유교 개혁사상가는 이 시대에 애국 계몽사상가로서 활동하고 있었다. 그 가운데 박은식(朴殷植)은 구습에 젖은 4가지 사회집단으로서 그 첫째를 유림가로 지적하였다. 그는 당시의 일반여론이 유림을 비판하는 문제점을 열거하였다. 고루하여 시의(時宜)에 어두움, 자기도취에 젖어 백성과 나라를 망각함, 옛날책만 연구하고 새 이치를 연구하지 않음, 공허하게 의리를 논하고 경제를 강구하지 않음 등을 들어 유림이 개명한 시대의 일대 장애물이 됨을 지적하였다. 이러한 박은식의 입장에서는 전통의 선비가 비판대상이 되는 것이 아니고 당시에 전통의 습관을 고수하는 고루한 유림을 비판한 것이다. 그만큼 당시의 유림들을 고루한 장애물로 비판하고, 이에 반하여 새로운 지식을 적극적으로 받아들여 사회개혁운동을 하는 계몽사상가를 선비의 모범으로서 제시하고 있는 것이라 볼 수 있다.

유인식(柳寅植)은 정부와 유림의 부패상을 조목별로 열거하여 비판하면서 전반적으로 당시의 제도와 명분이 허위에 젖어 있음을 지적하였다. 그는" 성리학이 전날의 학술이었다면 자연과학은 오늘의 학설이요, 전통의 의관이 전날의 예속이었다면 양복입고 머리깎는 것은 오늘의 예속이다"라 하여 전통의 근본적 변혁을 요구하고 있다. 장지연(張志淵)이 유교 개혁운동을 전개하면서 진화·평등·겸선(兼善)· 강립(强立)· 박포(博包)· 지성(至誠)의 6 대주의로 개혁원리를 제시하는 데서도, 새로운 선비상은 진보와 평등의 이념을 추구하는 근대적 가치의 담당자로 이해되고 있음을 볼 수 있다. 사실상 애국 계몽사상가들은 선비의 신분적 특권이나 역할의 가능성을 더 이상 허락하지 않는다. 이제 국민대중 교육을 통하여 새로운 청년세대의 지식층에 기대를 하고 있는 것이다.

일제의 억압기에 애국 계몽사상이 활발하게 전개되었을 때, 다른 한편 전통도학의 선비들은 혹독한 비판을 받았지만 오히려 산간에 은둔하여 끈질기게 일제의 억압정책에 항거하였다. 일제의 민적(民籍)등록을 거부하고 창씨(創氏)의 강요에도 저항하였다. 조선의 선비는 결코 일본인에 동화될 수 없었다. 단발의 강행에 응하지 않았고 일본말을 입에 올리지 않았다. 심지어는 일본인이 설치하였다고 철도를 이용하지 않았고 신(新)학교에 자녀들을 입학시키지도 않았다. 이러한 저항정신은 선비들의 강인한 민족의식을 표현한 것으로 존중될 수 있지만, 이미 변혁된 사회에서 지도적 기능을 상실한 것은 사실이다.

## 11.6 선비정신의 현대적 의의

박지원이 조선시대의 선비가 지닌 사회기능적 성격을 규정한 것은 일종의 종합적인 결론을 내린 것이라 볼 수 있다." 천하의 공변된 언론을 사론(士論)이라 하고, 당세의 제일류를 사류(士流)라 하며, 온 세상에 의로운 주장을 펴는 것을 사기(士氣)라 하고, 군자가 죄없이 죽는 것을 사화(士禍)라 하며, 학문과 도리를 강론하는 것을 사림(士林)이라 한다." 그는 또한 선비의 도덕적·인격적 위치를 해명하여," 효도와 우애는 선비의 벼리요, 선비는 사람의 벼리이며, 선비의 우아한 행실은 모든 행동의 벼리이다"라고 언급하였다.

전통사회에서 선비는 분명히 그 사회의 양심이요 지성이며 인격의 기준으로 인식되었고, 심지어 생명의 원동력인 원기라 지적되었다. 삼국시대부터 조선사회까지 그 시대적 양상에서 차이가 있다 하더라도 선비는 각 시대에서 지도적 역할을 하는 지성으로서의 책임을 감당해 왔다. 이처럼 개화 이후에도 시대이념을 수호하고 이끌어가는 주체로서 지성인의 역할이 요구되는 것이 사실이다. 독립투쟁기에는 의사(義士)·열사(烈士)가 요구되고, 산업성장기에는 경영자·기술자가 요구된다. 선비는 언제나 그 사회가 요구하는 이념적 지도자요, 지성인임을 가리킬 수 있다.

여기서 전통의 선비상은 우리 시대에서도 의미있는 선비의 조건을 제시해준다. 곧 선비는 현실적·감각적 욕구에 매몰되지 않고 보다 높은 가치를 향하여 상승하기를 추구하는 가치의식을 갖는다. 그리고 그의 신념을 실천하는 데 꺾이지 않는 용기를 지닌다. 자신의 과오를 반성할 줄 아는 성찰자세가 필요하며, 사회의 모든 계층을 통합하고 조화시키는 중심의 역할이 있다. 선비는 이제 신분적 존재가 아니라 인격의 모범이요 기준으로서 인간의 도덕성을 개인 내면에서나 사회질서 속에서 확립하는 원천으로서 이해될 수 있다.

# 12. 한국유교의 국가관

## 12.1 문제의 성격

　유교사상의 발생과 성장은 중국에서 고대국가의 발생과 성장에 때를 같이 한다. 유교의 성인인 요(堯), 순(舜), 우(禹), 탕(湯), 문왕(文王), 무왕(武王)은 동시에 제왕이었으므로 성왕이라 일컬어지고, 유교의 현인인 고요(皐陶), 기(夔), 이윤(伊尹), 부열(傅說), 주공(周公), 소공(召公)은 신하이므로 현신(賢臣)이라 일컫는다. 유교경전으로서 『서경(書經)』은 역대 제왕과 신민(臣民)들 사이에 정사론을 기록하였고, 『시경(詩經)』은 각 국의 풍요(風謠)와 찬가(讚歌)와 제가(祭歌)를 모은 것이다. 특히, 『춘추』는 주왕조(周王朝)의 노국(魯國)의 역사 기록이요, 『주례(周禮)』는 주왕조의 관제를 규정한 것이니, 이처럼 경전이 국가의 정사와 연결된 것임을 알 수 있다. 따라서, 유교의 기본 기능이 ' 나라를 다스리는 것[理國]' 이라 규정되기도 한다.1)

　우리의 고대사회에서도 부족국가로부터 고대국가로 발전하는 삼국 초에 통치질서를 형성하는 데 임금과 신하 사이에 인(仁)이나 충(忠) 등 유교의 정치윤리가 요구되었던 사실은 매우 의미 있는 일이다.2) 은(殷)나라 말의 현인이요 유교의 통치체계인 홍

---

1) 崔承老가 高麗 成宗에게 올린 時務 28條 上疏에서는," 三敎[儒· 佛· 道]는 각각 추구하는 바가 있으니 뒤섞어 하나로 만들 수 없다. 佛敎를 수행하는 것은' 자신을 닦는 근본[修身之本]' 이요, 儒敎를 실행하는 것은 ' 나라를 다스리는 근원[理國之源]' 이다. 자신을 닦는 것은 다음 세상을 위한 밑천이요, 나라를 다스리는 것은 곧 오늘에 할 일이다" 라고 하였다. (『高麗史』 列傳 권6, 崔承老)

범구주(洪範九疇)를 계승하여 주나라 무왕에게 전수해 준 인물로
알려진 기자(箕子)가 조선 후(侯)에 봉해졌다는 데 근거한 기자
조선의 이념은 조선왕조에 이르면 유교이념의 국가적 시원(始源)
으로 중요시되고 있다. 국가가 유교이념으로 뒷받침되고 운영되
어 왔던 역사적 전통은 삼국시대부터 조선시대까지 일관적으로
지속되었던 것이 사실이다. 물론, 시대에 따라 그 사회에서 중심
적인 역할을 하는 종교에 불교가 자리잡기도 하였지만, 국가 통
치의 체제와 방법은 유교에 기반하였던 사실을 주목할 필요가
있다.

　한국의 역사를 통하여 유교의 국가관을 이해한다는 문제는, 유
교가 국가관에 결정적으로 작용해 왔다는 점에서 근본적인 문제
라 할 수 있다. 한마디로 유교국가의 성격을 이해하는 문제이기
도 하다. 여기서 유교이념은 시대에 따라 이해체계가 변해왔다는
점과 우리 역사 속의 국가도 왕조와 시대에 따라 환경과 체제에
변화를 겪었다는 점을 충분히 유의하여야 할 것이다. 또한 유교
적 국가관을 인식하기 위해서 중국의 경우와 우리나라의 경우가
깊은 상관관계를 갖는 점이 고려되어야 한다. 우리나라나 우리의
유교사상이 중국의 영향을 받고 많은 면에서 모방하고 있지만
동시에 한국유교의 특성이 있고 중국과 다른 우리 왕조의 체질
이 있다. 이처럼 역사의 변천과 한국적 특성에서 한국유교의 국
가관을 이해한다는 문제는 우리 역사에서 유교와 국가의 상호관
계를 이해하는 문제로 파악할 필요가 있다. 그만큼 우리 역사 속
에서 유교와 국가는 서로 영향을 주면서 자신을 형성한 것이라
하겠다.

　여기서는 국가의 기본체계와 국제관계 및 규범의 세 가지 범

---

2) 金哲埈,「三國時代의 禮俗과 儒敎思想」,『大東文化硏究』제6~7집, 1970,
　 p. 125 참조.

주에서 한국유교의 국가관에 접근하면서 역사적 변천과 중국에
비교되는 우리의 인식태도를 탐색해 보고자 한다.


## 12.2 국가의 기본체계

### 1) 왕권천명사상(王權天命思想)

고대국가의 발생에 관해서 서술하고 있는 개국신화 및 시조신
화에 나타난 그 신이성(神異性, 神秘性)은 비유교이지만, 유교적
의미를 지닌다고 하겠다. 단군신화에서는 하느님[桓因]의 아들이
하강하여 웅녀와 사이에 아들 단군을 낳아 임금으로 삼게 하였
다고 하며, 고구려의 시조 동명왕은 천제(天帝)의 아들 해모수와
하백의 딸 유화 사이에 한 알[卵]로 태어났고, 신라의 시조 혁거
세도 6부 촌장이 임금을 찾아 나라를 세우고자 할 때 이상한 기
운이 전광(電光)처럼 드리운 곳에 놓여 있던 자주빛 알[紫卵]에
서 나왔다 한다.3) 이처럼 시조의 왕은 하늘의 자손이거나 하늘이
내려준 신이(神異)한 인물로 기록되어 있으며, 또한 시조의 왕이
출현함으로써 나라가 세워지는 것으로 본다. 여기서 왕은 천명을
받아서 출현한다는 왕권천명설의 이념이 나타나고 있으며, 또한
왕과 국가의 관계는 동시에 성립되는 것이지만 왕이 국가에 대
해 주체적 위치를 갖는 것으로 이해되고 있다.

---

3) 一然은 『三國遺事』「叙曰」에서 孔子가 "怪力亂神(괴이한 것, 힘센 것, 어
지러운 것, 귀신)을 말씀하지 않았다"는 것을 인정하면서, 그렇지만 "帝
王이 일어날 때에는 符命과 圖錄을 받아 凡人과 다름이 있으니 그런 다
음에 능히 大變을 타고 大器를 잡고서 大業을 이룰 수 있다"고 유교적
논리로 神異의 정당성과 그 事例를 밝혀준다(『三國遺事』 권1, 紀異 第
一, 叙曰)
　『三國遺事』 권1, 紀異 第一, 高句麗條 및 新羅始祖赫居世王條.

　　고려 태조 왕건은 「훈요십조(訓要十條)」의 첫머리에서 " 우리나
라의 대업은 제불(諸佛)이 호위하는 힘에 의지한다"라 하여 창업
의 근원을 불교적으로 밝혔다. 그러나 자신을 왕으로 추대하는
신하들이 탕왕(湯王)과 무왕(武王)을 본받아 왕위에 오르도록 건
의한 데 대해," 이는 혁명을 말함인데, 부덕한 내가 감히 탕왕,
무왕의 일을 본받을 수 있겠는가"라고 사양하였던 것은 사실상
혁명으로써 왕조의 창업을 수행하였음을 말한다. 왕을 세우는 것
도 하늘의 뜻이지만 나라를 일으키거나 멸망시키는 것도 하늘의
뜻[天命]에 달려 있는 것이라 인식하고 있다. 신라의 진흥왕은 백
제가 연합하여 고구려를 치자고 제의해 왔을 때," 나라의 흥(興)
은 하늘에 달려 있다. 만일 하늘이 고구려를 미워하지 않는다면
내 어찌 이를 바라겠는가?"[4]라고 내답하였고, 경순왕이 고려에
항복하려 할 때 태자는" 나라의 존망은 천명에 매인 것이니, 충
신· 의사(義士)와 더불어 인심을 수습하고 스스로 지키다가 힘이
다한 다음에 그만둘 일이다"[5]라고 부왕께 건의하였다. 외교적 명
분으로나 국가의 멸망 위기에서 천명이 국가의 존망을 결정하는
것이라는 신념은 왕권과 더불어 국가의 존립이 인간의 의지를
넘어서는 하늘의 의지[天命]에 있음을 확인해 주고 있다. 조선왕
조의 개국에 대해서는" 해동 6용이 ᄂᆞᄅᆞ샤 일마다 천복이시니
[海東六龍飛, 莫非天所扶]"로 시작되는『용비어천가(龍飛御天歌)』에
서 왕업이 천명에 따른 것임을 예찬한다. 천명의 명분으로서만
국가와 왕권이 합법성을 지닐 수 있다는 천명사상은 왕이나 국
가뿐만 아니라 개인 존재와 모든 사물에 이르기까지 이 세상적
인 모든 것의 존재근거를 제공해 주는 것이다.
　　율곡의 창업론에서는 왕업, 곧 국가의 개창(開創)에는 덕과 시

---

4) 같은 책, 眞興王條:" 國之興亡在天."
5)『三國事記』권12, 新羅本記 敬順王 9年條:" 國之存亡, 必有天命."

기가 갖추어지면서 동시에 하늘에 호응하고 민심에 순응할 것을 요구하였다.6) 천명을 받아 창업을 하는 사실에 요구되는 구체적 조건을 다시 분석하면, 인격적 조건으로서의 덕을 갖추고서 역사적으로 변혁기의 시대를 만나야 하고, 여기에서 나아가 초월적으로 하늘의 명령을 받고 현실적으로 백성의 뜻에 따라야 한다는 것이다. 여기서 하늘의 명령에 대답하는 것과 백성의 마음에 순응하는 것은 같은 사실의 서로 다른 측면으로 파악된다.

김시습은 소설인『금오신화(金鰲新話, 南炎浮洲志)』에서 " 나라는 백성의 나라요, 명령은 하늘의 명령입니다. 천명이 가버리고 민심이 떠나면 자기 몸을 보전하고자 해도 어찌 보전되겠습니까?"라 하여 천명과 민심으로 국가가 성립되는 것임을 밝히고 있다. 천명은 민심을 통하여 나타난다는 민심천명론은 초월적이고 궁극적인 근거의 신념을 현실적이고 구체적으로 인식하는 유교적 인식 방법이다. 이런 의미에서 객관적, 공개적으로 확인할 수 없는 천명을 현실 사회 속에서 인식될 수 있는 민심을 통하여 확립하게 된다. 이에 따라 국가의 존립 근거를 백성의 뜻[民心]에서 발견하는 민본 사상은 천명사상을 현실화시켜 사회 속에 제시하는 것이다.

퇴계는 선조 임금에게 " 성실하게 수양하고 성찰함으로써 하늘의 사랑을 이어받을 것"을 요구하면서, 하늘이 백성을 사랑하는 마음을 스스로 시행할 수 없어서 가장 덕이 뛰어난 인물을 임금으로 삼아 인정(仁政)을 베풀게 한다고 해명하였다.7) 곧 군왕은 하늘이 백성을 사랑하는 일을 대신하여 행하는 위치에 있는 것

---

6)『栗谷全書』권25, 聖學輯要, 識時務章:" 創業之道, 非以堯舜湯武之德, 値時世改革之際, 應乎天而順乎人, 則不可也."
7)『退溪集』권6, 戊辰六條疏:" 其六日, 誠修省以承天愛, …… 天有是心, 而不能以自施, 必就夫最靈之中而尤春其聖哲元良德協于神人者, 爲之君, 付之司牧, 以行其仁愛之政."

이다. 따라서, 바로 이 하늘을 대신하여 백성을 돌보고 사랑하는 것이 군왕과 국가에 부여된 하늘의 명령이라 할 수 있다.

### 2) 군(君)· 신(臣)· 민(民)의 상호관계

신라의 경덕왕으로부터 「안민가(安民歌)」를 지어달라는 요청을 받고 충담사가 지은 노래에서는 " 군(君)은 아비요, 신(臣)은 사랑스런 어미시라, 민(民)을 즐거운 아해로 여기시니, 민이 은애(恩愛)를 알지로다. 구물구물 사는 물생(物生)들 이를 먹여 다스리니, 이 땅을 버리고 어디로 갈소냐, 나라를 지닐 줄 알지로다"라 하고, 그 후구(後句)에는 " 군(君)답게 신(臣)답게 민(民)답게 할지면, 나라는 태평하리이다"라 하였다.8) 이 사뇌가(詞腦歌) 한 수 속에 당시의 국가에 대한 의식이 승려의 입으로 표현되어 있다. 나라에는 군과 신과 민이 있으며, 각각 아비, 어미, 아이들의 가족적 관계로서 사랑으로 기르는 역할을 보여준다. 한마디로 나라를 태평하게 하기 위해서는 ' 군답게, 신답게, 민답게' 각각의 역할을 할 것이 요구된다. 공자도 정치의 방법으로 " 임금은 임금답게, 신하는 신하답게, 아비는 아비답고, 자식은 자식다워야 한다[君君, 臣臣, 父父, 子子]"9)라 언명하였지만, 국가의 기본 구성으로서 인간관계의 범주는 임금과 신하와 백성으로 파악될 수 있다.

먼저 임금과 백성의 관계는 임금이 하늘로부터 부여받은 임무가 백성을 보살피는 것이라는 민심천명론적 입장에서 보면 " 백성은 나라의 근본이요, 임금의 하늘이 된다"고 할 수 있다.10) 백

---

8) 李丙燾 譯註, 『三國遺事』, 東國文化社, 1965, p. 245.
9) 『論語』 顔淵 11.
10) 『芝峯集』 권22, 條陳懋實箚子:" 國以民爲本, 君以民爲天, 天之立君, 所以養民."

성이 나라의 근본이라는 명제는 민본주의의 기본적인 것으로, 백성이 없으면 나라가 있을 수 없고 백성이 있으면 나라도 있다는 것이다. 곧 백성을 국가 성립의 전제로 인식한다. 맹자도 백성이 하고자 하는 것을 부여하면 민심을 얻고, 민심을 얻으면 백성을 얻으며, 백성을 얻으면 천하를 얻는다고 하였다.11) 유성룡은 "국가를 유지하는 것은 인심뿐이다. 비록 위기의 때라도 인심이 단결되었으면 국가가 편안하고, 인심이 흩어지면 국가가 위태롭다"12)라 하여 민심이 국가를 유지하는 필수적 조건으로 확인하고 있다.

또한 국가에서 임금과 백성의 관계를 유기적 일치관계로 해명하기도 한다. 고려 성종은 "임금은 만민의 우두머리요, 만민은 임금의 배와 심장이라"13) 하여 한 몸의 유기적 일체로 제시하였다. 조선시대의 조광조는 하늘과 인간이 이(理)에서 일치하듯이 임금과 백성도 도(道)에서 일치하여 일체를 이루는 것임을 지적하였다.14) 숙종의 명으로 이현일이 「어제주수도설발휘(御製舟水圖說發揮)」를 편찬하는 데서도, 임금을 배[舟]에 백성을 물[水]에 비유하여 물이 배를 실어 주기도 하고 엎어 버리기도 한다는 순자의 주수지유(舟水之喩)에 따라 군·민(君·民)관계를 파악하기도 한다.15) 임금은 백성이라는 물 위에 떠 있는 배와 같아서 물이 들어오면 배가 뜰 수 있고 물이 빠져나가면 배는 땅에 닿아버린다. 이처럼 임금은 백성의 뜻에 순응하여 조화를 이루어야 하는

---

11) 『孟子』離婁上 9.
12) 『西厓集』年譜, 上劄請鎭定人心: "國家所以維持者, 人心而已, 雖危亂之際 人心離散則國危."
13) 『高麗史』世家, 成宗: "君后萬民之元首, 萬民君后之腹心."
14) 『靜菴集』권2, 謁聖試策: "天與人, 本乎一, 而天未嘗無其理於心, 君與民 本乎一, 而君未嘗無其道於民, 敎古之聖人, 以天地之大兆民之衆, 爲一己, 而觀其理 而處其道."
15) 『荀子』王制 및 哀公: "君者舟也, 庶人者水也, 水則載舟, 水則覆舟."

것이며, 백성이 근본조건이 되는 것으로 본다.

임금과 신하의 관계는 충담사의 「안민가」에서는 백성에 대해 아비와 어미의 관계로 백성을 사랑하고 배양하는 것이 역할로 제시되었다. 신하는 임금에게 충성을 다하며 직간(直諫)하여 임금의 마음을 바로잡는 의무감을 갖는 것으로 이해된다. 신라의 박제상이 인용한 말," 임금이 근심이 있으면 신하가 욕되고, 임금이 욕되면 신하는 죽는다[主憂臣辱主辱臣死]"(『三國遺事』 권1, 金堤上條)는 말은 충성의 도리를 강조하는 것이다. 이에 비해 조선시대 조광조는 절명시(絶命詩)에서" 임금 사랑하기를 아비 사랑하듯 하였고, 나라 근심하기를 내 집 근심하듯 하였네[愛君如愛父, 憂國如憂家]"라 하여 임금과 나라를 가정적 친애감으로 제시하기도 한다.

그러나 조선시대에는' 군신유의[임금과 신하 사이에는 의리가 있어야 한다]'의 규범에 따라 의에 맞으면 나아가 군신관계를 맺고 의에 맞지 않으면 물러나 백성으로 머무른다. 선비로서 관직에 나가 군신관계를 맺지 않으면 그 임금의 위급에 나서서 생명을 바칠 의무가 없다고 이해하는 태도도 있었다.16) 이처럼 군신관계가 의리에 따라 선택적으로 맺어지는 것이지 선비가 필연적으로 신하가 되는 것이 아니라는 입장이 선비의식으로 정립되었던 것이다.

---

16) 李恒老는 丙寅洋擾(1866) 때" 선비로서 一命(한 번 관직을 받은 자) 이상이면 國家에 患難이 있을 때는 奔赴(달려가 일 책임을 다하는 것)함이 의리이다."(『華西集』附錄年譜)라 하여 上京하여 上疏를 올렸고, 乙巳勒約(1905)과 庚戌國恥(1910) 때에 一命 이상이라 하여 義兵을 일으키거나 自決한 사람도 있고, 一命도 없다 하여 隱遁하는 것을 당연시하는 인물도 있었다.

3) 국가의 제도와 의례(儀禮)

군왕[통치자]이 백성을 배양하는 통치 활동은 바로 교화(敎化)
의 역할이다. 유교사회에서 국가는 교화를 위해 필요한 기본방법
으로서 예(禮)· 악(樂)· 형(刑)· 정(政)을 들고 있다. 예· 악은 문
화적, 정신적 교화라고 한다면, 형· 정은 법률적, 행정적 교화이
다. 유교이념에서 보면 예악이 교화의 근본이고 형정의 지말(枝
末)이다. 여기서 국가의 제도적 조직으로 형정의 분야를 먼저 살
펴보면, 유교적 국가의 정부제도는 삼공(三公)과 6조[六部]로 이
루어져 있고, 동반[文班]과 서반[武班], 내[京]직과 외[地方]직으로
구분된다.

이처럼 좌우와 동서와 내외의 행정제도는 음양의 자연 질서에
상응하는 것이며, 6조 제도는『주례(周禮)』의 6관제도를 계승하
여 천지와 춘하추동의 자연 질서에 상응하는 것이다. 이처럼 국
가의 행정제도를 자연의 우주적 질서에 상응시키는 것은 하늘과
의 조화를 추구하는 것이라 할 수 있다. 경연(經筵, 또는 書筵)의
제도는 임금[또는 세자]이 강학(講學)하고 유현(儒賢)을 만나는
곳으로 유현을 스승으로 삼아 이목(耳目)과 지려(智慮)를 넓힐
수 있게 한다.17)

간관의 제도는 임금의 잘못을 논하여 간언(諫言)하며, 언로(言
路)를 열어 백성의 뜻이 임금에게 알려지게 하는 이목의 역할을
한다. 사간원, 사헌부, 홍문관이 언관(言官)에 참여하여 특별한 비
중을 두는 것은 언로가 국가의 존망에 매우 중요한 역할을 하는
것으로 인정되었기 때문이다. 신숙주는 언로가 국가에서 지닌 역
할을 인체에서 혈기로 비유하여 강조하였다.

---

17) 宋秉璿,『武溪謏輯』권1, 治道· 懋修身:" 天下之義理無窮, 一人之聰明有
限, 故必合天下之耳目以爲耳目, 合天下之智慮以爲智慮, 然後方可盡天下
之義理, 而兼否下之喜矣."(南塘筵說)

" 언로가 한 나라에 있는 것이 마치 사람의 몸에 혈기가 있는 것과 같다. 혈기가 한참이라도 통하지 않으면 온 몸에 병이 나서 마음도 편안할 수 없으며, 언로가 하루라도 통하지 않으면 사방에 병이 생겨 임금도 편안할 수 없다."18)

혈기는 곧 생명력과 같은 것이요, 국가의 존망이 여기에 달려 있는 것이다. 조광조도 언로를 소통시키는 일의 중요성을 강조하였다.

" 언로가 통하고 막힘은 국가에 가장 크게 관계된 것이니, 언로가 통하면 다스려져 평안하고 막히면 어지러워져 망하게 된다. 그러므로 임금은 언로를 넓히는 데 힘써서, 위로는 공경(公卿)과 모든 관리로부터 아래로는 마을과 저자의 백성에 이르기까지 모두 다 말하게 해야 한다."19)

언로는 모든 사람이 자유롭게 말하여 그 뜻이 임금에게 전해질 만큼 소통의 통로가 넓어야 한다는 것이다. 이 언로가 한 나라의 모든 부분 사이를 소통시킴으로써 막히고 단절되어 원망이 쌓이지 않게 한다. 특히 율곡은 언로가 원활하게 소통하여 공공한 의사를 형성한 공론이 정부에 있으면 나라가 편안하지만, 언로가 위로 통하지 않아서 공론이 정부에 없고 민간에 있으면 나라가 어지러워지고, 언로가 상하에 모두 막혀서 정부나 민간에 모두 공론이 없으면 나라가 망하는 것이라 분석하면서 공론이 국가의 원기(元氣), 곧 생명력이라 강조하였다. 또한 이 공론은 국가가 추구해야 할 판단의 최고 기준이 되는 '국시(國是)' 를 가리키는 것으로서, 온 나라의 백성이 일치되는 합일점을 의미한다.20)

18) 『保閑齋集』 上文宗論言路疏.
19) 『靜菴集』 권2, 司諫院請罷兩司啓.

한국사상과 유교 203

국가의 또 다른 교화 제도로서 예전은 길례(吉禮)· 흉례(凶
禮)· 군례(軍禮)· 빈례(賓禮)· 가례(嘉禮)의 5례를 유교적 국조례
[또는 邦國禮]의 기본체계로 한다. 특히 길례(吉禮) 곧 제례(祭禮)
는 신라의 36대 혜공왕 때 종묘제(宗廟制)로서 5묘제가 설정되고
37대 선덕왕 때는 사직단(社稷壇)을 세웠다 한다.21)

이러한 예제(禮制)는 8세기 후반의 통일신라시대에서 중국을
천하로 하고 우리가 제후국(諸侯國)의 위치에 있음을 보여 준다.
원래 부여의 영고(迎鼓), 고구려의 동맹(東盟), 예(濊)의 무천(舞
天)은 우리의 고대 제천의례이었으나 유교문화가 정착되면서 중
국과 우리나라의 관계가 천자(天子)와 제후(諸侯)의 봉건적 질서
로 이해되면서 제천의례는 거의 쇠퇴하였다.

조선왕조 말엽, 고종이 대한제국의 황제로 즉위할 때[高宗 34
年, 1897, 光武元年] 원구(圓丘) 단을 쌓고 천신과 지기(地祇)에
제사 드리고, 이 원구에서 즉위식을 거행하였던 것은 바로 천자
로서의 의례적 정당성을 확보하는 것이다.22) 이때에 제천의례는
천신에 직접 제사하는 천자의 특권으로서, 칭신(稱臣, 제후로서
천자에게 자신을 '臣' 이라 일컫는 것)하지 않는 천자국, 곧 독립
국의 상징으로 받아들여졌다.

___

20) 『栗谷集』 권7, 代白參贊仁傑疏: " 公論者, 有國之元氣也, 公論在於朝庭,
則其國治, 公論在於閭巷, 則其國亂, 若上下俱無公論, 則其國亡."
같은 책, 권7, 辭大司諫兼陣洗條東西疏: " 人心之所同然者 謂之公論, 公論
之所在謂之國是, 國是者一國之人 不謀而同是者也."
21) 『三國史記』 권32, 雜志, 祭祀에서는 惠恭王이 세운 五廟는 味鄒王(金姓
의 始祖)과 太宗大王, 文武大王(百濟와 高句麗를 平定한 功德이 있음)의
3廟와 親廟(祖父와 父) 2廟로 이루어졌다 한다. 五廟制는 封建禮制에서
天子 7廟, 諸侯 5廟, 大夫 3廟, 士 2廟, 庶人 1廟의 差等체계 가운데 諸
侯의 宗廟制度를 가리킨다.
22) 『增補文獻備考』 권54, 禮考· 圓丘.

## 12.3 국제관계 속의 위치

### 1) 화이론적(華夷論的) 인식

우리나라는 주변의 여러 나라와 깊은 관계 속에서 자기 위치를 확인하고 안전을 유지해왔다. 특히 중국의 강대한 힘과 문화적 우세 앞에 중국과의 관계가 일차적으로 중요하였다. 유교사상에는 중국중심의식이 확고하게 자리잡고 있으며, 그 중국중심의식이 중화주의(中華主義)요, 중화에 대해 이적(夷狄)을 대립시켜 문명과 야만으로 파악하고 있는 것이다. 유교이념에 따라 중화를 존중하고 이적을 천시하는 의식이 형성되면서 한편으로 중화·이적의 구분법, 곧 화이론에 따르면 우리나라가 이적[곧 東夷]이므로 중국을 모방하며 우리의 고유한 관습과 전통제도를 개혁하려는 요구가 대두되었고, 다른 한편으로 우리나라가 이적의 땅에 자리잡고 있지만 문화적이나 역사적으로 중화와 일치하는 것이라는 소중화주의(小中華主義)의 자존의식이 대두하였다.

『산해경(山海經)』 대황동경(大荒東經)조에 나오는‘ 군자지국(君子之國)’ 이라는 명칭이 동방의 나라를 가리키고, 당(唐)현종이 형숙(邢璹)을 신라에 사신으로 보내며 말하기를,“ 신라는‘ 군자지국’ 이라 일컬어지며, 자못 서기(書記)를 알아 중국과 유사하다” 라 하였다 한다.23) 또한 기자(箕子)가 주(周)무왕에 의해 조선후(朝鮮侯)에 봉하여졌다는 『사기(史記)』 송미자세가(宋微子世家)의 기록을 근거로 기자가 8조금법(八條禁法)으로 조선 땅을 교화하였다는 기자조선의 관념은 군자국(君子國)의 의미를 더욱 강화시켜‘ 기성지방(箕聖之邦)’ 으로 받아들여진다. 또한‘ 동방예의지국’ 이라는 호칭도 『산해경』에서 군자국에서는“ 의관을 갖추고 칼을

---

23)『三國史記』 권9, 新羅本記 孝成王.

차며, 사양하기를 좋아하여 다투지 않는다[衣冠帶劍 … 好讓不爭]"라 하여 예의와 연결시켰고, 또한 중국문화와 예법을 받아들여 유교적 중국문화권에 정착하였을 때에는 '동방예의지국', 또는 '소중화(小中華)'가 중국화한 현상을 가리켜 말한 것일 수도 있다. 그만큼 철저히 화이론을 받아들여서 우리나라를 중화와 연결되고 이적으로부터 단절되었음을 확인하는 태도가 철저하게 정립된 것이다.

조선시대로 내려오면서 유교이념이 확립되었을 때는 중화의식이 더욱 확립되어 우리를 중화로 확인하고 여진(女眞), 일본 등 중국 이외의 나라를 이적으로 경멸하는 자세를 지녔다. 일본은 왜이(倭夷)요 여진은 북호(北胡)로 일컬어졌다. 특히 만주족이 세운 청나라 태종의 침략을 받고 인조가 항복을 하였던 병자호란(1636) 이후에는 화이론에 기초하여 청을 이적으로 보아 '중화를 높이고 이적을 물리치는 것[尊中華攘夷狄]'을 춘추대의(春秋大義)로 표방하여, 멸망해 버린 명(明)을 존숭하고 청을 배척하는 숭명배청론(崇明排淸論)을 전개하였다. 이러한 입장에서는 중국 땅도 모두 오랑캐인 청에 의해 유린당하였으니 중화문화는 우리나라에만 남아 있다는 대청중화의식(對淸中華意識)이 팽배하였다.24)

화이론에 따른 중화의식은 문화적 자족에 젖어 외래적인 것을 이적이 중화를 어지럽히는 것으로 거부하는 폐쇄적 자존의식에 빠져들게 하였다. 이에 따라 서양 문물이 조선 후기에 전래해오고, 19세기에 와서는 서양의 통상 요구에 대해서도 양이[洋夷, 또는 西胡]로 배척하고 거부하였다. 일본이 개항(開港)에 따라 서양 문물을 받아들였을 때는 왜양일체론(倭洋一體論)을 내세워 일본도 양이가 된 것으로 확인하고, 우리나라가 유일의 중화임을 자

---

24) 丙子胡亂 이후의 尊明排淸論的 中華意識을 표출시키는 문헌으로 『尊周彙編』(正祖命撰), 『尊攘錄』, 『尊周錄』 등이 있다.

각하여 『주역(周易)』 박괘(剝卦)의 마지막 남은 양효(陽爻)의 의
미인' 석과(碩果)'에 비유하기도 한다.25) 한말에 김평묵은 우리
나라가 중화의 마지막 보루임을 강조하고 있다.

> " 오호라, 중국이 멸망하고 온 천하가 오랑캐의 누린내로 뒤덮
> 인 지가 2백 년이 되었다. 한 가닥 양(陽)의 기운이 우리나라에
> 맡겨져 있어서, 마치 천지가 캄캄한데 별 하나가 외롭게 빛나며,
> 홍수가 온 들판에 넘쳐 아득한데 산 하나가 외롭게 솟아 있는 것
> 과 같으니, 하느님의 돌보심이 여기에 있고 만백성이 기대함이
> 여기에 있다."26)

### 2) 사대론(事大論)의 성격

「삼국사기」의 기록에 따르면 고구려 초 유리왕 때(A.D. 9년)
부여왕 대소(帶素)의 사신이 와서 이르는 말에 사대의 문제가 논
의되고 있음을 본다.

> " 무릇 나라에는 크고 작음이 있고, 사람에는 어른과 아이가 있
> 으니, 작은 나라가 큰 나라를 섬기는 것은 예의요, 아이가 어른을
> 섬기는 것은 순종이다. 이제 왕이 만약 예의와 순종으로 우리(扶
> 餘)를 섬길 수 있다면, 하늘이 반드시 이를 도와 국운이 오래 갈
> 것이나, 그렇지 않으면 사직(社稷)을 보존하고자 하더라도 어려울
> 것이다.27)

삼국이 차이는 있어도 중국에 대해 사대함으로써 중국에 대한
관계를 유지하여 사직을 보존하고자 한 데는 공통적이다. 중국은

---

25) 琴章泰, 「한국 근세유학의 역사의식」, 『겨레문화1』, 한국겨레문화연구원,
    1987, pp. 88~95 참조.
26) 『重菴集』 권5, 代京畿江原兩道儒生論洋倭情迹, 仍請絶和疏.
27) 『三國史記』 권13, 高句麗本記·琉璃明王 28年條.

자신에게 조공하여 복속(服屬)하려 하지 않는 변방을 허용하지
않았다. 삼국시대 이후 중국에 대한 사대예법으로 정기적인 조공
을 드렸고, 국왕과 세자에 대한 책봉을 받아서 천자에 대해 칭신
(稱臣)하는 군신관계를 맺어 외방 제후국의 위치를 확립하였다.28)

조선왕조는 개국 직후에 명에 사신을 보내 왕조의 창업 사실
을 보고하고 국호를 선택해 줄 것을 청하였으며, 명의 위압적 태
도를 달래고 변명하기 위해 끈질긴 노력을 하여 '조선'의 국호
를 승인받고 개국 후 8년 만에 조선국왕의 고명(誥命)과 인장(印
章)을 받았다. 이성계가 위화도 회군으로 고려의 실권을 장악하
게 될 때도 회군의 주요 명분으로서, "작은 나라로 큰 나라를 거
역하는 것이 불가하다"는 것을 들어서 사대가 보국(保國)의 기본
방법임을 밝혔다. 변계량은 사대의 중요성을 강조하였다.

> "군신의 분수는 하늘이 높고 땅이 낮은 것과 같아 문란하게 할
> 수 없으니, 사대의 예도 삼가 신중하여야 하며, 대소의 세력이 흰
> 것과 검은 것을 뒤섞을 수 없는 것과 같으니, 사대의 예도 삼가
> 신중하여야 한다." 29)

사대론에는 중국의 기내제후(畿內諸侯, 천자의 직할지역)와 구
별된 국가의 독자성을 전제로 하고 외교적 수단으로서만 사대의
예를 갖출 것을 요구하는 입장이 있으나, 유교이념이 강화되면서
점차 중국에 대한 군신관계의 예속성을 강조하고 제천의례(祭天
儀禮)나 묘호(廟號), 연호의 사용 및 짐(朕), 조(詔) 등 천자의 존

---

28) 朴忠錫, 『韓國政治思想史』, 三英社, 1982, pp. 52~60 참고. 朴忠錫 교수
    는 "'朝貢' 내지 '冊封' 관계가 兩國間의 '힘' 관계를 완화시키는 구체
    적인 절차를 수반하는 것이라면, '事大' 는 그와 같은 '힘' 의 관계하에
    서 양국간에 통용된 外交的 rhetoric이었던 것이다" 라 하여 小國으로서
    의 自主性을 확인하였다.
29) 『春亭集』 권6, 永樂 十三年 六月 日封事.

칭을 사용하는 것을 참월(僭越)한 것이라 하여 금하려는 입장이
확립되었다.30)

율곡의 경우는 사대가 국가간의 외교적 문제나 세력의 대소에
의한 상하적 관계가 아니라, 군신의 의리를 내세워 부모를 섬기
듯 의리와 정성을 다하여 어떤 역경에서도 섬겨야 할 강상적(綱
常的) 문제로 받아들이고 있다.

> " 하늘에 두 해[日]가 없고, 백성에 두 임금[主]이 없으니, 우리
> 나라는 아득히 해외에 있어서 비록 따로 한 나라[一區]를 이룬
> 것 같지만, 홍범의 가르침과 예악(禮樂)의 풍속이 중화에 뒤지지
> 않으니, 끝내 한 줄기 띠 같은 강물로 한계를 삼아 스스로 다른
> 나라[異域]라 할 수 없으므로 중화에 조공을 드린다. … 이름은
> 외국이지만 실로 우리나라[東方]는 주(周) 왕조 안의 제(齊)나라
> 나 노(魯)나라일 뿐이다."31)
> " 이제 무릇 작은 나라로 큰 나라를 섬겨서 군신의 분수가 이미
> 정하여졌으니 시기가 어려운지 쉬운지를 헤아리지 말고, 사세(事
> 勢)가 이로운지 해로운지 헤아리지 말고 정성을 다하도록 힘쓸
> 뿐이다."32)

유교문화의 융성기에는 중국과 우리나라 사이가 두 개의 독립
국이라는 의식은 무너지고 봉건체제에서 제후처럼 군신의 의리
로 묶어져 중국의 한 부분으로서의 의식이 강화되었던 것은 사
실이다. 이에 따라 임진왜란 때 임금과 조신(朝臣) 사이에서 중

---

30) 韓永愚,「朝鮮前期性理學派의 社會經濟思想」,『韓國思想大系 Ⅱ』, 成大
   大東文化硏究院 1976, pp. 80~91 참조. 韓永愚 교수는 朝鮮前期에서 創
   業期의 鄭道傳과 守成期의 卞季良· 梁誠之, 中衰期의 李滉과 李珥에 있
   어서, 事大論의 성격을 비교하여 詳論하고 있다.
31)『栗谷集』: 拾遺 권4, 貢路策.
32) 같은 곳.

국으로 망명하려는 논의도 있었다. 그러나 이 무렵 이순신은 " 임
금과 신하가 나라 안에서 함께 죽는 것이 옳다"고 주장하였으며
유성룡은 " 임금이 한 발짝이라도 우리나라를 떠나면 조선은 우
리의 것이 아니다"라고 망명론에 반대하였다 한다.33) 유학자로서
도 위기에 처해서는 사대에 앞서서 사직(社稷)의 중요성을 명백
하게 인식한 사람들은 많이 있다. 조식(曺植)은「신명사명도(神明
舍銘圖)」에서 " 임금은 사직에서 죽는다[國君死社稷]"라고 한 것
은 임금으로서 의리가 나라를 생명으로 지켜야 함을 확인시켜
준다.

### 3) 교린(交隣)의 국가의식

우리나라는 삼국시대에 서로의 긴장된 관계에서나 북으로 중
국 이외에도 만주지역을 점령한 민족들과 동(東)으로 일본과의
사이에서 교류하면서 자기 국가의 위치를 확인할 수 있는 사실
에 주의할 필요가 있다.

신라의 내물왕 때(A.D. 373) 백제의 한 성주가 부하를 거느리
고 와서 항복한 일이 있자 백제의 왕이 화친의 뜻에 어긋나니
돌려주기를 바란다는 편지를 보냈다. 이에 내물왕은 " 백성들이란
일정한 마음이 없다. 그러므로 생각이 나면 오고 싫어지면 가버
리는 것이 본래 그런 것이다"라고 대답하여 송환을 거절하였다.
백성들이 모여들도록 선정(善政)으로 나라를 지킬 것이지 강제로
얽매이게 해서는 안 된다는 백성의 자발적 취합을 존중하는 국
가상을 보여준다.

그러나 현실적으로는 서로 성(城)을 빼앗고 인질을 잡아두는
것이 실상이었다. 이때 박제상은 신라 눌지왕의 왕제(主弟)를 구
출하기 위해 고구려 장수왕에게 가서, " 듣건대 이웃 나라와 교섭

---

33) 『忠武公全書』 권2, 行錄·壬辰錄 및 『西厓集』 年譜 참조.

하는 도리는 정성[誠]과 믿음[信]뿐이다. 인질을 교환하는 것은
오패(五覇, 춘추시대의 패주)에도 못 미친다"34)라고 대의(大義)로
설득하여 왕제를 데려왔다. 이것은 단지 설객(說客)의 능변에 그
치는 것이 아니다. 삼국시대에 국가 사이에 외교의 원칙으로
성·신을 내세울 만큼 서로에 대한 신의를 추구하였던 사실을
엿볼 수 있다.

　이에 비하여 박제상이 일본에 가서는 속임수를 써서 왕제를
구출시킨 것은 일본과 사이에는 국가간의 대의를 논할 수 없다
는 일본의 성격을 파악하였기 때문이라 할 수 있다. 유교적 의리
가 통용되는 이웃국가 사이와 통할 수 없는 이웃국가 사이로 구
분하는 기준에 화이론이 적용될 수 있을 것이다.

　조선조 중종 때 변경을 이지럽히는 야인 속고내(速古乃)를 엄
습하여 잡기로 결정되었을 때, 조광조가 이를 저지하고 나섰다.

> " 이 일은 속임수요 바르지 않으니 특히 왕자가 오랑캐를 제어
> 하는 도리가 아니요, 도적이 담을 뚫는 꾀와 유사합니다. 당당한
> 조정에서 한낱 작은 오랑캐 때문에 도적의 꾀를 쓰고도 나라에
> 욕됨을 모르니, 신이 부끄러워집니다." 35)

　변방의 오랑캐에 대해서도 대의에 맞게 토죄(討罪)하여야 할
것을 도둑처럼 풀숲에 엎드렸다가 기습할 계획을 하는 것은 국
가의 체통과 신의를 잃는 것임을 경계한 말이다. 국가의 정대(正
大)한 도리를 지켜 이웃나라뿐만 아니라 이웃나라의 한 인물에게
도 신의를 잃지 않으려는 자세는 의리에 대한 신념을 국가간 교
린의 도리에 확립하고자 한 것이다.

34)『三國史記』권45, 列傳·朴堤上.
35)『靜菴集』권5, 筵中記事四.

임진왜란 직전에 일본 사신이 무력 위협을 하는데도 조정이 거절하지 못하는 것을 보고, 조헌(趙憲)은 왜사(倭使)를 거절할 것을 주장하고 이어서 왜사를 참(斬)하도록 요구하였다. 그는 교린의 도가 신의로 시종하여야 함을 지적하면서, 반복무상(反覆無常)하고 신의 없는 일본에 대해서도 인의로 상대할 것을 강조하여," 인으로 인심을 결합하고 의로써 인방(隣邦)을 이루면, 아무도 다투지 못할 것이요, 사방이 본받게 될 것이다"36)라고 밝혔다.

국가 사이의 교린에 있어서 그 관계를 인· 의 내지 성· 신으로 맺으려는 입장은 바로 우리나라의 기본이념이 유교적 도덕성을 추구하는 것이요, 국제간에도 이 도덕성으로 일반원리를 실현하고자 하는 것이다. 교린이 평등한 교류이든지 이적과의 교류이든지 신의를 전제로 하고자 하는 유교적 국제질서의 의식으로는 통상을 요구하는 서양이 이익만을 추구하여 신의를 외면하는 것으로 거부되었던 것은 매우 자연스러운 반응이라 할 수 있다.


## 12.4 국가의 기능과 규범

### 1) 왕도(王道)와 군주일심(君主一心)

제왕이 국가를 통치하는 것은 천명을 받은 데 그 근거의 정당성이 있고, 천명에 따라 천도를 실행하는 데 그 역할의 당위성이 있다. 군왕으로서 덕을 닦아 천명을 받들고 민심에 순응하여 교화를 행하는 것이 유교적 왕도의 조건이다.

---

36) 安邦俊, 『抗義新編』 請絶倭使 第1封事.
   李東俊, 『十六世紀 韓國性理學派의 歷史意識에 關한 研究』, 成大大學院. 1975, pp. 241~249 참조. 李東俊 교수는 趙憲의 封事(請絶倭使)들을 통해 국제관계에 春秋義理를 적용시키고 있음을 추적하고 있다.

하느님[桓因]이 아들[桓雄]을 세상에 내려보낼 때 ' 인간을 널리
이롭게 할 만한 곳[可以弘益人間]' 을 골랐다는 단군신화 속에서
홍익인간은 천명이요 왕도의 과제로 삼을 수 있다. 「광개토대왕
비」에서도 추모왕(雛牟王, 東明王 朱蒙)이 임종에 세자 유류왕(儒
留王, 瑠璃王)을 돌아보고 " 도로써 다스리라[以道興治]" 하고 고
명(顧命)한 데서 말한 도(道)도 왕도로 이해된다. 진흥왕의 순수
비에서는 교화의 내용을 더욱 구체적으로 제시해 준다.

> " 순정한 풍속이 일어나지 않으면 세상의 도덕이 진실에 어긋나
> 게 되고, 아름다운 교화가 베풀어지지 않으면 간사함이 다투어
> 일어난다. 그래서 제왕이 이름을 드러내는 것은 ' 자신을 닦아 백
> 성을 편안하게 함[修己以安百姓]' 이 아님이 없다. 그러나, 짐은
> 하늘의 운수를 받아서 우러러 태조의 기업을 이어 왕위를 계승하
> 니, 조심하고 삼가하여 천도(天道)를 어길까 두려워하였다. ……
> 구부려 헤아리니 옛 백성과 새로 백성이 된 자들을 어루만져 기
> 르는 데 오히려 왕도의 교화가 두루 미치지 못하고 은혜를 베풂
> 이 아직 없다고 하겠다."
>
> (磨雲嶺碑 및 黃草嶺碑)

군왕의 통치원리로서 왕도가 천명을 받아 천도를 따르며 백성
들을 은혜로 보살피는 것임을 밝히며, 이 왕도는 수기(修己)를
기초로 백성을 평안하게 하는 것임을 지적하고 있다. 왕도는 맹
자에 있어서도 백성을 사랑하는 인정(仁政)을 의미한다. 군왕이
통치하는 것을 백성의 부모 노릇을 하는 것으로 이해할 때, 권력
에 의한 지배라는 힘의 질서가 아니라 은혜와 의리로 교화한다
는 가족적 질서요 교육적 질서로서의 성격이 강조된다.

이 왕도가 천명을 받아 백성에 인정을 베푸는 도리임을 밝혀
조선초의 정도전도 임금이 " 천지가 만물을 생육하는 마음을 자

기 마음으로 삼아서 차마 못하는 정치[不忍人之政]를 행하여, 천하사방의 사람들로 하여금 기뻐하여 부모처럼 우러르게 하여야 할 것"이라 언급하고 있다.37) 국가의 통치원리로서 왕도를 담당하는 주체는 군주이고, 군주의 마음을 통치의 근원으로 본다.38) "자신을 닦아 백성을 편안하게 한다[修己而安百姓]"는 공자의 통치원리에서도 자신을 닦는 주체의 수양적 조건이 전제되고 있다. 한 나라를 사람의 몸에 비유하면 임금은 머리와 같아서 다스려질지 혼란해질지는 임금에 달려 있으며, 임금의 마음 한 번 움직이는 데 말미암는 것이라 보고 있다. 그만큼 군주는 통치의 핵심주체이다. 따라서 유학자는 임금의 마음을 바로잡음으로써 왕도의 실현을 추구한다.

퇴계는 '임금의 한 마음[人主一心]'의 성격을 상세히 설명해 준다.

> "모든 정사가 말미암는 곳이요, 온갖 책임이 모이는 곳인데, 뭇 욕심이 서로 공격하고 뭇 간사함이 잇달아 뚫으니, 조금이라도 태만하여 방종함이 잇달으면, 마치 산이 무너지고 바다가 들끓는 것과 같을 것이다."39)

이미 임금이기에 성인의 덕을 지녔다고 보는 것이 아니라 임금의 마음을 바로잡지 않으면 한 나라의 모든 정사를 그르칠 것임을 인식한 것이다. 국가를 구성하는 요소에는 백성이 근본이지만 국가의 운명을 결정하는 일은 임금의 한 마음에 달려 있는

---

37) 『三峯集』 권13, 朝鮮經國傳・ 正寶位: "人君以天地生物之心爲, 行不忍人之政, 使天下四境之人皆悅, 而仰之若父母."
38) 趙光祖, 『靜菴集』 권2, 謁聖試策: "道乃出治之由, 心爲出治之本, 而誠亦行道之要也."
39) 『退溪集』, 권7, 進聖學十圖劄.

것이라 본다. 마치 국가라는 복잡하고 큰 기계를 작동하는 스위치가 임금의 마음에 의해 조종되는 것에 비유할 수 있다. 그만큼 군왕론(君王論), 곧 통치자론에 큰 비중을 두고 있는 것이다.

2) 예교(禮敎)와 충의(忠義)

군자지국 또는 동방예의지국으로 자칭하는 나라로서 우리나라가 지닌 특성은 문화적 내지 도덕적 정립이다. 1910년, 일본의 제국주의적 침략으로 국권을 상실하였을 때 단식 자결하여 항거하였던 유학자인 박세화는 절필(絶筆)로 '예의조선(禮義朝鮮)'이란 4대자(4大字)를 썼다. 그의 문인인 윤응선은 이 말을 해석하여, "'예의'는 중화문화의 도리[華夏之道]요, '조선'은 역대 임금이 계승해온 나라[祖宗之國]이다"라고 언명하였다. 우리나라의 특질을 예의라는 전통문화의 가치규범과 조선이라는 민족국가로서 선명하게 인식하고 있음을 보여준다.40)

국가의 정신적·도덕적 특질을 '예의'로 인식하는 것은 유교이념의 가치규범을 간명하게 특징지은 것이다. 마치 최치원이 「난랑비서(鸞郎碑序)」에서 나라에 '풍류'라고 하는 현묘(玄妙)한 도가 있다 하여 신라의 정신적 특질을 규정하거나, 최남선이 우리 민족의 고대문화를 '불함문화(弗咸文化)'라 규정하는 것에 상응되는 유교적 특성이라 할 수 있다. 송시열도 '예(禮)·의(義)·염(廉)·치(恥)'를 '국가의 4벼리[國之四維]'라 하고 이 벼리가 없이는 그물이 펴지지 않듯이 국가가 될 수 없다고 지적하였다. (宋秉璿, 「武溪謾輯」, 治敎, 崇儉德)

국가의 통치 행위는 유교적 의미에서 교화요, 그것은 사회교육 내지 국민교육적 성격을 지닌다. 한 나라의 풍속은 교화의 기본 대상이다. 『시경(詩經)』의 「국풍(國風)」은 바로 나라마다의 풍속

40) 琴章泰·高光稙, 『儒學近百年』, 博英社, 1984, p. 139 참조.

을 보여주는 민요를 수집한 것이기도 하다. 풍속의 교화가 바로
풍화이다. 그것은 법으로 이끌어 가는 것이 아니라 바람이 불면
풀이 따라 눕듯이 지도자가 모범을 보이면 백성이 따르게 되는
것이다.[41]

삼국시대에 신라는 충·효의 도덕규범을 사회적으로 확립하여
국가기강의 기초를 삼았다. 특히 국가와 가정의 궁극 목표를 일
치시켜 가정적 규범인 효가 국가적 규범인 충과 일관하게 정립
시켰다. 곧 신라와 백제의 마지막 결전인 황산전(黃山戰)에서 신
라의 장수 김흠춘은 함께 출전한 아들 반굴에게 충·효의 조화
를 훈계하였다.

> " 신하로는 충성이 가장 중하고, 자식으로서는 효도가 가장 중
> 하니, 국가의 위기를 당하면 생명을 바쳐야 충과 효가 모두 온전
> 하다." [42]

가정과 국가의 규범이 서로 어긋나 갈등을 일으키는 것이 아
니라, 서로 일관하게 하여 조화시키고 있다. 고려 성종은 효를 국
가의 근본이라 규정하여," 무릇 국가를 다스리는 데는 반드시 먼
저 근본을 힘써야 하니, 근본을 힘쓰는 데는 효보다 더한 것이
없다"(『高麗史』 世家· 成宗)라고 가정에 기초한 국가의 성격을
확인해 준다. 임금을 그 교화적 기능에 따라' 군사(君師)' 라 일
컫고, 생육적 기능에 따라' 군부(君父)' 라 일컬으며, 실제에서 임
금[君]과 아비[父]와 스승[師]이 일체를 이루는 것으로 강조한다.

---

41) 孔子는 季康子가 政治에 관해 물었을 때," 그대가 착하고자 하면 백성
도 착하여질 것이다. 윗사람의 德은 바람과 같은 것이요, 아랫사람의 德
은 풀과 같다. 풀 위에 바람이 스치면 반드시 따라 쓰러질 것이다."
(『論語』 顔淵 19)라 하여, 교화 기능에 따른 통치자와 백성의 관계를 바
람과 풀에 비유하고 있다.
42)『三國史記』 권47, 列傳· 金令胤.

국가를 위한 백성의 헌신적 도덕성은 의리를 지키는 지조, 곧
절의 정신으로 지적한다. 국가의 위기에도 자신의 이익과 안전을
도모하는 것이 아니라 국가를 위해 생명을 바치는 것을 순절(殉
節) 또는 충절(忠節)정신으로 일컬어지고 있다. 그것은 국가와 백
성의 관계가 의리로 맺어지는 것이며 국가적인 것은 공공의 것
이요 의리적임을 의미한다.'예의'는 예법의 문화적 질서와 의리
의 도덕적 규범을 국가의 특질로 이해한 것이라 할 수 있다.

국가는 국가이기에 지키고 헌신해야 하는 것이 아니라, 그것이
예법의 문화요 의리의 도덕이기에 이를 위해 헌신해야 할 당위
적 의무감을 갖는다. 특히 조선시대에 들어와서는 선비정신이 강
화되었고, 이 선비정신의 내용은 의리정신으로 나타난다. 의리는
사사로운 이욕(利欲)과 대립되는 공변된 것이요, 국가가 이 의리
에 기초를 둘 때 유교이념의 정당성과 가치를 확보하는 것으로
받아들였다. 조광조는 중종 때 기묘사화(己卯士禍)로 감옥에 갇
혀 심문에 대답하면서 선비로서의 국가관을 절실하게 밝혀주고
있다.

> " 선비가 이 세상에 태어나 믿는 바는 임금의 마음뿐입니다. 망
> 령되게도 나라의 병통(病痛)이 이욕(利欲)의 근원에 있다고 헤아
> 리고서, 나라의 명맥(命脈)을 무궁토록 새롭게 하고자 하였을 뿐,
> 전혀 다른 뜻이 없습니다."[43]

### 3) 생민(生民)과 재화(財貨)

한 국가는 백성들의 생존에 소용되는 식량과 재화를 필수적
조건으로 하고 있다[44]. 율곡은 국가와 민생의 관계를 간명하게

---

43) 『靜菴集』 권2, 獄中供辭: "士生斯世, 所恃者君心而己, 妄料國家病痛在於
　　利源, 故欲新國脉於無 窮而己, 頓無他意."
44) 『三峯集』 권5, 佛氏雜辨・ 佛氏乞食之辨.

밝혀 준다.

" 임금은 나라에 의존하고, 나라는 백성에 의존한다. 임금된 자
는 백성을 하늘로 삼지만 백성은 식량을 하늘로 삼는다. 백성이
하늘로 삼는 식량을 잃으면 나라는 의지할 바를 잃게 되는 것이
불변의 이치이다."45)

　나라가 하늘로 삼는, 곧 필연적 조건이요 존립 근거인 백성에
게는 식량이 하늘이 된다면, 결국 국가도 백성의 생존에 필요한
식량 없이는 국가의 존립 기반이 위태롭게 된다는 인식을 보여
주고 있다.
　국가가 백성을 배양하는 기본 과제는 『서경』 대우모(大禹謨)에
서 제시된 정덕(正德)· 이용(利用)· 후생(厚生)으로 보거나, 공자
(『論語』子路9)가 백성들을 부유하게 하고[富之], 그리고 나서 가
르친다[敎之]는 경우에서 보면, 물질적· 경제적 조건의 충족과 정
신적· 도덕적 조건의 충족이라는 두 조건으로 확인된다. 도덕이
재화보다 더 우위적이라 평가되지만 어떤 면에서는 부지(富之)가
교지(敎之)에 방법상 선행하는 점도 주목될 필요가 있다. 율곡은
정치에서 민생을 두텁게 하는 것이 임금의 기본 임무이고 민생
이 두터워야 도덕도 보장될 수 있음을 지적한다.

" 임금된 자의 정치는 백성들에 부모가 되는 마음으로 백성의
힘을 펴나오게 해주고 백성의 산업을 두텁게 하여, 백성이 하늘
로 삼는 식량이 넉넉하도록 함으로써 그들의 타고난 착한 마음
[本然之善心]을 보존하게 하는 데 불과하다. 임금이 이 정치를 행
할 수 없다는 것은 욕심이 많은 데 얽매여 스스로 헤아리지 않는
것이다."46)

45) 『栗谷集』 권25, 聖學輯要· 爲政· 安民.

여기서 백성을 보호하고 배양하는 것이 임금의 임무라는 원칙
론과 함께 현실적으로 민생이 두터워 안정되지 않는 원인으로서
임금이 욕심에 사로잡힐 수 있다는 사실을 지적하고 있다. 임금
이 한 나라의 재화를 자신의 욕심으로 보면 권력으로 빼앗아 모
으게 되고, 따라서 백성은 빈곤에 빠지게 되는 점을 주목하였다.
율곡은 임금이 민생을 돌보지 않을 경우에는 백성과 임금이 적
대감을 갖게 될 수 있다는 현실 원칙을 적절하게 지적하고 있다.

> " 임금이 백성에 대해 부모의 마음이 없으니 백성도 임금을 사
> 랑하여 받들 생각이 없어진다. 기한(飢寒)이 몸에 절박하고 예의
> 가 모두 없어져서, 임금 보기를 시랑이, 호랑이나 원수같이 보고,
> 임금도 또한 백성을 업신여겨 감히 누구도 자신을 어떻게 할 수
> 없다고 여긴다."

따라서 율곡은 임금이 자신의 재산을 늘리고 백성을 빈한(貧
寒)하게 빠뜨릴 것이 아니라, 임금의 사유재산으로 삼았던 내노
(內帑)와 내수사(內需司)를 해체시킬 것을 요구하면서," 임금이
사유재산을 가지면 이것을' 이익을 도모하는 것[征利]' 이라 하며,
이익을 탐내는 근원이 한 번 열리면 모든 아랫사람들이 다투어
달려가서 어찌 이르지 않는 데가 있겠느냐?"47)라고 임금의 사욕
을 엄격히 경계하였다. 민생을 보호하기 위해 유학자들이 가장
마음을 쓴 부분은 임금과 관리가 사욕에 빠져 백성을 침탈(侵奪)
하고 민생을 외면하는 폐단이다.

정약용도 임금과 수령이 민생에 대해 지닌 책임을 강조하여,
" 그 재산을 고르게 마련하여서 다 함께 살린 자는 임금과 수령

---

46) 같은 곳.
47) 같은 곳:" 國君有私帑, 則是謂征利, 利源一開, 群下爭趨, 何所不至乎."

노릇을 제대로 한 자이고, 그 살림을 고르게 마련하지 못하여 다 함께 살리지 못한 자는 임금과 수령의 임무를 저버린 것이다." (田論)라고 지적하였다. 사실상 탐관오리가 횡행하여 "일산(日傘, 감사나 수령의 출입에 씀) 밑에 큰 도적이 있다"는 말이 격언이 되고, 임금이 온 나라가 자기 한몸을 봉양하여야 하는 것으로 보는 폭군이 잇달아 나오는 데서는 청백리(淸白吏)의 윤리나 군왕의 애민정신의 강조가 필요한 것은 사실이다.

그러나 민생을 두터이하기 위해서는 재화의 생산이 중요하고, 기본적 산업이 농업이었으므로 민생의 가장 기초적 방법은 부와 권세를 가진 자에게 생산 수단인 토지의 소유가 편중되는 것을 막는 것, 곧 토지제도의 균등한 운용이다. 유형원은 토지제도의 근본적 중요성을 역설하였다.

> " 토지는 천하의 큰 근본[大本]이다. 이 큰 근본이 드러나면 모든 법도가 합당하게 되지만, 큰 근본이 문란해지면 온갖 법도가 따라서 합당함을 잃게 된다."[48]

정전제적(井田制的) 토지분배의 이상과 우리의 관습, 여건에 적응하는 토지제도의 개혁안이 실학자들에 의해 다양하게 제시되기도 하였다. 생산의 향상을 위해 기술의 이용이 북학파의 실학자들에 의해 강조되기도 하였으나, 기술을 말기(末技)라 하여 천시하는 도덕적 이상론의 유학자들에게는 별로 관심을 끌지 못하였고, 다만 근면과 검약을 통해 재화의 부족을 극복하려는 수도(修道) 중심의 도덕적 국가를 기본 틀로 삼고 있었던 것이 사실이었다.

---

48) 『磻溪隨錄』 권1,  田制上.

## 12.5 유교적 국가관의 의의와 한계

우리의 역사를 통한 유교적 국가관이 지닌 의의를 요약해 본다면, 역사적으로 우리가 민족국가를 형성하고 성장시키며 확고한 기반을 수립하였던 사실은 전통으로서 매우 소중한 가치를 지니고, 오늘날에도 잠재적으로 광범한 영향력이 미치고 있는 것이라 하겠다.

문화적으로 우리는 문화적 최고 수준을 확립한 국가로서 중국에 어깨를 겨루고 때로는 더욱 순수한 문화의 보존 주체로서 강한 자긍심을 형성하였던 점이다. 정치적으로 국내에서는 국가의 가족적 친밀성의 확립은 사회의 갈등을 최소화하고 대외적으로 유교적 국제 질서의 의리와 예법은 우리의 자립성을 약화시켰지만, 평화적 존립의 지속을 확보해주었다는 점이다. 도덕적 신념적으로는 우리나라의 국가적 특질을 도덕성[곧 禮義]으로 확인하였고, 다양한 종교 사이의 조화와 유교중심의 신념적 일체감을 확립함으로써 유교국가를 형성하였다는 점 등을 들어볼 수 있다.

우리의 전통에서 형성한 유교적 국가관은 여러 면에서 상당한 제약성과 취약점을 남겼던 것도 사실이다. 국민적 차원에서는 유교적 민본사상이 대전제로 제시되었지만 봉건적 신분주의가 너무 엄격하여 사회적 통합의 밀도에 한계를 드러내었다. 신분제도가 일종의 질서를 형성하였다 하더라도 공동체의 결합에 깊은 균열로 남아 있는 것이었다. 기술적·경제적 차원에서는 유교의 본말론적 가치에 따라 도덕근본주의 입장에서 기술과 생산의 경시는 국가 경제를 생존의 경제로 운영하였지 번영의 경제로 이끌어 갈 수 없었다.

유교 국가로서 부국강병(富國强兵)의 요구가 매우 약하여 도덕적 국민 교화(敎化)는 국가를 학교화, 수도원화한 감이 있다. 국제관계의 차원에서 중국과 문화적 수평화를 이루었다 하더라도 사대의 질서에 안주한 이면에는 국민적 기상을 위축시켜 개방적 진취성을 약화하고 폐쇄적 의존성을 축적시켰던 감이 있다. 문자 생활이나 학문체계에서 대국 지향성이 강하고 사상적 창의성보다 수용된 사상의 보수적 유지에 집착하는 성향도 이와 관계가 있을 것이다.

유교적 국가관에서는 세속적 질서와 신앙적 진리가 분리되지 않고 통합됨으로써 양자의 조화를 이룰 수 있는 점에서 장점도 있고, 각각의 영역이 애매하게 혼합되어 세속성도 신성성도 철저하지 못한 문제점도 엿보인다.

제 3 부

# 유교와 다른 종교

# 13. 유교와 다른 종교의 만남

## 13.1 포용과 배척의 두 얼굴

유교의 큰 길은 하나라 하겠으나, 그 길을 가는 방법에는 차이가 있을 수 있다. 곧게 뻗어 있는 큰 길을 자신이 가야 할 길로 지키는 사람은 길이 끊겨 있으면 이 길을 벗어나지 않고 기다리면서 지키고 있을 것이다. 자신이 가야 할 먼 목적지를 잊지 않는 사람은 사정에 따라 큰길을 버리고 지름길을 찾아 작은 길로도 접어든다. 큰 길이 끊겨 있으면 뒤로 돌아서 다른 길로 접어들어 목적지를 찾아 계속 앞으로 나갈 것이다. 세상은 잠잠한 날이 드물고 항상 비바람 눈서리가 불어치거나, 홍수에 가뭄에, 하늘이 내린 재앙과 사람이 꾸민 재앙이 겹겹이 둘러싸고 있다. 그래서 길을 잘 가는 사람은 험난한 환경을 탓하지 않고 길이 끊어져 물이 막으면 배를 빌어 타고 건너며, 비가 쏟아지면 우장을 차려입고, 밤이 어두우면 등불을 밝히고 가니, 한시라도 길을 벗어나지 않고 부지런히 가는 것이다.

공자께서 제자인 자로(子路)를 데리고 초나라에서 채나라로 오는 길에(채나라에서 초나라로 오는 길이라는 설도 있다) 진과 채의 대부들이 에워싸고 방해하자 작은 길로 들어섰다가 강을 만났다. 마침 큰 물이 져서 강은 도도히 흐르는데 나루터를 찾을 수가 없었다. 공자는 자로를 시켜서 밭을 갈고 있는 장저(長沮)와 걸익(桀溺)에게 나루터를 물어보고 오도록 보냈다. 이때에 세상을 잊고 농사를 지으며 자연 속에 사는 채나라의 은자(隱者)인

장저와 걸익은 세상을 바로잡기 위해 천하를 두루 다니며 도리를 가르치는 공자와 만났던 것이다. 공자와 장저·걸익은 자로를 사이에 두고 저만큼 떨어져서 간접적인 대화를 하였다." 큰 물이 도도히 흐르고 온 세상이 모두 이 도도한 흙탕물 같은데 누구와 더불어 그 물질을 바꾸어 놓겠는가. 또 자네는 방해하는 사람들을 피하여 숨어사는 선비를 찾아다니기보다는 차라리 우리처럼 세상을 피하여 숨어사는 선비를 좇아다니는 것이 어떠냐." 걸익은 자로에게 묻는 나루터는 가르쳐주지 않고 이 세상의 나루가 험난함을 설명하며 자기처럼 은자가 되라고 설득을 하였다. 큰 물을 만나서 나루 건너기 어려운 줄 알면 세상 구제하기는 더욱 어렵다는 것을 알아야 할 것이라고 빈정거렸는지도 모르겠다. 자로가 돌아와 공자에게 들은 말을 전하자, 공자는 쓸쓸하게 탄식하며 말씀하였다." 새와 짐승과는 같이 더불어 살 수 없는 것이니, 내가 이 사람들과 더불어 살지 않으면 그 누구와 더불어 살겠느냐. 이 세상에 바른 도리가 행해진다면 저들처럼 나도 바꾸려 들지 않으리라." 공자의 독백처럼 말씀한 이 한마디에서 유교가 다른 신념이나 종교에 대해 가져야 할 자세의 한 모범을 찾을 수 있을 것이다. 곧, 한편에서는 다른 종교를 대립된 입장에서 파악한다. 저 은자의 무리들은 세상과 사람을 등지고 새나 짐승과 어울려 살아가니 사람의 도리를 저버린 것이다. 마땅히 이를 경계하고 이 세상에서 사람을 교화하고 도리를 펴야 한다. 이렇게 상대편을 부정적으로 규정하는 입장이다. 또한 다른 한편에서는 상대편을 긍정적으로 조화의 입장에서 파악한다. 저 은자들이나 나는 다 사람이다. 새·짐승과 함께 무리를 짓고 살 수는 없는 일이요, 나도 저들과 더불어 세상을 잊고 살고 싶으나 이 세상이 어지러워 사람도리를 벗어나고 있으니 나는 이를 바로잡는 것을 나의 중요한 책임으로 삼는다. 이처럼 상대방을 포용하면서 각자의 다양성을 인정해 주는 입장이 있다.

　최근세에 보성(寶城)의 도학자 회봉(晦峯) 안규용(安圭容)은 일
제시대를 살면서 일본의 식민지 통치를 받으며 이 세상에서 사
람들 틈에 끼어 살기보다는 산속에 들어가 세상과 끊고 새나 짐
승과 더불어 살겠다는 「조수동군설(鳥獸同群說)」을 지었다. " 세월
이 부득이하고 의리가 세상에 나갈 수 없다면 공자가 말씀한 바
새·짐승과 더불어 무리지어 살 수는 없다는 가르침에 위배되더
라도, 세상에 나가 지위나 탐내고 수입이나 좋아하여 무슨 짓이
라도 해서 개나 돼지만도 못하게 살기보다는 차라리 한 몸을 고
결하게 지켜 깊은 산이나 거친 들판에 들어가서 새·짐승들과
함께 무리지어 사는 것이 낫다. " 이 이야기도 새·짐승과 함께
산다는 것은 세상 밖에서 자연에 순응하여 산다는 은둔적인 의
식이 아니라 불의한 침략자에 항거하여 의리를 지키기 위해 세
상 밖으로 나간 것이므로 어부(漁父)와 굴원(屈原) 사이의 차이
만큼이나 입장의 차이가 있다. 백이·숙제가 수양산에 들어간 것
도 은둔이 아니라 항거의 의리를 지키기 위한 것이었다.


## 13.2 이단(異端) 개념에 대한 이해

　유교의 역사 속에는 다른 종교의 경우도 마찬가지이지만, 자기
이념의 정당성을 확신하고 이를 수호하기 위하여 다른 신념이나
종교를 비판하며 배척하는 일이 하나의 전통을 이루고 있다. 맹
자는 개인주의적인 양주(楊朱)의 위아설(爲我說)과 사회주의적인
묵적(墨翟)의 겸애설(兼愛說)을 비판하면서 " 앞서 간 성인의 도
를 지키고, 양주와 묵적을 막아내며, 방자하게 지껄이는 말을 몰
아내고, 요사스런 이론을 내는 자들이 못나오게 한다"고 자신의

역할을 강조하였고,“ 양주와 묵적을 말로 물리칠 수 있는 사람은
성인을 따르는 무리이다”라 하여 이단(異端)을 엄격하게 배척하
는 전통의 모범을 보여주었다.

그러나 『맹자』 부자호변장(夫子好辯章)에서 인용한 위의 구절
에 대해 상당히 새로운 해석이 있다. 곧 다산(茶山) 정약용(丁若
鏞)은 유교에 본래‘ 자신을 홀로 선하게 하는 것[獨善其身]’ 과
‘ 세상을 아울러 선하게 하는 것[兼善天下]’ 이라는 개념이 양주
의‘ 나를 위함[爲我]’ 과 묵적의‘ 모두를 함께 사랑함[兼愛]’ 이라
는 개념에 가까운 것으로서 포용될 수 있는 것이라 보았다. 다산
은 양주와 묵적이 모두 현명한 사람이라 인정하기조차 한다. 다
만 유교의 근본도리가 때에 맞는 시중(時中)의 도리이므로 궁색
할 때인지 현달되었을 때인지를 상관하지 않고 어느 한쪽을 극
단적으로 주장하는 데서 이단의 폐단이 생기는 것이라 하였다.
이것은 전혀 다른 이단관이다. 이 세상에는 전혀 상반된 두 극단
의 주장이 모두 정당성을 가질 수 있다는 것이다. 다만 유교의
올바른 도리는 그 양극단을 포용하고 종합하여 중용의 길을 찾
는 데 있다고 본다. 아무리 유교적 가치관이나 진리관에서 제시
된 개념이라도 한 극단의 해석을 고집한다면 우선 중용 내지 시
중에 어긋나고 이에 따라 유교이념 자체에도 어긋나게 되는 것
이다. 다산의 이단관은 모든 이단을 관대하게 포용하여 중용의
원리에 따라 통합하지만, 유교 안에도 한 가지 형식적 입장에 빠
진 사람이 있다면 바깥의 이단만큼이나 성찰할 것을 요구한다.


## 13.3 다른 종교와의 만남의 역사

유교는 역사적으로 여러 다른 이념이나 종교와 부딪쳐 왔다.

중국에서는 공자가 은자를 만나고, 맹자가 양주·묵적을 만나고, 위진에서 청담가(淸談家)와 만났다. 한유(韓愈)가 불교를 만나고, 송대의 도학자들이 노장과 불교를 만났다. 명대 말기에 천주교도 만났고, 청대 말기에 개신교도 만났으며, 20세기에 들어와서 마르크스주의자들과도 만났다. 우리나라에서도 삼국시대부터 불교와 도교를 만났고, 조선 후반기 이후 천주교와 개신교 등 서양종교를 차례로 만났다. 유교에는 정통주의에 따라 이단배척론이 매우 엄격하게 추구되었던 때도 있다. 송나라 도학자와 조선시대 도학자는 가장 엄격한 정통주의자들이었고 이단에 대해서 철저한 비판과 배척의 태도를 지켰다. 물론 이러한 정통성 내지 순수성을 지켜온 것은 매우 고귀한 의미와 가치를 지닌다. 그러나 순수성의 고집은 폐쇄성을 가져오고, 폐쇄성은 형식주의를 촉진하고, 형식주의는 공허화를 초래한다. 마침내 자신이 지키고자 하던 진리와 생명조차 말라붙어 버리게 한 다음에 끝난다. 오히려 진리를 향한 열린 마음에서 새로운 사상 내지 자기와 다른 사상에 대해 호의적인 관심을 갖고 필요한 것을 취사선택하여 받아들일 수 있다면, 그 사상의 생명은 더욱 왕성하게 자라나고 그 진리는 더욱 넓은 영향권을 확보할 수 있을 것이다. 연개소문이 유교·불교·도교가 세발솥의 세 다리처럼 정립하여야 나라가 안정된다고 주장하였던 데서도 다변성이 강조되고 있음을 볼 수 있다. 공자도 "군자는 조화를 이루지만 같아지지는 않고, 소인은 같아지지만 조화를 이루지는 못한다"라고 하여 개성이 없는 획일화보다 개성적인 다양성 속에서 조화를 강조하였다. 이러한 조화는 자기와 상대를 함께 알아야 하는 것이요, 비교를 통한 차이를 파악하면서도 상대편의 의미를 인정할 수 있는 이해심이 필요하다. 최치원은 지금도 하동 쌍계사에 남아 있는 진감선사(眞鑑禪師)의 비문 첫머리에서 "도(道)는 사람에 멀리 있지 않고, 사람은 나라

에 따라 다르지 않다. 그러므로 우리나라 사람의 자식들이 불교
도 하고 유교도 한다"라고 한 말은 매우 개방적이고 조화적인
정신으로 넘쳐 있음을 볼 수 있다. 다른 종교를 이해한다는 것은
바로 자신의 종교가 갖는 특성을 이해하는 데 매우 의미있는 길
이 될 수도 있다. 또한 오늘날의 한국 유교는 오늘의 현실에서
강한 조직과 신념으로 무장된 다양한 종교들과 마주하고 있다.
유교는 종교가 아니라 하고 다른 종교에 소가 닭 보듯이 무관심
할 수도 있다. 그러나 이러는 동안에 유교사회의 전통 기반은 점
점 잠식당하여 천년을 넘는 유교전통의 사회가 마치 넓은 들판
에 큰 물이 닥쳐와 몇 군데 언덕만 남고 모두 물에 빠지는 불행
한 안타까운 상황에 빠질 수도 있다.


## 13.4 유교와 다른 종교와의 대화

유교는 어떤 다른 종교와도 대화할 수 있는 가능성을 본래부
터 가지고 있다. 『논어』에서 " 이단을 ○○하면 해로울 따름이
다"라는 공자의 말씀에서 ○○ 속에 들어갈 말인 원문의 공(攻)
자는 공격(攻擊)의 뜻으로 해석할 수도 있고 전공(專攻)의 뜻으
로 해석할 수도 있다. " 이단을 전공하면 해로울 따름이다"라고
해석하면 이단을 거부하는 배척의 태도를 보여준다. 이에 비해
" 이단을 공격하면 해로울 따름이다"라고 해석하면 이단을 향해
관용과 이해의 열려 있는 태도를 보여준다. 『중용』에서 말하는
" 만물이 아울러 육성되면서 서로 해치지 않고, 도(道)가 아울러
행해지더라도 서로 어긋나지 않는다"라는 신념처럼 모든 다양성
을 포용하는 입장이 유교의 훌륭한 점으로 인식되기도 한다.

유교는 불교와 도가의 대표적 특징 곧 유심적(唯心的) 성격과

유물적(唯物的) 성격에 대해서도 어느 쪽도 완전하게 부인하는 것이 아니다. 이 두 가지 요소의 수용과 종합을 추구한다. 예를 들어 욕망을 부정하는 금욕적인 면에 대하여 불교와 의견의 접근을 보이면서, 마음을 순수하게 확보하는 방법을 불교와 토론해 볼 수 있다. 도교에 대하여서도 자연을 존중하는 점에서 의견의 접근을 확인하고 신체와 기질의 조화 있는 관리를 위한 방법의 문제에서 토론해 갈 수 있다. 기독교의 신(神) 중심적이거나 신비적인 신앙에 대하여 부분적인 의견의 일치를 기초로 하여 토론해 갈 수 있으며, 현실사회의 문제와 초현실적인 신(神)의 세계 사이에서 접근의 과정과 방법문제를 서로 이해시켜 갈 수 있다. 이와 더불어 어떤 종교이거나 한 사회의 현실을 공유한다면 사회적 당면문제에 대한 대답과 해결을 위한 노력에서 서로 협력하여 연합체를 형성할 수도 있다. 더구나 사회적으로나 각 종교의 신념 속에서 대립보다도 대화와 화해의 정당성을 강조하는 것이 현실의 요구임에 틀림없다. 교리의 섬세한 차이에 집착하여 대화가 단절되는 상황을 긍정할 수는 없다. 오히려 우리가 함께 당면한 반종교적이고 반도덕적인 향락주의 내지 물질주의의 대두에 저항하고 인간의 선량하고 성스러운 마음을 회복하기 위해서도 종교들은 작은 일에서나마 함께 일치된 주장을 찾아서 협력하는 태도를 길러가야 한다. 종교의 분열이 인간사회를 분쟁과 반목 속에 몰아넣어 불행을 초래한다면 그것은 종교가 인간을 구제하기 이전에 인간에게 죄를 짓는 것임을 각성할 필요가 있다.

" 남의 산에 있는 돌도 나의 옥을 다듬는 데 쓸 수 있다"는 격언처럼 적대감과 방어의식의 자세보다는 수용적 열린 자세를 통하여 자기성장을 추구하는 것이 바람직하다고 하겠다. 유교는 언제나 합리적 정신을 존중하여 왔으므로 어느 종교에 못지 않게 열린 마음을 가질 수 있다. 또한 유교는 우리의 문화와 의식에서

전통의 토양을 이루고 있으므로 종교들 사이의 만남에 문화적인
공통기반을 제공해 주고 중심의 역할을 담당할 수 있어야 한다
고 생각한다.


## 13.5 인간 이해를 통한 유교와 다른 종교

유교는 역사적 과정에서 일찍이 도가사상[노장사상]과 만났고
또한 불교와도 만났으며, 근세에 들어와서 서양종교인 기독교와
도 만났다. 이런 만남을 통하여 서로 상당한 이해를 갖게도 되었
지만 오히려 상대방을 비난하거나 배척하는 일이 많아 갈등을
겪기도 하였다. 그렇지만 한 종교가 다른 종교와 만나서 서로 대
조됨으로써 오히려 자기의 성격을 더욱 뚜렷하게 확인할 수 있
기도 하다. 유교와 다른 종교로서 불교· 도교· 기독교와 비교하
는 데는 크게 두 가지 문제를 중심으로 볼 수 있다. 하나는 인간
을 구성하는 마음과 육신의 특성을 이해하는 입장의 문제이고,
다른 하나는 인간존재와 궁극존재인 하늘[또는 神, 부처 등]과의
관계에 대한 문제이다.

인간에 있어서 마음과 육신은 서로 떠날 수 없는 기본적 구성
요소이다. 그러나 이 두 가지 요소의 가치에 대한 인식은 종교마
다 차이를 보여주고 있다. 불교는 인간의 신체를 가장 적극적으
로 부정하는 입장을 보여준다. 인간의 신체적 감각은 모두 허망
하거나 환상적인 것으로 부정하며, 육신의 모든 욕구도 인간을
악에로 타락하게 하는 원인을 이루고 있는 것이라 보아 과감한
단절을 요구한다. 철저한 금욕적 계율을 통하여 인간의 마음을
정화하려고 한다는 점에서 세속적인 세계와 관계가 가장 약하다
고 할 수 있다. 결혼을 부정하는 승려생활과 온갖 사회적 관계를

단절하는 승단생활은 육신의 거부이며 이 세계의 거부이기도 하다. 이에 비하여 도가사상에서나 후기의 도교신앙에서는 인간의 육신이 도덕적 규범의 제약을 받는 것을 거부하고 있다. 오히려 육신이 자연스러운 상태에서 충족되기를 요구한다. 죽음 이후의 세계를 추구하는 것이 아니라 현재의 육신으로 가장 오랜 생명의 유지를 추구한다. 도교의 양생법은 육신의 생명력을 가장 활발한 상태로 유지하는 것을 목표로 하고 의식의 활동을 조작적이거나 허위적인 것으로 보아 망각의 상태이거나 무념의 상태를 요구하고 있다. 이처럼 불교와 도교가 각각 마음과 육신을 강조하여 서로 상반된 것으로 보인다면, 유교와 기독교는 마음과 육신의 양쪽을 모두 어느 정도 긍정하고 있는 점에서는 공통점을 보인다. 그러나 유교는 마음과 육신이 통합되어서 한 인간을 이루고 있다가 죽은 다음에는 각각 자연 속으로 돌아가서 사후에 개체가 남아 있는 것은 일정한 시간의 범위 안에서만 가능한 것으로 본다. 그러나 기독교는 영혼이 육신과 결합하여 있지만 본질적으로 서로 다른 것으로서 죽은 다음에는 육신은 흙으로 돌아가지만 영혼은 영원히 개체로서 남아 있다는 신념을 가지고 있다. 또한 기독교는 인간의 영혼은 태어날 때 하느님이 각각의 인간에게 부여한 것이라 보고 있으나, 유교는 하늘의 명령으로 인간에 부여된 것은 성품으로서 성품은 모든 인간에게 동일한 성품이 부여된 것이요, 개별적으로 주어지는 것이 아니라 본다. 이와 더불어 기독교는 인간이 날 때부터 죄악을 갖고 있다는 원죄설을 제시하지만, 유교는 인간이 자기 의지에 따라 죄를 짓지 않는 한 전혀 죄의식을 갖고 있지 않다. 타고난 상태에서 순수한 선을 갖추고 있다는 믿음이 유교의 특징을 이룬다.

인간과 궁극존재 사이의 관계에 대해서 먼저 불교는 명백하게 인간과 부처의 근원적 일치를 밝히고 있다. 인간은 깨달으면 부처가 되는 것이요, 부처의 성품을 본래 갖추고 있다는 신념을 갖고 있다. 그러나 유교는 하늘의 명령이 성품으로 내재하고 있다 하더라도 인간은 하늘과 엄격한 거리를 갖고 있다. 하늘은 인간을 초월하여 있는 존재인 것이다. 이에 비하여 도교는 궁극적 존재인 '도'를 '자연'으로도 표현하면서 객체로서 존재하는 것이라 본다. 인간은 자연과 조화하는 행동을 함으로써 자연에 일치하는 것이라 보고 있다. 여기서 유교는 궁극존재인 하늘을 초월적으로 외재화시키면서 하늘은 자연조차도 초월하며 지각과 의지를 갖는 주재자로서 인격적 성격을 띠고 있다. 유교에서 궁극존재인 하늘은 인간이 따를 수 있지만 하늘 속에 인간이 동화되어 일치할 수는 없는 초월자이다. 기독교는 하느님을 인간의 유일한 신이요 초월적 존재로 보며, 인격신으로서 인간에게 직접 계시를 하는 주재자이다. 그러나 유교에서는 하늘이 최고의 절대적 신이기는 하지만 유일한 신은 아니다. 인간은 하늘의 아래에서 제한된 역할을 맡은 많은 신들과 만날 수 있다. 오히려 하늘은 인간이 직접 함부로 만나거나 기도하는 것이 전통적으로 금지되어 있다. 하늘도 한 개인에게 개별적으로 언어를 통한 계시를 하는 것이 아니라 보다 일반적인 원리를 인간에게 제시하는 성격을 갖는 것이라 할 수 있다.

이런 형식적 비교를 통하여서도 각 종교는 자신의 입장이 지닌 특수한 성격 때문에 다른 종교와 충돌할 수 있는 가능성을 매우 많이 보여주고 있는 것이 사실이다. 그러나 어떤 종교에서도 자기 종교의 진실성만 강조하면 그것은 이제 일반성이 없는 독선으로만 지적될 수 있게 되었다. 유교는 이런 의미에서 다른 종교와의 차이에도 불구하고 가장 개방적인 입장에 있으므로 종교간의 대화에 적극적으로 기여할 수 있는 가능성을 갖고 있다고 하여야 할 것이다.

## 13.6 맺는 말

역사적 현실로서 동북 아시아의 유교전통 사회는 지난 백년 사이에 서양의 무력침략을 당하고 과학문명에 압도되면서 사회개혁이 일어남에 따라 전통제도와 함께 극도로 쇠퇴된 것이 사실이다. 그러나 유교문화권이 서양의 문물을 수용하면서 새롭게 자신을 각성하게 되자 전통문화에 대한 재인식을 하게 되었다. 이와 더불어 이미 수용한 서양문화에 대해서도 사회적 특수성의 기반에 얼마나 적합한가를 반성할 수 있게 되었다. 이런 상황에서 특히 한국의 경우를 보면 최근에도 서양종교의 성장과 서양문명의 수용은 지속적으로 확산되고 있지만 동시에 전통문화와 전통종교에 대한 관심이 다시금 살아나는 현상을 보여준다. 이러한 현실에서 종교 사이의 협력을 이룰 것인가 종교간의 대립을 겪을 것인가는 중요한 선택의 문제가 된다. 종교 사이의 상호 이해와 협력의 가능성을 발견하기 위하여 먼저 이해의 발판으로서 인간 이해를 규명하고 서로 차이와 더불어 공동점을 인식해야 할 것이다. 그리고 이해의 발판을 넓히고 심화시켜가면, 전통과 현대사회의 갈등이나 사회내적 요구 사이의 갈등들을 해결하는 데 크게 기여할 수 있을 것이다. 인간 이해는 이런 의미에서도 보다 구체적으로 종교들이 만날 수 있는 귀중한 발판이 될 수 있는 것이다.

# 14. 유교와 무속(巫俗)

## 14.1 한국전통 속의 유교와 무속

한국인의 종교적 전통 속에서 유교가 중국문화를 배경으로 하여 우리의 전통사회에 통치원리와 행동규범을 제공하였다고 한다면, 무속은 동북아시아의 원시신앙을 연원으로 하여 민중 속에 깊이 뿌리내린 민간신앙으로서 강인하게 지속되어 왔던 것이 사실이다. 때로 불교신앙의 융성과 더불어 무속이 변형을 겪었었지만, 동시에 불교의 한국적 전개양상 속에도 무속적 의식이나 제의(祭儀)가 침투하였던 것이 사실이다. 이처럼 유교문화가 융성함에 따라 무속이 억압되고 천시되었지만, 또한 무속 속에 유교적 사고가 섞여들기도 하고, 유교사회의 구석구석에 무속이 병행되기도 하였다. 이처럼 유교와 무속은 우리의 종교사적 전통을 형성해 오는 과정에서 서로 다른 성격에 따라 갈등을 일으키면서도 동시에 서로 깊은 영향을 주고받을 수 있었던 사실을 확인할 수 있다.

유교와 무속이 우리 전통을 통하여 전개되는 과정에서 서로 갈등과 영향을 줄 수 있었다는 사실은 문화일반의 발전사에 비추어 보아도 쉽게 짐작된다. 하나의 문화양식은 그 자신의 순수성만으로 지속적인 발전을 하기는 매우 어렵다. 오히려 대립된 상대를 통하여 자기성격을 보다 명확히 할 수 있을 뿐만 아니라, 상대와의 경쟁적 대립을 통하여 자신의 건전성과 정당성을 부단히 새롭게 제시하게 된다. 나아가서 상대방으로부터 자극과 영향을 받음으로써 자신의 입장이 지닌 응고된 편협성을 깨뜨리고 새로운 가능성 속으로 재창조할 수도 있다.

유교도 중국으로부터 더욱 세련된 형식을 지속적으로 수입해 옴으로써 우리 사회에 제시되어 왔다. 그러나 일단 우리의 사회 전통 속에 정착되었을 때에는 그 교리적 이념이 우리 사회의 기반과 결합하여 구체화될 수밖에 없는 것이다. 따라서 유교도 한국사회에서는 한국인의 전통의식 속에 깃들어 있는 무속적 요소에 대해 전면적인 부정과 거부로만 자기실현을 할 수는 없다. 오히려 무속을 포함하여 전통문화 속의 긍정적 가치를 살려내고 그 요구를 충족시켜 주는 적극적 기능을 발휘할 때라야, 비로소 유교도 한국의 전통사상으로서 자기 지위를 확보할 수 있게 되는 것이다. 이러한 의미에서 유교와 무속 사이의 대립현상에 대한 이해도 중요한 문제이지만, 동시에 양자 사이에 신앙적 기반과 문화적 양상의 공통성을 이해하고, 보다 깊이 서로 영향을 줄 수 있는 상관성을 파악한다는 것도 중요한 문제임에 틀림없다. 이러한 관심에서 유교와 무속 사이의 상관성을 그 문화의 고대적 연원에서부터 검토하고 신관(神觀)과 영혼관(靈魂觀)의 교리적 기본과제에서 분석하며, 나아가 제의적(祭儀的) 현상에서 비교해 보고자 한다.

## 14.2 유교와 무속의 연원적(淵源的) 연관성

유교의 사상적 연원을 일반적으로 삼대(三代, 夏·殷·周) 문화에서 찾으며 그 내용이 오경(五經) 속에 정리되어 있는 것으로 인정할 수 있다. 오경을 통하여 드러나는 상고대(上古代)의 신앙적 전통에서는 유교와 무속 사이의 공통기반을 광범하게 발견할

수 있게 된다. 『주례(周禮)』의 6관(六官) 가운데 춘관(春官)은 제
사를 맡은 관직으로서 그 가운데 태복(太卜), 복사(卜師), 구인(龜
人), 점인(占人), 서인(筮人) 등은 점[卜占]을 통해 길흉을 분별하
는 임무를 맡고 있다. 여기서 " 서인(筮人)이 3역(三易, 連山易·
歸藏易· 周易)으로 9서(九筮)를 분별한다"고 할 때의 9서(九筮,
巫更· 巫咸· 巫式· 巫目· 巫易· 巫比· 巫祠· 巫參· 巫環)는 점치
는 역할과 무당과의 연관성을 보여준다. 또한 춘관의 사무(司巫)
는 중사(中士, 上士· 中士· 下士 중에서)의 직위로서 모든 무당
을 관장하며 큰 가뭄과 큰 재난 및 제사와 상례에 참여하였다.
그리고 남무(男巫)는 망사(望祀)와 망연(望衍)의 제사를 관장하고
있으며, 여무(女巫)는 세시(歲時), 푸닥거리(祓除), 흔욕(釁浴) 등
민속의례를 관장하는 직무가 주어져 있다.1) 따라서 유교제도의
고전적 이상인 『주례』의 체계 속에서는 무당의 역할이 공인되고
있었던 것을 알 수 있다.

『서경(書經)』 함유일덕(咸有一德)편에는 은나라의 태무(太戊)
임금시대에 요괴(妖怪)한 일이 일어나자 재상인 이척(伊陟)이 무
당인 무함(巫咸)을 도와 재앙의 제거를 빌도록 하였던 사실이 언
급되고 있다. 이러한 상고대 무당의 역할에 대해 조선 후기 실학
자인 정약용은 간명하게 설명해주고 있다.

> " 옛날의 무축(巫祝)은 반드시 정신이 순수하고 통일되며 감정
> 이 진실하고 엄숙한 사람을 골라서 그 직무를 맡게 하였다. 그러
> 니 그 성스러움이 환하게 드러나고 그 밝음이 빛으로 비추어서
> 능히 상제(上帝)와 명신(明神)을 섬길 수 있어, 무릇 재앙이 일어
> 나거나 상서로운 일이 있으면 재앙을 제거하도록 빌게 하였다.
> 무당의 직분이 어찌 후세처럼 천시되었겠는가."2)

---

1) 『주례』 春官宗伯, 司巫.

이처럼 정약용은 중국 상고대의 무당은 신성하고 밝은 덕을
지녀 상제와 명신을 섬길 수 있었다는 긍정적 이해를 하고 있다.
공자는 " 사람이 항구함이 없으면 무당[巫]이나 의원[醫]이 될
수 없다." (『논어』子路)라 한 말에 대해 정약용은 고대에서 무당
의 긍정적 기능을 칭찬한 말로 받아들인다. 그러나 주희는 무당
을 귀신과 교류하는 사람이라 정의하면서도 그 사회적 신분이
천역(賤役)이라고 규정짓고 있다. 여기서 정약용은 유교전통에서
무당의 지위를 역사적으로 성찰하고 있다.

> " 옛날에는 신성한 사람이 덕으로 무당과 의원이 되었으니 신농
> (神農), 황사(黃師), 기백(岐伯), 무함(巫咸) 등이 이 무술(巫術)을
> 다루었다. 그러나 후세에 그 법도가 진실을 잃어서 그 사람도 드
> 디어 비천하게 되고 말았다."3)

정약용은 무당이 상고대에서 신성성을 지켰다는 사실과 후대
에 내려와서 타락하였다는 사실을 지적함으로써 유교의 입장에
서 무당을 근원적으로 긍정하는 입장을 밝히고 있다.
은대의 갑골(甲骨)은 거북의 등껍질로 하는 구복(龜卜)의 점법
이 있고, 『주역』도 서법(筮法)에 의한 점서(占書)로서의 성격을
지니고 있음은 부인할 수 없다. 『주역』관괘 단전(觀卦 彖傳)에서
는 " 성인(聖人)이 신도(神道)로서 가르침을 베풀어 천하가 복종
한다[聖人 以神道設敎, 而天下服矣]"라 하여 유교의 기반이 신도
(神道)에 있음을 밝혔다. 정약용도 " 복서는 천명을 받는 것이
다"라 지적하였으며,4) 유교의 역사적 전개와 더불어 복서의 역할

---

2) 『與猶堂全書』 2-21, 尙書古訓序例.
3) 같은 책, 2-12, 論語古今註.
4) 같은 책, 2-48, 易學緒言, 表記卜筮之義: " 古人事天地神明, 以事上帝, 故卜
   以聽命."

과 지위가 타락하는 과정을 해명하고 있다. 곧 복서가 춘추시대에 들어오면서 이미 '신도'의 본질이 흐려졌고, 진한시대 이후에는 사술(邪術)에 빠졌다는 사실을 지적하였다.5) 여기서 유교와 무속 사이에 은대의 '신도'로서의 공통근거와 주나라 말기 이래로 유교와 무속의 분리과정을 엿볼 수 있게 된다.

춘추시대에 공자에 의해 유교정신이 정립되었을 때에는 '신도'에 앞서서 윤리적 정신이 부각됨으로써, 유교에서는 신을 섬기는 데에만 빠져 있는 무속과 결별이 뚜렷하게 드러난 것이라 할 수 있다. 『예기』 표기(表記)편에서 " 은나라 사람은 신(神)을 존중하여 백성을 이끌어 신을 섬기며, 귀신을 앞세우고 예법을 뒤로 미룬다. …… 주나라 사람은 예법을 존숭하여 항상 시행하며 귀신을 공경하여 섬기되 멀리한다"라 하여, '신도' 중심의 은나라 문화와 예교(禮敎)중심의 주나라 문화언급을 대비시키고 있다. 또한 『논어』 옹야(雍也)편에서 공자도 " 백성의 올바른 도리에 힘쓰며, 귀신을 공경하되 멀리한다면, 지혜롭다고 할 수 있다"라 하여 '신도'에 앞서서 도덕성을 강조하고 있다. 여기서 우리는 춘추시대를 전후하여 유교의 예교적이고 인도적인 교리체계의 정립과 더불어 '신도'로서의 무속에 대한 견제가 강화되어가는 현상을 확인할 수 있다.

## 14.3 유교와 무속의 신관(神觀)

『주역』 설괘전(說卦傳)에서 제시된 하늘과 땅과 사람(天, 地, 人)의 3재(三才)는 유교적 세계관의 기본범주를 이루고 있으며,

---

5) 같은 책, 2-48, 曲禮卜筮之義.

신의 존재양상도 3재의 형식에 따라『주례』에서는 천신(天神), 지기(地祇), 인귀(人鬼)로 제시되고 있다.6) 따라서 신의 존재는 모든 존재영역에 깃들어 있는 것이 되고, 또한 제사의 대상이 되는 신의 존재로서도 하늘, 땅, 절후, 추위와 더위, 해, 달, 별, 홍수와 가뭄, 4방위를 비롯하여 산, 숲, 시내, 계곡, 구릉으로 구름을 내고 바람과 비가 되며 괴이한 것을 보일 수 있는 것은 모두 '신'이라 언명되고 있다.7) 이것은 곧 유교 속에 간직되어 있는 자연신 숭배의 신관이라 할 수 있다. 또한『주역』 계사전(繫辭傳)에서는 "음양(陰陽)으로 헤아릴 수 없는 것을 '신'이라 한다"라고 규정하고 있다. 성리학에서 이를 더욱 일반화시켜 귀신을 음양론으로 설명하고 있다. 곧 귀신은 '음양의 소멸과 성장'에 불과한 것이라 하거나, '기운[氣]의 굽혀지고 펴지며 가고 오는 것[屈伸往來]'이라 하며, '음양 두 기운[二氣]의 타고난 능력[良能]'이라 하고, 또는 '조화(造化)작용의 자취'라 하여 기운의 작용현상을 귀신으로 파악하고 있음을 보여준다.8) 인간의 신[人鬼]을 포함하여 이러한 유교의 신 내지 귀신에 대한 자연신으로서의 이해는 무속의 신관과 존재론적으로는 동일한 영역 위에 놓여 있는 것이라 볼 수 있다.

여기서 유교의 사상적 체계 속에서는 신존재도 계층질서를 이루고 있다는 특성을 주목할 필요가 있다. 천신, 지신, 인귀의 다양한 신들이 다신론적 질서를 넘어서 지고(至高)의 주재자인 상제 또는 하늘[天]의 하급기능신의 성격을 갖는 것으로 나타난다. 곧 공자가 "하늘에 죄를 얻으면 빌 곳이 없다"라 언급하는 데서도 하늘을 지고신(至高神)으로서 인식하고 있음을 잘 보여주고

---

6)『주례』春官宗伯.
7)『예기』祭法.
8)『성리대전』권 28, 鬼神.

있다. 하늘은 자신의 명령이 인간에게 성품[性]으로 부여됨으로
써, 하늘과 성품 및 명령과 이치가 일치하게 된다. 이러한 하늘의
내재적 인식이 성리학의 특성으로 강조되었을 때에는 무속에 있
어서 공포의 대상이 되는 초월적 자연신관과 성격의 차이를 더
욱 뚜렷이 드러내게 된다.9) 그러나 제사의 대상으로서 신은 유교
전통의 봉건계급과 더불어 위계질서를 이루고 있다. 예를 들어
천자는 천지·사방·산천·5사(5祀)에 제사하고, 대부는 5사에
제사하고, 선비는 선조에 제사한다거나,10) 또는 천자는 7사(7祀),
제후는 5사, 대부는 3사, 선비는 2사, 서인은 1사를 세워 제사를
지낸다는 계층질서이다.11) 여기서 7사는 사명(司命)·중유(中
霤)·문(門)·행(行)·려(厲)·호(戶)·조(竈)를 포함한다. 이러한
생활주변의 신적 대상은 무속적 민간신앙의 신적 대상과 공통이
다. 그것은 무속의 신앙대상이 유교의 제사대상에 흡수되고 있다
는 사실을 말해 준다.

물론 무속에서는 봉건계층을 구성하는 이론체계가 없다. 이 봉
건질서는 유교전통 속에서 거의 절대적인 규범으로 강조되어 왔
으며, 이 질서를 어길 때는 참월(僭越)한 것으로 논죄되고, 사회
질서의 한계를 무시하는 제사는 음사(淫祀)로 비난받게 되는 것
이다.12) 따라서 무속의 신들이 봉건질서에 구속받지 않는다는 사
실은 유교사회로부터 비난받을 수 있음을 말한다. 그러나 봉건계
층이라는 시대적, 인위적 질서를 한 걸음만 밖으로 나오면 서로
가 공존할 수 있는 공통된 '신' 존재의 영역과 성격을 가졌던 것
이 사실이다. 따라서 유교적 사회질서의 확보를 위해서 무속에
대한 유교사회의 엄격한 억압이 가해지고 있는 것은 현실적 요

---

9) 金泰坤, 『韓國巫俗硏究』, 1981, p. 286 참조.
10) 『예기』 曲禮下.
11) 『예기』 祭法.
12) 『예기』 曲禮下:" 非其所祭, 而祭之, 名曰淫祀, 淫祀無福."

구를 따르는 현상이라 하겠다.

## 14.4 유교와 무속의 영혼관

유교사회에서 국가적 제사의 대상에는 천신· 지기· 인귀가 갖추어 있으나 사회의 기본단위인 가족의 제사는 인귀인 조상신이 중심이 된다. 더구나 효가 모든 행위의 근본이 되고 가정을 다스리는 것이 나라를 다스리고 천하를 평화롭게 하는 일에 선행한다는 확충론적 의식체계에서는 조상과 후손의 인격적 유대가 중요시되지 않을 수 없다. 따라서 조상숭배는 유교의 윤리적 내지 종교적 기본형태라 할 수 있다. 여기서 사후의 조상과 생존하는 자손이 공유하는 생명의 본질적 존재에 대한 유교적 인식내용이 문제된다.

생명이 신체와 정신의 결합으로 이루어졌다는 일반적인 이원론의 이해에 따라 유교전통에서도 인간생명을 혼기(魂氣)와 체백(體魄)으로 구분하기도 한다. 이때에 죽음은 통상적으로 혼(魂)과 백(魄)이 분리되는 것으로서 설명되고 있다.13) 또한 살아 있다는 것은 혼과 백이 결합되어 있음을 의미한다. 성리학에서는‘ 백’ 곧 신체에 비하여‘ 혼’ 을 정신으로 본다. 여기서 인간정신을 마음과 성품, 및 감정과 의리로 분석할 때 성품은 인간의 개체성을 넘어서는 보편적 본질로서의 성격을 갖지만, 마음 내지 감정은 개체적 존재에 속하는 것으로서 신체를 떠난다면 곧 죽은 자의 혼[魂鬼]이 되는 것으로 이해한다. 따라서 혼귀(魂鬼)는 마음 또는 감정에서처럼 개체적 인격성을 갖는 존재이기 때문에 죽은

---

13) 『율곡전서』 拾遺 4, 死生鬼神策.

뒤이지만 자손의 정성과 공경에 개체적으로 기운이 소통하고 감응할 수 있으므로 제사에 강신(降神)하게 되는 것이라 한다. 그러나 성리학의 입장에서는 죽은 다음의 혼귀가 지각을 가질 수 없으므로 죽은 뒤에 천당·지옥의 쾌락과 고통이 있다는 것은 무의미하다고 부정한다. 또한 기운은 모이고 흩어지는 것이요, 죽음은 혼기(魂氣)가 체백(體魄)으로부터 유리되어 흩어지고 소멸하는 과정에 있는 것으로 본다. 여기서 보면 혼과 백의 소멸에는 시간상 늦거나 빠른 차이는 있지만 오래되면 흩어져 소멸하고 만다는 것이다. 따라서 조상과 후손 사이에도 기운[氣]으로서만 감응이 되는 것으로 이해한다.

여기서 성리학의 귀신사생론(鬼神死生論)은 이기론(理氣論)의 형식으로 사후존재를 설명하고 있다. 그러나 유교의 전통적 사생관에서는 죽은 뒤에 영혼의 영생을 확인하지는 않을지라도, " 죽은 이를 섬기기를 살아 있는 사람 섬기듯 한다[事死如事生]" (『중용』19)의 효성에서 보여주고 있듯이, 혼귀를 지각이 없는 물질적 기운[氣]의 상태로 보지는 않는다. 적어도 심리적으로는 살아 있는 자와 같이 죽은 자에게도 지각과 감정이 있는 것으로 받아들여지고 있는 것이 사실이다. 따라서 논리적으로 이해되는 죽은 자의 영혼과 정감적으로 받아들여지는 죽은 자의 영혼은 이중적 형태를 지니는 것으로 이해될 수 있다. 무속에서 영혼의 사후존재를 생생하게 지각하면서도 사후세계가 천상이나 지하에 공간적으로 뚜렷이 그 존재위치가 한정지워지지 않는 것도 유교적 영혼관이 지닌 이중적 이해구조와 동일한 궤도 위에 있음을 보여주는 것이라 생각해 볼 수 있을 것이다.

또한 유교에서도 억울하게 죽은 원귀나 비명에 죽은 여귀(厲鬼)는 기운이 막혀서 답답하여[鬱結] 쉽게 소멸되지 않은 상태로서, 사람을 해칠 수 있음을 인정하고 있다. 따라서 그 원인을 해

소하여 위로함으로써 원귀나 여귀를 풀어서 소멸시킬 수 있다는
의식을 가지고 있다.14) 그러나 유교와 무속에서 여귀에 대한 관
심을 갖는 점에서는 공통이지만, 무속은 상대적으로 원혼에 관심
의 비중을 크게 두는 데 비하여, 유교에서는 조상신의 문제에 관
심을 집중하고 있는 사실이 유교와 무속 사이에 뚜렷한 성격의
차이로 대조될 수 있을 것이다.


## 14.5 유교와 무속의 제의(祭儀)

유교의 제의는 사회단위의 범위에 따라 왕조례(王朝禮), 방국
례(邦國禮), 향례(鄕禮), 학교례(學校禮), 가례(家禮)로 구분되기도
한다. 우리나라는 원구(園丘) 내지 교(郊)에서 드리는 제천(祭天)
의례를 중국의 특권으로 인정해 왔다. 따라서 우리의 유교전통적
국가의례로서는 대체로 사직(社稷)과 종묘(宗廟) 및 문묘(文廟)
등의 제의가 중심을 이루었고 풍백(風伯), 운사(雲師), 우사(雨師),
성황(城隍), 영성(靈星), 악(嶽), 해(海), 독(瀆), 선농(先農), 선잠
(先蠶), 우사(雩祀), 마조(馬祖), 사한(司寒) 등의 자연신들에 대한
제의를 국가에서 관장하였다.15) 지방에서도 사직, 성황 등 제한
된 공동제의가 있고 사대부들 사이에 향사례(鄕射禮), 향음주례
(鄕飮酒禮) 및 문묘(文廟), 사우(祠宇)에 대한 제의가 있지만, 가
장 기본적이고 보편적인 유교제의 형태는 '가례'라 할 수 있다.
관(冠)· 혼(婚)· 상(喪)· 제(祭)의 의례가 모두 가묘(家廟)를 중심
으로 하는 종교의례라 할 수 있지만, 그 기본형식은 역시 제사의
례에서 찾아볼 수 있을 것이다. 4대 봉사(奉祀)가 일반화된 이래

---

14) 같은 책.
15) 『세종실록』 권 128~131, 五禮, 吉禮.

가묘에는 일정한 수의 조상신주가 모셔져 있고 일상적인 출입에
서부터 가정 안의 모든 크고 작은 일을 가묘에 고(告)하는 생활
양식은 제의 이전에 생활 전반을 신앙의례 속에서 영위하는 것
으로 보이기도 한다.

조상에 대한 제사는 명절과 기일(忌日)·시제(時祭) 등의 정기
적인 것이나 상례(喪禮)기간 동안 각 단계에서 드려지는 부정기
적 제의에서 공통된 제의형식을 찾아볼 수 있다. 그것은 곧 준비
단계와 본제사와 후속완결 단계로 나눠 볼 수 있다. 준비단계에
서는 재계(齋戒)와 설위(設位), 설찬(設饌)을 들 수 있고, 본제사
에서는 강신(降神), 고축(告祝), 진찬(進饌), 헌작(獻酌), 흠향(歆
饗), 강복(降福), 송신(送神) 등을 들 수 있으며, 완결단계로서는
음복(飮福), 망예(望瘞), 납주(納主) 등을 들 수 있을 것이다.

재계의 의미는 제사참례자의 심신을 정화하는 것이요 공경[敬]
의 신체적 구현이다. 재계를 이루었을 때에는 조상신의 모습이
눈에 어슴프레 보이고 음성이 귀에 들려야 한다고 언급된다.[16]
분향(焚香)하여 혼기(魂氣)가 감응하게 하고 강신주(降神酒)를 모
사(茅沙)에 뿌려 체백(體魄)이 감응하게 하여 강신하면 영신(迎
神)함으로써 제사의 중심으로 이끌어진다. 강신의 고대적 형태에
시동(尸童)을 모시는 경우를 볼 수 있다. 이 시동은 제물을 흠향
하며 강복하기도 하는 신위에 있는 것이다.[17] 이 제의에서 신은
흠향함으로써 제물을 먹는 것이라는 감각적 구체성을 보여주는
것으로 의식하기도 한다. 그러나 신의 흠향은 본질적으로 강복인
것이다. 제사참례자는 신이 흠향한 제물을 음식물로서 먹는 것이
아니라 축복을 받는 것 곧 음복하는 것이다.

---

16) 『예기』 祭儀.
17) 금장태, 『중국고대의 신앙과 제의』, 『한국종교학』 제1집, 1972, p. 103~
    4 참조.

이처럼 유교의 제의는 무속과 공통된 형식으로 신을 강림시키고 신과 마주 대하는 생생한 계기를 갖는다. 그러나 유교의 조상신은 본질적으로 선신(善神)이며 축복으로 인식되고 있기 때문에, 무속에서와 같은 재앙의 제거보다 복을 받는 것에 핵심이 놓여 있다. 물론 유교의 제의는 경건함을 기본자세로 요구하고 신을 외경(畏敬)하지만 조상신은 외포(畏怖)의 대상이 아니라 신과의 만남에서 인간의 삶이 축성(祝聖)되고 복을 누리는 구원의식이 깃들어 있는 것이다. 불제(祓除, 푸닥거리)에서 재액을 제거하는 의례는 민속의 형식으로 유교의 제의 속에 수용되고 있는 것이라 할 수 있다. 그러나 신의 징계는 의례보다 도덕적 성찰로서 상응하여야 할 것을 요구하는 데 유교적 특성이 있는 것이라 하겠다.

## 14.6 유교와 무속의 비교

유교와 무속의 공통성과 차이를 몇 가지 측면에서 검토해 보았을 때 그 중요한 특징으로서 다음의 두 가지 사실을 들 수 있다.

첫째, 유교와 무속이 서로 동일한 문화와 사고구조를 배경으로 하여 전개되었다는 사실이다. 유교가 갖는 윤리적이고 사회적인 체계성은 때로 무속의 신비적 접신(接神)에 매몰되는 초월성을 경계하고 거부하지만, 그러나 이를 전적으로 부정할 수 없는 것은 유교의 근본에는 무속과의 공통성이 깊이 깔려 있기 때문이다.

둘째, 유교는 전통적으로 무속을 천시하고 억압하였지만 언제나 양자가 공존해 왔던 것이 사실이다. 그것은 그 둘 사이에 사회적으로나 신앙의식에서 상보적인 기능을 지녔던 것이라 볼 수 있다. 유교가 전통사회의 상층문화를 이끌어 갔다면 무속은 하층 의식을 이끌어 갔다. 유교가 도덕규범적 형식에 따라 엄숙성을 강조했다면 무속은 신비적 종교체험과 더불어 활력을 제공해 주었다고 할 수 있을 것이다. 유교가 전통사회에서 계층 질서를 강화하면서 여기서 소외된 부녀자나 서민의 정신적 안식을 무속에서 제공해 왔다. 또한 무속은 그 사회적 내지 도덕적 질서를 유교체계에 의존하여 활동할 수 있었던 것이라 할 수 있다. 따라서 양자는 한 시대 사회에서 균형점을 찾아 개별성을 유지해 왔던 것이라 볼 수 있으며, 또한 이러한 상호작용 속에서 한국의 전통 사상과 문화 속에 깊이 뿌리를 내릴 수 있었던 것이라 하겠다.

# 15. 조선사회의 관왕묘(關王廟)

## 15.1 관왕묘(關王廟)의 설립

옛 성왕(聖王)과 걸출한 신하들이 후세에 받들어져 사당에 모시고 제사를 드리는 것은 유교사회에 흔히 있는 일이다. 이 가운데 관우(關羽)는 매우 독특한 신앙대상으로서 유교국가인 조선사회 속에 자리잡게 되었다. 관우의 자(字)는 운장(雲長)이므로 흔히 관운장(關雲長)이라 일컬어진다. 그는 중국의 삼국시대에 촉한(蜀漢)의 선제(先帝) 유비(劉備)를 섬겨 이름을 떨쳤던 명장(名將)이다. 그는 후한 말엽의 어지러운 시대에 한나라 황실의 중흥을 명분으로 내세운 유비와 결의형제하고 유비를 도와 활약하면서 보여준 용맹과 의리와 충절로 전설적인 인물이 되어왔다.[1]

관우는 죽은 뒤에 여러 시대를 거치면서 국가로부터도 지속적으로 추존받아왔다.[2] 이러한 사실에서 그가 국가의 위난시에 무신(武神)으로 부각되어 자리를 잡았음을 짐작할 수 있다. 이와 더불어 중국의 풍속에 큰 비중을 차지하는 도교(道敎)적 민속신

---

1) 關羽는 생존시에 한때 曹操에 붙잡혀 漢壽亭侯에 봉해졌으나 主君에 대한 절의를 지켜 劉備를 찾아서 돌아왔다. 그는 漢中王 劉備의 아래서 前將軍으로 荊州를 지키다가 서력 219년 東吳의 孫權에게 패배하여 悲壯하게 죽음을 맞이했다.

2) 蜀漢에서는 壯穆侯로 諡號를 받았고, 북쪽 변경의 거란족으로부터 압박을 받던 北宋 말엽의 徽宗 때에는 忠惠公, 武安王, 義勇武安王으로 加封되었고, 南宋 孝宗 때에는 壯穆義勇武安英濟王으로 諡號가 내려지기도 하였다. 元代에는 그의 사당을 義勇武安王廟라 하였고, 明代에는 처음에 漢壽亭侯로 일컫다가, 神宗 때에는 '勅封三界伏魔大帝神威遠鎭天尊關聖帝君'의 諡號를 받아 帝로서 극진하게 존숭되었다.

앙의 형식으로서 관우를 재물과 행운을 내려주는 재신(財神)으로
숭배하기도 하였다. 또한 일부 불교신앙의 전통의례에서도 민간
신앙을 수용하여 관우숭배를 행하였다. 이렇게 하여 관우는 민간
신앙에서 강력한 영향력을 지닌 신(神)으로서 자리를 잡았다.

우리나라에서 관우에 대한 신앙적 의례는 임진왜란 때 구원병
으로 왔던 명나라의 장수들에 의해 전파되기 시작하였다. 선조
31년(1598) 4월 서울의 남대문 밖에 주둔하고 있던 명나라 장수
인 유격장(遊擊將) 진인(陳寅)은 진중의 뒷뜰에 있는 오래된 가
옥건물에다 관우를 모시는 사당인 관왕묘(關王廟)를 설치하였다.
이에 명나라 장수 양호(楊鎬) 등이 후원하여 그곳에 새 건물을
짓고 관우와 관평(關平), 주창(周倉)의 소상(塑像)을 세우는 공사
를 일으켰던 것이 조선시대 관왕사당의 효시를 이루는 것이라
할 수 있다. 진인은 이때 관왕묘를 설립하는 일은 명나라 군대의
일이기만 한 것이 아니라 조선에도 중대한 일이라고 강조하여
조선정부의 지원을 요구하였다. 이렇게 하여 남대문 밖(桃洞)에
세워졌던 관왕사당이 남관왕묘(南關王廟) 곧 남묘(南廟)이다.3)

선조 31년 5월 13일에 관우의 생일을 맞아 관왕사당에 의례를
거행하면서 명나라 장수는 선조임금에게 친히 행차할 것을 강력
하게 요구해 왔다. 조선정부로서는 당시의 형편으로 이를 거절할
수 없어서 정부에서 의논한 끝에 임금이 직접 찾아가서 분향(焚
香)하고 헌작(獻酌)하여, 예법에도 없는 임금의 친제(親祭)를 올
렸다. 그러나 이 제전(祭奠)을 마치고 난 뒤 그 자리에서, 명나라
장수는 그들의 풍속에 따라 잡희(雜戲)를 벌이고서 선조임금까지
참관하게 하였다. 이러한 사실에 대해 조정의 신하들은 의례를
행하는 것 자체도 부득이한 일인데 제전에서 잡희를 벌이는 것
을 군주가 참관하게 된 것은 예법에 어긋난다고 항의를 하기까

3) 南廟의 神像에 관해 柳成龍의 『西厓集』 권16,' 記關王廟' 條 참조.

지 하였다. 이때까지만 하여도 명나라 장수는 관왕에 대한 신앙 의례에 열성적이었지만, 조선정부는 유교적 정통주의의 입장에 따라서 관왕신앙에 대해 거부적 태도를 보임으로써, 양쪽의 태도 사이에는 상당한 거리가 있음을 보여주고 있다.

당시 관왕사당의 의례는 명나라 시대의 민간신앙까지 받아들인 것이다. 그러나 조선정부로서는 임금이 외국의 민간의례에 친히 제사 드린다는 것은 굴욕적인 사건으로 받아들이지 않을 수 없었다. 여기서 나아가 명나라 장수는 또 하나의 관왕사당을 세우도록 요구해 왔다. 이에 따라 선조 32년(1599) 8월 동대문 밖 영도교(永渡橋) 근처에 동관왕묘(東關王廟) 곧 동묘(東廟)를 착공하였다. 이때 새로운 관왕묘의 건립장소는 동대문 밖이나 훈련원 근처가 후보지로 고려되었다. 그 이유로서 동대문 밖은 지리적으로 한성의 성곽 동쪽이 얕아서 공허하므로 이를 보완한다는 전략적인 기능과 여기에 풍수설까지 결합시켜 의미를 찾았고, 훈련원 곁은 관우가 군신(軍神)으로서의 성격이 있음을 의식하였던 데서 고려된 것이다. 결국 군사들의 숭배를 받는 국가의 공식적인 군신(軍神)으로서의 성격을 인정하면서도 동대문 밖의 지형적 보강효과에 비중을 둔다는 명분에서 동묘(東廟)가 건립되었던 것이다.[4]

동묘는 건립의 결정 자체도 원래 명나라 장수의 요구에 따른 것이다. 명나라 사신이 전한 신종(神宗)의 조서(詔書)에서도," 관공(關公)은 원래 영령(英靈)이 비상하여 임진왜란 때에 그대 나라에 陰助가 컸으니 사당을 세워 공(功)을 갚는 것이 마땅하다"라 하여 사당의 건립을 요구하였다. 그래도 조선정부로서는 별로

4) 동대문 밖의 둑도(뚝섬)에는 軍神인 蚩尤神을 제사하는 馬祭壇과 말의 전염병을 예방하기 위한 제단으로 馬祖壇이 있었으며, 軍隊의 閱武場이기도 하였다. 이곳에는 임금이 거동할 때 旗를 세웠고, 纛所로 일컫기도 하는 軍事的 의미가 있었다.

내키지 않는 일이었다. 그러기에 『조선왕조실록』에서는 사신(史臣)이 "관왕사당을 건립하는 일은 매우 허망한 일이다"라고 논평하고 있다. 이처럼 명나라에 대한 외교적 필요에 따라 관왕숭배의 허용과 관왕사당의 건립이 가능하였다는 사실을 확인할 필요가 있다. 동묘의 건립을 위해 명나라 조정에서 4천금을 보내왔다고 하지만, 전란으로 황폐된 현실에서 백성의 원망대상이 아닐수 없었다. 매월 2백 명씩의 군졸들이 건립공사에 동원되었으나만 2년이 지난 선조 34년 8월에야 완성되었다.

조선정부에서 동묘의 공사를 지휘한 관리를 포상하려 하자, 언관(言官)들은 "명나라의 분부에 의해 마지못해 하는 일"이라 하고, 국가적인 일도 아닌 일을 위해 3년 동안 백성의 원망을 쌓은일에 상을 줄 수 없다는 간쟁(諫爭)이 잇딜아 나왔다.[5] 이 사실은 당시의 조선사회가 관왕사당에 대해 얼마나 호의적이 아니었던가를 짐작할 수 있다. 동묘가 낙성된 뒤에 명나라에서는 신종황제의 어필인 '勅建顯靈昭德王關公之廟'라는 액호(額號)까지 보내왔다 하니, 동묘의 공사는 비록 조선정부가 시행했지만 명나라조정의 의지에 따라 건립된 것임을 확인할 수 있다.

## 15.2 관왕(關王)신앙의 양상

한때 허균(許筠)이 왕명에 따라 현령비(顯靈碑)의 비문을 지었던 일이 있고, 수직(守直)책임을 훈련원의 관리에게 맡기기보다는 격을 높여서 예조(禮曹)에 맡길 것을 논의하는 등 관심을 보이기도 하였다. 그러나 관왕이 유교의례의 숭배대상으로 적절한

---

5) 『宣祖實錄』 권138, 34년 6월 乙酉, 丁酉條.

위치를 가질 수 없었던 만큼 조선정부의 무관심 속에 버려지고
말았다. 그 후 관왕사당이 다시 관심을 끌게 된 것은 숙종이 동
묘에 왕림한 일이 있는데 이때에도 언관들이 전례에 없는 일이
라 간쟁하기도 하였다.6) 그 후 영조가 제관을 보내 관왕묘에 제
사드리게 하고, 정릉(貞陵)에 갔다가 돌아오는 길에 동묘에 들러
임금으로서 관왕의 소상에 친히 재배례(再拜禮)하였으며, 친히
'顯靈昭德王廟'의 6자를 써서 동묘와 남묘에 액(額)을 걸게 하
였던 사실을 찾아볼 수 있다. 영조는 관우의 소상에 입혔던 옷을
갈아 입히게 하며, 지방에 세워졌던 관왕사당을 수리하도록 지시
하는 등의 배려를 보이기도 하였다.7) 정조임금은 숙종·영조의
어제(御製)를 한 비석에 새기고, 장조(莊祖, 사도세자)와 자신이
지은 것을 한 비석에 새겨 비석들을 세우기도 했다.8)

병자호란 이후 만주족의 청나라가 중원땅을 장악하고 있을 때
숭명배청(崇明排淸)의 의리론 내지 북벌론(北伐論)의 주장이 당
시의 조선사회에 충만하였다. 이때는 임금으로서도 명나라 신종
황제의 칙명을 간직하고 있는 유지(遺址)에 해당하면서 군신(軍
神)의 성격을 띠고 있는 관왕사당을 떳떳하게 찾아갈 수 있는 명
분이 생긴 것이라 할 수 있겠다. 동묘 속에 걸려 있는 중국 사신
정룡(程龍)이 쓴 '千秋義氣', '萬古忠心'이라는 현판 등의 문귀
에서는 바로 이러한 의리정신의 강개함을 생생하게 느낄 수 있
게 한다.

동묘의 부속건물 안에는 아직도 숙종·영조·사도세자·정조
의 임금들이 숭명의리를 표방하여 친필로 쓴 관우를 찬양하는
비문들이 간직되어 있다. 조선정부가 관왕사당을 관리하는 동안

---

6) 『肅宗實錄』권 23, 17년 2월 壬午條.
7) 『英祖實錄』권 49, 15년 6월. 권58, 19년 8월. 권64, 22년 9월.
8) 『正祖實錄』권 20, 9년 11월 辛酉條.

은 철저히 유교정통주의적 신념에 따른 예법의 테두리 안에서
극히 제한된 지위를 가졌던 것이 사실이다. 그러나 관왕신앙은
관왕사당 밖에서 일찍부터 민간신앙으로 퍼져가고 있었음을 인
식할 필요가 있다.

관왕사당은 남묘와 동묘 이외에도 서울 안에만 해로 관왕묘(關
王廟: 방산동), 성제묘(聖帝廟: 장충동 2가). 관성묘(關聖廟: 명륜
동 3가) 등의 자리가 남아 있는 것을 확인할 수 있다. 지방에서
는 임진왜란 때의 명나라군대 주둔지를 비롯하여 성주, 안동, 진
주, 남원, 전주 등지에서 아직 사당이 남아 있는 곳도 있다. 후기
로 오면서 관왕신앙은 민중신앙 속에 상당한 깊이로 뿌리를 내
려서 무속신앙의 형태로도 나타나게 되었다. 서울의 남산 약수터
근처의 와룡암(臥龍庵)에는 제갈공명과 함께 관우가 모셔져 민간
의 숭배대상이 되어왔다. 관왕신앙은 민간신앙 속에서 특히 단군
신앙과 결합하여 나타나기도 한다. 그만큼 관우는 외국의 침략에
항거하여야 하는 우리의 역사적 경험과 더불어 강한 힘의 보호
속에 안전과 풍족을 요구하는 서민대중의 의식 속에 깊이 결합
되어 전승되어왔던 것으로 보인다. 이러한 관왕신앙은 유교의 정
통주의적 신념으로부터는 철저히 억제를 받으면서도 민중종교의
한 가닥으로 이어내려 왔다.

이능화는" 우리 조선인은 관성제(關聖帝)를 재신(財神)으로 받
들며, 그 소상을 경성 종로의 보신각(普信閣) 곁에 모셔 시가를
지키게 하고 있다. 또 매년 10월에 시정상가가 남묘에 고사하여
돈을 많이 벌기를 기원하는 것은 모두 중국에서 전래한 습속이
다."9)라 하여 관왕신앙의 성격과 민간신앙 속에 전파되고 있는
상황을 명확히 보여주고 있다. 민간신앙의 차원에서는 관왕신앙
이 꾸준히 지속되어, 1920년경에는 관성교(關聖敎)라는 신앙단체

9) 李能和, 『朝鮮道敎史』, 東國大, 1959, p. 439.

를 조직하기도 하였다.

유교국가인 조선정부는 관왕신앙을 명나라의 강요로 수용하였으나, 숭명(崇明)의식의 유물로만 제한된 인정을 하였을 뿐 신앙의 역할을 제도적으로 인정한 것은 아니라 하겠다. 이처럼 조선정부로부터 많은 제약을 받아왔음에도 불구하고, 민간신앙에서 관왕신앙을 훨씬 더 적극적으로 수용하고 있는 사실은 관왕신앙에 접근하는 태도의 차이를 보여주는 것이기도 하다. 유교정부는 정통주의적 이념에 따라 어떠한 신앙에 대해서도 배타적 입장을 취하고 있다. 이에 비하여 민간신앙의 기복적 요구는 효험의 결과를 따라서 실리적이며 개방적인 태도를 보여주는 것이다.

# 16. 양주(楊朱)의 자연과 인간

## 16.1 양주(楊朱)의 사상사적 위치

중국고대사상이 찬란하게 꽃피우던 춘추전국시대의 제자백가 가운데 상당수의 사상가들은 그 생존연대뿐만 아니라 인물의 실재 여부도 확인하기 어려운 경우가 있다. 양주(楊朱)도 제자백가의 한 인물로서 생존연대와 인물의 배경에 관해 확실하지 않은 점이 많지만 공자와 노자보다는 늦고 장자나 맹자보다는 앞서는 시기의 인물로 보아 대개 B.C. 440년에서 B.C. 360년 사이에 생존한 것으로 본다.[1] 그러나 양주는 전국시대의 혼란한 사회에서 발생하고 영향을 끼쳤던 다양한 사상들 가운데 중요한 일익을 대표하는 사상가이었다. 비록 중국사상사의 전반에 걸쳐서 주류를 형성하지는 못하였다고 할지라도 언제나 사회와 인간의 기층에 깔려 있는 의식상의 지위와 현실적인 세력을 지니고 있다는 사실을 인정한다면 좀더 주의깊은 관심을 기울여 볼 필요가 있다고 하겠다. 이 짧은 글은 비록 제한된 자료를 통해서나마 양주의 기본사상을 음미하면서 그 내용을 가능한 한 체계적으로 검토해 보고자 하는 것이다.

양주에 관한 언급은 『장자[南華經]』와 『열자[冲虛至德眞經] 및 『맹자』 속에서 찾아볼 수 있다. 그러나 이 가운데서 양주의 사상이 가장 풍부하고 집중적으로 진술되어 있는 것은 『열자』 8편 속에 제7편인 『양주편』이다. 여기서 『양주편』은 독립된 부분이기

---

1) 胡適, 『中國古代哲學史』, (민두기 外譯), 1962, p. 193.

도 하지만 『열자』 속에 포함되어 있느니 만큼 『열자』 전체와 깊은 관련이 있을 것임을 가정하면 『양주편』의 이해와 더불어 『열자』의 성격을 밝혀 볼 필요가 있는 것이다.

『열자』는 어떤 통일된 사상체계를 지닌 문장이 아니라 단편적인 문장들의 집합인 듯한 인상을 주고 있다. 호적(胡適)은 『열자』 전체가 거의 뒷사람의 위작(僞作)인 가장 믿을 수 없는 것이지만 『양주편』만은 신빙성이 있는 것으로 보았다.2) 그러나 『열자』 전체는 아무리 위작이라 하더라도 무의미한 조작물이라고만 보기에는 선진구류사상(先秦九流思想)과 도가적 일면을 잘 설명해 주고 있는 것이다. 또한 『열자』의 여러 단편적 우화들은 중국 문화권의 의식 속에서는 잘 알려져 있으며 더구나 감동적으로 의미전달을 해주고 있다. 따라서 『열자』의 전체적 사상의 흐름과 양주의 사상을 관련시켜 이해하려는 것은 의미 있는 일이라 하겠다. 『열자』는 1. 천서(天瑞), 2. 황제(黃帝), 3. 주목왕(周穆王), 4. 중니(仲尼), 5. 탕문(湯問), 6. 역명(力命), 7. 양주(楊朱), 8. 설부(說符)의 8편으로서, 그 속에는 상상력에 넘치는 대화형식의 우화를 통하여 일관된 자연주의적 정신을 간직하고 있으며 인위적 도덕규범이나 사회제도에 대립하는 입장을 지키고 있는 것이다.

『열자』의 본문내용을 자세히 검토해 보면 『노자』와 동일한 표현 내지 동일한 의미 내용을 여러 곳에서 발견할 수 있고 노자와의 대화를 내용으로 하는 문장이 많이 실려 있어서 노자는 언제나 『열자』 전체사상의 대변자로서 위치를 갖고 있다는 사실을 엿보게 된다. 『장자』에서도 소요유(逍遙遊)·제물론(齊物論)·응제왕(應帝王)·병무(騈拇)·거협(胠篋)·지락(至樂)·달생(達生)·전자방(田子方)·양왕(讓王)·열어구(列御寇) 등 여러 편의 곳곳

2) 같은 책, p. 192.

에 『열자』와 완전히 일치하는 단편들을 포함하고 있다. 이에 비하여 『열자』에는 장자라는 명칭이 언급되고 있지 않은 것으로 보아 문헌적으로 『열자』가 『장자』에 앞선 것으로 보이기도 한다. 그러나 『열자』의 전체적인 문헌적 검토에서는 동진말(東晉末, A. D. 5세기 초에 나타난 것이라 보는 입장도 있다.3) 다만 『노자』· 『장자』· 『열자』는 긴밀한 사상적 연관성을 지니고 있음을 이해할 수 있으며, 『열자』의 위치가 중국사상의 두 가지 원류를 이루는 유가와 도가에서 도가의 계열에 서는 것이고, 양주의 사상도 같은 맥락에서 독특한 위치를 차지하는 것이라 할 수 있겠다. 따라서 양주의 사상은 도가적 입장을 배경으로 하면서도 도가로서보다 묵자와 대립되는 동시에 유가에 대립하는 입장이라는 특수한 독립된 형태로서 소개되기도 하였던 것이다. 이런 면에서 양계초는 노자가 '사치함을 버리고 교만함을 버리며, 사사로움을 줄이고 욕망을 줄일 것[去奢去泰, 少私寡欲]' 을 주장하는 데 비하여 양주는 '멋대로 할 뿐으로 아무것도 막지 않을 것[肆之而已, 勿雍勿閼]' 을 주장하는 점을 대비시키면서 노자의 자연주의보다도 양주는 더욱 적나라하고 철저한 자연주의라고 지적하였던 것이다.4)

양주의 활동은 맹자나 장자보다 앞선 시대이기에 맹자 당시에 양주의 사상은 묵적의 사상과 더불어 유가를 압도하듯 성행하였던 것으로 보인다. 맹자는 그 시대의 사회풍조를 개탄하면서 양주와 묵적을 비판하여 " 양주와 묵적의 언론이 천하에 가득 차서 천하의 언론이 양주의 편으로 돌아가지 않으면 묵적의 편으로 돌아간다. 양주는 위아(爲我)를 주장하니 이것은 자기 임금을 무시하는 것이요, 묵적은 겸애(兼愛)를 주장하니 이것은 자기 아비

---

3) 梁啓超, 『先秦政治思想史』, 1962, 臺北, p. 110.
4) 같은 책, p. 110.

를 무시하는 것이다. 자기 아비를 무시하고 자기 임금을 무시하는 것은 곧 금수(禽獸)의 행동이다"라고 언명하였다.5) 이러한 맹자의 비판태도를 통하여 유가와 양주·묵적의 관계를 엿볼 수 있다. 또한 맹자는 양주와 묵적의 사상을 유가의 입장에서 간명하게 규정하여 " 양자(楊子)는 위아(爲我)를 내세우는 입장을 취하니 털 한 오라기를 뽑아서 천하를 이롭게 하는 일이 있더라도 하지 않는다"라 하고," 묵자는 겸애를 내세우는 입장으로서 머리 꼭대기에서 발꿈치까지 다 닳아 없어지더라도 천하를 이롭게 하는 일이라면 행한다"라고 지적하였다. 물론 여기서 양주와 묵적에 대한 맹자의 비판은 위아(爲我)와 겸애(兼愛)가 나쁜 것이라는 비난에 머무르는 것이 아니라 위아와 겸애의 근본입장에 대해 그것이 사회와 개인의 조화를 잃은 극단적 개인주의 내지 전체주의 태도를 비판한 것이요, 따라서 이 두 입장을 절충한 자막(子莫)의 태도를 " 자막은 그 중간을 잡고 나간다. 중간을 잡고 나가는 것이 도리에 가깝다고 하겠으나, 중간을 잡고도 변화에 적응하는 권도(權道)가 없으면 오히려 한 가지를 고집하는 것과 같다"라고 다시 비판함으로써 진정한 유가적 중용 내지 시중(時中)의 원리를 제시하려고 하였던 것이다.6) 맹자를 통한 유가의 양주에 대한 이러한 전면적 비판에 비해 『장자』나 『열자』에서는 공자 또는 그의 제자들 및 성군(聖君)을 등장시켜 대화를 통하여 그들을 비판하기도 하지만 도가류의 사상에 끌어들이기도 하는 다양한 태도를 가지고 있어 대조를 이루고 있다.

---

5) 『孟子』滕文公下.
6) 같은 책, 盡心上.

## 16.2 양주사상에서의 자연과 진실존재

1) 『열자』의 근원존재와 생성세계

철학적 사유의 근원에 대한 추구는 우주와 존재의 본질에까지 나아가며 여기서 모든 이론적 전개의 근거를 마련하게 된다. 그러나 양주는 철학적 존재론의 문제에 관하여 언급하기보다는 인생의 문제에 관해 직접적으로 논의하였던 만큼 양주의 사상이 지닌 철학적 배경은 『열자』의 전편을 통하여 추구될 수 있을 것이다.

『열자』제1편에서는 생성과 변화의 문제 및 그 생성·변화의 근원에 관한 문제를 논급하고 있다.

> ‘생성되는 것’과 ‘생성되지 않는 것’이 있고, ‘변화하는 것’과 ‘변화하지 않는 것’이 있다. / ‘생성되지 않는 것’은 ‘생성되는 것’을 생성할 수 있고, ‘변화하지 않는 것’은 ‘변화하는 것’을 변화시킬 수 있다. / ‘생성되는 것’은 생성되지 않을 수 없고, ‘변화하는 것’은 변화하지 않을 수 없다. 그러므로 항상 생성되고 항상 변화한다. / 항상 생성되고 항상 변화하는 것은 생성되지 않는 때가 없고 변화하지 않는 때가 없으니, 음양이 그러하고 사시가 그러하다. / ‘생성되지 않는 것’은 의독(疑獨, 唯一存在)이요, ‘변화하지 않는 것은 왕복(往復, 循環 그 자체)이다. 그 끝을 마칠 수 없으니 ‘의독’이요, 그 도(道)를 다할 수 없으니 [‘왕복’이다.]7)

‘생성되는 것’이나 ‘변화하는 것’을 넘어서 ‘생성되지 않는

---

7) 『열자』 天瑞篇: "有生不生, 有化不化, 不生者能生生, 不化者能化化, 生者不能不生, 化者不能不化, 故常生常化, 常生常化者, 陰陽爾, 四時爾, 不生者疑獨, 不化者往復, 其際不可終, 疑獨, 其道不可窮."

것'내지'변화하지 않는 것'에로 나아가는 것은 생성과 변화라
는 현상을 넘어서 생성과 변화의 근원에로 소급하는 것이다.'생
성되지 않는 것'또는'변화하지 않는 것'이라는 근원적 존재는
첫째 정적(靜的)이고 공허한 관념적 존재가 아니라 생성과 변화
의 원동자(原動者)로서 생성되는 것을 생성할 수 있고[能生生]
변화하는 것을 변화시킬 수 있는[能化化] 것이다. 그러면서도 둘
째로 이 근원적 존재는 생성과 변화를 임의로 행하는 것이 아니
라 자연의 필연성에 따르는 것이므로"생성되는 것은 생성되지
않을 수 없고, 변화하는 것은 변화하지 않을 수 없다"고 지적되
는 것이다. 셋째로 근원적 존재는 생성되지 않는 때가 없고 변화
하지 않는 때가 없는 바 항상 생성되고 항상 변화하는 것으로서
생성과 변화의 보편성을 확립하고 있는 것이다. 이러한 근원적
존재는 직접적으로 규정하여 언표할 수 없는 무한한 존재이기에
"그 끝을 마칠 수 없고, 그 도(道)를 다할 수 없는 것"이라 해
명하면서'의독'이요'왕복'이라 일컫고 있다. 여기서'의독'·
'왕복'은『노자』에서 이른바'곡신(谷神)''현빈(玄牝)'과 상통하
는 것이라 하겠다.

　『열자』에 있어서 근원적 존재에 대한 논의는 기본적으로 기론
(氣論)의 범주에 입각하여 형상을 넘어서는 무형(無形)의 근원을
추구해 나간다.

　　　옛날 성인(聖人)은 음양에 인(因)하여 천지를 통어하였다. 무릇
　　유형(有形)한 것은 무형(無形)한 데서 생겨났으니 그렇다면 천지
　　는 어디서 생성된 것인가? 그러므로 태역(太易)이 있고 태초(太
　　初)가 있고 태시(太始)가 있고 태소(太素)가 있다고 한다. / 태역
　　이란 아직 기(氣)가 나타나지 않은 때이고, 태초란 기(氣)가 시작
　　하는 때이며, 태시란 형(形)이 시작하는 때이고, 태소란 질(質)이
　　시작하는 때이다. 기와 형과 질이 갖추어 있으면서 아직 서로 분

리되지 않으니 혼륜(渾淪)이라 한다.8)

여기서 근원적 존재는 무형한 것이요, 천지의 생성근거로서 기
(氣)의 계기에 따라‘ 태역’ 과‘ 태초’ 로 분석하고‘ 태역’ 을 궁극
적인 것으로 제시하였다. 그러나 동시에 형(形)에 따른‘ 태시’ 와
질(質)에 따른‘ 태소’ 를 분별하면서도 기· 형· 질이 분리되지 않
은 혼융의 상태로서‘ 혼륜’ 을 근원적 존재의 존재양태로서 제시
하고 있다. 이 혼륜은“ 만물이 서로 혼륜되어 아직 서로 떠나지
않는 것[萬物相渾淪而未相離也]”이라 하여 근원적 존재가 현상적
세계와 유리(遊離)되지 않은 현실적 실재성을 강하게 보여준다.
이러한 근원적 존재의 현실적 양상으로서의 혼륜은 존재계기의
시원적 형식인‘ 태역’ 과 직접적으로 통일되고 있음을 발견할 수
있다. 곧 혼륜은“ 보아도 보이지 않고, 들어도 들리지 않고, 만져
도 얻을 수 없으니, 역(易)이라 한다”고 지적하였다.9) 여기서
‘ 역’ 은 변역(變易)의 의미를 갖는 것이며 모든 변화현상의 형식
원리로서 제시되고 있다.

역(易)은 형상이나 경계가 없다. 역은 변하여 일(一)이 되고, 일
(一)이 변하여 칠(七)이 되고, 칠(七)이 변하여 구(九)가 된다. 구
(九)가 변한다는 것은 구경(究竟)이니 곧 다시 변하여 일(一)이
된다. 일(一)이란 것은 형상이 변하는 시작이다.10)

따라서 우주의 모든 변화현상은 기· 형· 질을 소재로 하고 역

---

8) 같은 곳 :“ 昔者聖人, 因陰陽以統天地, 夫有形者生於無形, 則天地安從生,
故曰有太易, 有太初, 有太始, 有太素, 太易者未見氣也, 太初者氣之始也,
太始者形之始也, 太素者質之始也, 氣形質其而未相離也, 故曰渾淪."
9) 같은 곳:“ 視之不見, 聽之不聞, 循之不得, 故曰易也."
10) 같은 곳:“ 易無形埒, 易變而爲一, 一變而爲七, 七變而爲九, 九變者究也,
乃復變而爲一, 一者形變之始也."

의 변화원리를 형식으로 하여 전개되는 것이다. 실질적 존재의
기본범주인 천· 지· 인도“ 기(氣)의 맑고 가벼운 것은 위로 올라
천(天)이 되고 흐리고 가벼운 것은 아래로 내려가 지(地)가 되며
조화된 기(氣)는 인(人)이 되는 것이며, 그러므로 천지도 기(氣)
의 정(精)을 머금고, 만물도 기(氣)를 바탕으로 변화· 생성하는
것”이라 이해하였다.11) 이러한 기론적(氣論的) 생성세계에서는
천· 지· 인· 성(聖)· 물(物)의 각 개별적 존재영역이 그 근거에
는 공통적 동질요소를 가지게 되는 것이고, 그 개별 존재영역의
차이는 상하적 우열관계나 지배관계에서 파악되는 것이 아니라
각각의 기능적 독립성과 한계성을 밝힘으로써 상호평등적이고
자립적인 관계로 인식하고 있는 사실에서 자연주의적 성격을 엿
볼 수 있다. 곧“ 천지도 완전한 공덕(功德)이 없고, 성인도 완전
한 능력이 없고, 만물도 완전한 효용이 없다”고 각각의 근본적
한계를 지적한다.“ 천(天)의 직책은 만물을 생성하고 덮어주는
것이고, 지(地)의 직책은 만물을 형성하고 실어주는 것이며, 성
(聖)의 직책은 교화하는 것이고, 물(物)의 직책은 소의(所宜, 適
性)가 있는 것”이라 하여 각각의 기능이 제시되었을 때 서로는
포섭관계가 아니라 보완관계에 놓이게 되는 것임을 알 수 있다.
따라서 생성하고 덮어주는 천(天)은 형성하고 실어주는 지(地)의
기능을 할 수 없고, 지(地)는 교화하는 성(聖)의 기능을 할 수 없
고, 성(聖)은 소의(所宜)가 있는 물(物)의 성질을 어긋날 수 없는
것이다. 여기서 각각의 기능이 정해져 있으므로[宜定] 그 지위를
벗어날 수 없다. 이때 천지의 도는 음· 양으로, 성인의 교는 인·
의로, 만물의 의(宜)는 강(剛)· 유(柔)로 제시되는 것이며, 이들은
각각의 기능을 따라 자신의 지위를 벗어날 수 없다는 상보적 관

---

11) 같은 곳:“ 淸輕者上爲天, 濁重者下爲地, 沖和氣者爲人, 故天地含精, 萬物
   化生.”

계 속에 자연의 필연적 위치를 갖는 것이다.12)

천· 지· 인이란 존재의 영역구분은 유가에서 삼재(三才)의 기
본범주로 문제삼고 있으며 도가의 입장에서도 이 존재영역을 받
아들이고 있어 중국사상의 고전적인 공통기반을 제공하고 있다.
『열자』에서는 이 삼재론(三才論)의 기반 위에서 인간존재를 정
신과 골해(骨骸, 身體)로 구분하고 이를 각각 천과 지에 배분함
으로써 천· 지와 인(人)의 통일된 결합구조를 제시하여 자연과
인간을 일관시키는 철학적 입장을 확립하는 것이며, 여기에 양주
(楊朱)의 인간론적 사상을 전개하게 위한 단서를 찾을 수 있게
된다.13)

## 2) 양주(楊朱)에서의 명(名)중과 실(實)

진실한 존재는 형상이나 변화의 외형적 세계에서 찾아지는 것
이 아니라 생성과 변화를 넘어선 근원적 존재에서 발견되었던
것이다. 이것은 또한 사물이나 외관에 사로잡히는 것이 아니라
자신에 충족되는 내관(內觀)에서 찾아지는 것이다.

> 외물에서 놀기에 힘쓰면 안으로 자신을 관조할 줄 모르는 것이
> 다. 외물에서 노는 사람은 사물에서 갖추어진 것을 추구하며, 안
> 으로 관조하는 사람은 자신에 충족한 것을 취한다. 자신에 충족
> 한 것을 취하는 것이 지극한 놀이요, 사물에 갖추어진 것을 추구
> 하는 것은 지극한 놀이가 못된다.14)

---

12) 같은 곳:" 天地無全功, 聖人無全能, 萬物無全用, … 此皆隨所宜, 而不能
出所位者也."
13) 같은 곳:" 精神者天之分, 骨骸者地之分, 屬天淸而散, 屬地濁而聚, 精神離
形, 各歸其眞, 故謂之鬼, 鬼歸也, 歸其眞宅."
14) 같은 책, 仲尼篇.

　　외형보다 내면에서의 자기충족을 추구하는 진실성의 요구는
명목보다 실질을 요구하는 데로 나가게 된다. 인간의식은 대상에
대하여 그 대상의 본질을 추구함과 동시에 개념적 언표를 통하
여 대상을 인식하는 것이다. 여기서 본질과 개념의 분열이 제기
될 수 있으며, 이 두 가지의 상관성 속에서 양주는 명목을 거부
하고 실질을 선택하는 입장을 취하고 있다. 양주에 있어서 개념
적 명목에 상응하는 것은 명예라고 한다면 본질의 실재는 실리
로서 제시되고 있는 것이다. 그는 실(實)과 명(名)을 대립시켜서
" 실은 명이 없고 명은 실이 없다. 명은 위(爲)일 따름이다"라
지적하여 명을' 위' 라 하여 거부하고 있다.15) 또한 명예란 인간
이 추구하는 기본적 목표임을 인정하면서 명예란 바로' 자신을
괴롭히고 마음을 초조하게 하는 것[名乃苦其身, 燋其心]임을 지적
하여 삶의 참된 목표가 될 수 없음을 밝힌다. 실제에 있어서 명
예를 위하는 사람은 청렴하거나 사양하게 되는데 청렴하면 가난
하게 되고 사양하면 비천하게 되는 사실을 지적하여 명예를 추
구하는 것의 이롭지 못함을 설득시키려 하고 있다.16) 따라서 명
예는 어디까지나 거짓되고 허망한 것이며 실리에 배반되는 것이
다. 요(堯)· 순(舜)이 허유(許由)와 선권(善卷)에게 천하를 양여
(讓與)하려 한 것은 거짓일 뿐이요 실질적으로는 자신이 자리를
누렸던 것인 데 비하여, 백이와 숙제는 아버지인 고죽군(孤竹君)
이 사실상 양위하려는 것을 사양하다가 마침내 나라가 망하고
수양산에서 굶어죽었던 것은, 명예를 기만하여 이용한 결과와 실
제로 명예를 추구한 결과가 실리에 어떻게 나타나는가를 보여주
는 예라고 들고 있다. 또한 양주는" 명예를 진실하게 하려고 하
면 오히려 빈곤해지고 명예를 거짓으로 이용하면 부유해진다[若

---

15) 같은 책, 楊朱篇." 實無名, 名無實, 名者僞而已矣."
16) 같은 곳:" 凡爲名者必廉, 廉期貧, 爲名者必讓, 讓斯賤."

實名貧, 僞名富]"는 언급을 통하여 명목이나 명예를 실리와 대립시켜 지적하였던 것이다.

양주는 명예와 실리의 모순을 극단적으로 제시하기 위하여 성현인 순· 우· 주공· 공자와 흉포한 걸· 주의 생애를 비교하였다. 순은 평생토록 번민이 많았으니 천인(天人)의 궁독자(窮毒者)이고, 우는 죽을 때까지 수고로웠으니 천인의 우고자(憂苦者)이고, 주공은 형을 죽이고 아우를 축출하면서 정치를 해야 했으니 천인의 위구자(危懼者)이고 공자는 사방에서 곤경을 당했으니 천민(天民)의 황거자(遑遽者)라 한다. 이 사성(四聖)은 살아서는 하루의 즐거움이 없었고 죽어서 만세에 명성을 남겼으나, 명예는 실질의 취할 바가 아니라 지적하고 있다.17) 이에 비하여 걸은 권세와 부유로 마음껏 향락하였으니 천민(天民)의 일탕자(逸蕩者)이고, 주도 욕망대로 살았으니 천민의 방종자(放縱者)라 한다. 이 이흉(二凶)은 살아서 욕망대로 하였던 즐거움이 있었고 죽어서 우폭(愚暴)하다는 이름을 얻었으나, 실질은 명예가 부여해주는 것이 아니라 하였다.18) 사후에 명예가 아무런 실질적 이익이 없다면 결국 현세에서의 실리가 더욱 진실한 가치를 지니는 것으로 인식되어야 한다는 것이다.

양주의 이러한 실질에 대한 추구와 명목의 거부는 존재론적으로 유명론(唯名論, nominalism)과 유사한 측면을 보여준다. 그러나 양주의 의도는 보편개념의 실질적 존재 여부를 따지는 것이 아니라 그 시대의 형식적 도덕규범이나 명예를 위한 욕망의 억압을 지향하는 의식태도를 부정하는 것이었음을 주의할 필요가 있다. 여기서 양주가 비판대상으로 삼고 있는 의식태도로서 묵가

---

17) 같은 곳:" 凡彼四聖者, 生無一日之歡, 死有萬世之名, 名者固非實之所取也."
18) 같은 곳:" 彼二凶也, 生有從欲之歡, 死被愚暴之名, 實者固非名之所與也."

의 겸애설에 따른 전체성의 지향이나 유가의 정명론적(正名論的)
도덕형식 등을 들어볼 수 있다. 따라서 그는 유가의 기본적 덕목
인 충(忠)과 의(義)의 명목을 거부하였다.

> 충(忠)한다는 것이 임금을 편하게 하기에 부족하고 도리어 자
> 신을 위태롭게 하기 쉬우며, 의(義)한다는 것이 사물을 이롭게 하
> 기에 부족하고 도리어 생명을 해치기 쉽다. 임금을 편하게 하는
> 것이 충으로 말미암지 않아서 충이란 명목이 상실되고, 사물을
> 이롭게 하는 것이 의로 말미암지 않아서 의라는 명목이 끊어진
> 다. 임금과 신하가 모두 편안하게 되고 사물과 나 자신이 아울러
> 이롭게 되는 것이 옛날의 바른 도(道)이다.19)

그러나 여기서 양주가 명목이나 명예를 거부하는 것은 존재론
적인 전면적 거부가 아니라 명목에 사로잡혀 실질을 상실하는
폐단에 대한 거부라는 점에 주목할 필요가 있다. 그는 오히려 명
목을 버릴 수 있다거나 그림자에 지나는 것으로만 단정하기를
스스로 거부하고 " 다만 명목을 지키려다 실질에 손실을 끼치는
것을 싫어한다 "고 언명하였다.20)

## 16.3 양주(楊朱)에서의 인간과 삶

### 1) 생사의 문제

앞에서 『열자』와 연관 속에 양주사상의 철학적 근거로서 진실

---

19) 같은 곳: " 忠不足以安君, 適足以危身, 義不足以利物, 適足以害生, 安上不
由於忠, 而忠名滅焉, 利物不由於義, 而義名絶焉, 君臣皆安, 物我兼利, 古
之道也."
20) 같은 곳: " 名胡可去, 名胡可賓, 但惡夫守名而累實."

존재의 의식을 탐색해 보았다. 그리고 이제 양주에 있어서 인간
론의 전개 양상을 좀더 직접적으로 분석해 보고자 한다.

생과 사의 문제는 인간존재의 가장 근원적이고 절실한 문제이
기에 인간사유의 발전과정에서 부단히 추구되었던 것이며 사생
관(死生觀)은 철학적 근본문제로서 궁극적 가치기준을 제공해 주
는 것이다. 『열자』에서는 길가에 버려진 해골을 보고서" 일찍이
살았던 일도 없고, 일찍이 죽었던 일도 없다"고 역설적인 표현을
하여 생과 사를 초탈하는 경계를 지시하고 있다.21)

> 생(生)이 있는 것은 생하지 않는 것에로 돌아가고, 형(形)이 있
> 는 것은 형이 없는 것에로 돌아간다. 생하지 않는 것은 본래 생
> 하지 않는 것이 아니고, 형이 없는 것은 본래 형이 없는 것이 아
> 니다. 생이란 반드시 끝나는 것이요, 끝나는 것이 끝나지 않을 수
> 없음은 마치 생하는 것이 생하지 않을 수 없음과 같다. 그런데
> 항상 생하여 끝남이 없도록 하고자 하는 것은 수(數)에 미혹된
> 것이다.22)

『열자』에서 『황제서(黃帝書)』를 인용한 것으로 서술되는 위의
언급에서 생과 사는 하나의 자연현상이요, 필연법칙으로 받아들
여지고 있음을 보게 된다. 여기서 현상적으로는 생과 사가 반복
하지만 그 근원에는 생사의 수량적 한계를 초월하는 자연 자체
의 필연이 놓여 있을 뿐이다.

생과 사를 초월하려는 요구는 생에 집착하는 본능적 맹목의지
에서 해방하려는 요구이다. 따라서 표현방법에 있어서 생과 사가

---

21) 같은 책, 天瑞篇:" 未嘗死也."
22) 같은 곳:" 有生則復於不生, 有形則復於無形, 不生者非本不生者也, 無形者
非本無形者也, 生者理之必終者也, 終者不得不終, 亦如生者之不得不生, 而
欲恒其生, 盡其終, 惑於數也."

동일한 가치를 갖는다거나 나아가 사가 생보다 가치있는 것임을 강조하여 설득하려고 한다. 『열자』에서는 공자의 입을 빌어 " 사람은 모두 생의 즐거움만 알고 생의 괴로움은 아직 모른다. 늙음이 피로한 줄만 알고 늙음이 편안한 줄은 모른다. 죽음이 나쁜 것으로 알고 죽음이 쉬는 것인지를 모른다"고 언급하였다. 또한 " 옛날부터 죽음이 있는 것은 좋은 일이다. 인자(仁者)는 죽음에서 쉬고 불인자(不仁者)는 죽음에서 굴복한다. … 옛날에 죽은 사람[死人]을 돌아간 사람[歸人]이라 하였다. 죽은 사람이 돌아간 사람이라면 산 사람[生人]은 길가는 사람[行人]이다. 길을 가면서 돌아갈 줄 모른다면 집을 잃은 사람일 것이다. 한 사람이 집을 잃으면 세상 사람들이 비난하지만 온 세상 사람들이 모두 집을 잃으면 비난할 줄도 모른다"라는 해명에서 죽음에 안심하고 친근하도록 설득한다.23) 그리하여 죽음이란 인간존재의 의미가 단절되고 상실되는 허무가 아니라 자연의 영원한 차원에서 일어나는 한 전환의 현상이며, 그것은 휴식이요 순환과정에서의 복귀인 것이다.

또한 『열자』에서 생사를 기론(氣論)의 조화와 음양으로 설명하기도 한다.24) 그것은 생과 사를 자연현상으로 객관화시킴으로써 이를 초월하라는 논리이기도 하다. 이러한 생사의 초탈은 생사를 공간적으로 떠나는 것이 아니라 생사를 투시하는 인식의 새로운 차원을 열어 가는 것이며, 이것은 도(道) 곧 진리요 상(常) 곧 영원이기도 하다.

말미암은 데가 없이 항상 생하는 것은 도이다. 생에 말미암아 생하므로 비록 마칠지라도 없어지지 않으니 상(常)이다. 생으로

---

23) 같은 곳.
24) 같은 책, 周穆王篇: " 造化之所始, 陰陽之所變, 謂之生, 謂之死."

말미암아 없어지는 것은 불행한 것이다. / 말미암은 데가 있어서
항상 죽는 것도 도이다. 죽음으로 말미암아 죽으므로 비록 마치
지 않을지라도 스스로 없어지는 것도 상이다. 죽음으로 말미암아
생하는 것은 다행한 것이다. / 그러므로 쓰임이 없이 생하는 것을
도라 하고, 도를 써서 마칠 수 있는 것을 상이라 한다. 쓰임이 있
어서 죽는 것도 도라 하고, 도를 써서 죽을 수 있는 것도 상이라
한다."25)

　그러므로 생과 사는 그 자체에 집착할 것이 아니고 자연에 맡
길 것이다. 생과 사를 자연에 맡겼을 때 살 만해서 살고 죽을 만
해서 죽는 것은 천복(天福)이 되고 살 만한데 죽거나 죽을 만한
데 사는 것은 천벌로 이해될 수 있다. 그런데 사는 것이나 죽는
것이 대상적인 것만도 아니고 나의 의지이기만 한 것도 아니다.
여기에 생사는 명(命)으로 인식되는 것이며, 명은 숙명이기도 하
며 자연이기도 한 것이다.26)
　이러한 『열자』에서의 사생관이 숙명론적 경향을 보이고 사에
서의 안심입명을 강조하는 측면에 비하여, 양주에 있어서는 생과
사의 동일성을 인정하는 바탕 위에서 생에의 긍정적 태도를 강
조하는 데에로 나타나고 있는 특징을 지닌다. 양주는 "산다는 것
이 잠시 오는 것이고 죽는다는 것이 잠시 가는 것임을 알아서,
마음에 따라 행동하여 자연에 어긋나지 않으니, 자신이 즐기는
것을 좋아하고 버리지 않는다. 그러므로 명예에 권유를 받지 않
고, 성품에 따라 놀아서 만물의 좋아함에 거스르지 않으니, 죽은
다음의 명예는 취할 바가 아니다. 그러므로 형벌이 미치지 않게

---

25) 같은 책, 仲尼篇: "無所由而常生者道也, 由生而生, 故雖終而不亡, 常也,
　　由生而亡, 不幸也, 有所由而常死者亦道也, 由死而死, 故雖未終而自亡者
　　亦常, 由死而生, 幸也, 故無用而生謂之道, 用道得終謂之常, 有所用而死者
　　亦謂之道, 用道而得死者亦謂之常."
26) 같은 책, 力命篇: "生生死死, 非物非我, 皆命也."

되며, 명예가 앞서는지 뒤지는지 그리고 수명이 많은지 적은지 헤아릴 바가 아니다"라고 그의 사생관을 밝히고 있다.27) 여기서 양주는 생과 사를 자연에 맡기도록 요구하면서도 생에 대해 심(心)과 성(性)에 따라 자유로울 것을 강조하였다. 그는 사후의 명예를 위해 현실의 생을 희생시킬 것을 거부함으로써 쾌락주의적 성격을 보여주고 있는 것이다.

양주는 사생의 현상을 분석하여 우선 " 만물이 다른 것은 생이고 같은 것은 사이다[萬物所異者生也, 所同者死也]라 하여 살아있을 때 현(賢)·우(愚)와 귀·천이 구별되더라도 죽은 뒤에는 무차별하게 같아지는 것임을 강조하여 죽음을 무시해 버리는 태도를 보여준다. 여기에서 그에 의하면 살았을 때 현·우·귀·천의 차별이 자신이 바라는 대로 되지 않는 것처럼 생이나 사도 자기의 의지대로 되지 않는다는 숙명론적인 현실을 강조하여 사생에의 집착을 버리고 무관심에 의한 달관을 요구하고 있다.

> 10년도 죽는 것이고 100년도 죽는 것이다. 인성(仁聖)도 죽는 것이고 흉우(凶愚)도 죽는 것이다. 살아서는 요순도 죽으면 썩은 뼈이고, 살아서는 걸주도 죽으면 썩은 뼈이니 썩은 뼈가 되는 사실은 다 한가지이다.28)

제자인 맹손양(孟孫陽)과의 대화에서 맹손양이 양주가 생에의 집착을 부정하므로 사를 권장하는 뜻이라 오해하였을 때, 양주는 자신의 뜻을 거듭 설명하였다. 곧 " 이미 살았으면 맡겨서 버려두

---

27) 같은 책, 楊朱篇:" 太古之人, 知生之暫來, 死之暫往, 故從心而動, 不違自然, 所好當身之娛非所去也, 故不爲名所勤, 從性而游, 不逆萬物所好, 死後之名非所取也, 故不爲刑所及, 名譽先後, 年命多少, 非所量也."
28) 같은 곳:" 十年亦死, 百年亦死, 仁聖亦死, 凶愚亦死, 生則堯舜, 死則腐骨, 生則桀紂, 死則腐骨, 腐骨一矣."

고 자신의 욕망을 추구하다가 죽음을 기다리면 된다. 죽을 때가
되면 그대로 맡겨서 버려두고 그 가는 대로 따라가다가 다하는
데 이르면 된다. 버려두지 않을 것이 없고 맡기지 않을 것이 없
는데, 그 사이에 오래 살려거나 빨리 죽으려 할 것인가"라 하였
다.29) 생과 사를 자연에 맡기고 아무런 의도적 조종을 하지 않아
야 한다는 것은 의지를 버리는 것이며 감정적 욕망에 충실하려
는 것이다. 이러한 양주의 사생관은 사고하지 않고 감각하는 삶
이며 사고는 오직 사고를 버리고 감각을 확보하기 위한 사고일
뿐이다. 사생의 문제는 제자백가의 어디에서나 중대한 문제이지
만 유가에서는 " 죽음을 신중히 하고 조상을 추모하면 백성의 덕
이 두터워진다[愼終追遠, 民德歸厚矣]"는 증자의 말에서처럼 죽음
과 죽은 사람을 삼가고 존숭하여 상장(喪葬)과 제사의 의례를 번
쇄하게 마련하고 중요시한다. 이에 대해 묵가의 입장에서도 절장
론(節葬論)으로 반대하고 있지만 양주는 죽음과 더불어 송사(送
死)의 의례에 무관심을 보일 뿐이다. 안평중(晏平仲)의 입을 빌어
" 이미 죽었으면 어찌 나에게 있는 것이겠는가? 불태워도 되고,
물에 가라앉혀도 된다. 묻어도 되고, 드러내놓아도 된다. 섶에 싸
서 개천이나 구렁에 버려도 되고, 수놓은 옷을 입혀 석곽(石槨)
에 넣어도 좋다. 오직 형편되는 대로 할 것이다"라 언급하였
다.30) 의례로부터의 해방도 양주에 있어서의 생사에 대한 모든
의식이나 의지적 집착으로부터의 해방을 보여주는 것이고 무관
심의 훈련을 통한 초탈의 실천방법을 보여주는 것이라 하겠다.

---

29) 같은 곳:" 旣生則廢而任之, 究其所欲以俟於死, 將死則廢而任之, 究其所以
放於盡, 無不廢, 無不任, 何遽遲速於其間乎."
30) 같은 곳:" 旣死豈在我哉, 焚之亦可, 沈之亦可, 瘞之亦可, 露之亦可, 衣薪
而棄諸溝壑亦可, 袞繡裳而納諸石槨亦可, 唯所遇焉."

2) 위아주의(爲我主義)와 쾌락설

인간의 행위는 그 사생관에서 중대한 영향을 받는 것이며, 양주의 행위론 내지 윤리사상도 앞에서 살펴본 사생의 문제에 비춰 본다면 훨씬 쉽게 파악할 수 있게 된다.

『열자』의 전편에서 도가적 입장에 따라 유가적 도덕규범을 부정하며, 신체를 중요시하면서도 신체마저 융해되어 사물과 평등하게 되는 자연과의 일체화를 지향하고 있음을 보여준다.

> 안과 밖이 없어진 뒤에 눈은 귀와 같고 코는 입과 같이 되어 같지 않은 것이 없다. 마음은 응결되고 형체는 풀어지며 뼈와 살이 모두 융해되어, 형체가 어디에 의지하고 발이 무엇을 밟는지 깨닫지 못하게 된다.31)

이러한 신체와 사물이 통일되는 도가적 이상에 비하여 양주에서는 신체의 감각과 욕망이 자연상태로 충족될 것을 추구한다. 『양주』편에서는 안평중(晏平仲)과 관이오(管夷吾)의 대화를 통해 양생(養生)의 원리로서 감각의 충족과 해방을 주장하여 욕망대로 맡기고 막지 말 것[勿壅勿閼]을 제시하였다.

> 귀가 듣고 싶은 것을 마음대로 하게 하고, 눈이 보고 싶은 것을 마음대로 하게 하고, 코가 맡고 싶은 것을 마음대로 하게 하고, 입이 말하고 싶은 것을 마음대로 하게 하고, 몸이 편하고 싶은 것을 마음대로 하게 하고, 뜻이 가고 싶은 것을 마음대로 하게 한다." 32)

---

31) 같은 책, 黃帝篇:" 內外進矣, 而後眼如耳, 鼻如口, 無不同也, 心凝形釋, 骨肉都融, 不覺形之所倚, 足之所履."
32) 같은 책, 楊朱篇:" 恣耳之所欲聽, … 恣意之所欲行."

그는 욕망을 억제하는 금욕적 극기를 부정하여 무엇이나 막는 것은 폐학(廢虐)의 주역이라 하여 제거해야 할 것을 주장한다.[33] 이러한 감각과 욕망의 해방을 주장하는 것은 유가의 입장과 정면으로 대립된 형식을 취하는 것이다. 인(仁)을 하는 방법으로 공자는 극기복례(克己復禮)를 주장하고 그 조목으로 비례(非禮)인 것은 보지 말라[勿視]· 듣지 말라[勿聽]· 말하지 말라[勿言]· 행동하지 말라[勿動]는 금지의 계율을 제시하였던 것이고, 이것은 양주의 입장과는 양극적 대립을 이루어 전국시대의 사상적 다양성과 그 폭의 넓이를 보여주는 것이기도 하다.

이처럼 감각적 욕망의 해방은 중국사상사에 있어서 양주가 쾌락주의를 창립하는 위치를 갖게 한다. 『양주』편에는 정(鄭)나라의 현상(賢相)인 자산(子産)의 도덕직 훈계에 대해 술을 좋아하는 그의 형 공손조(公孫朝)와 여색을 좋아하는 그의 아우 공손목(公孫穆)이 반발하는 언급을 통해 관능적 쾌락주의의 태도를 극단적으로 제시하고 있다.

무릇 생은 만나기 어려운 것이고, 죽음은 미치기 쉽소. 만나기 어려운 생으로 미치기 쉬운 죽음을 기다리는 일을 기다린다는 것을 누가 생각할 수 있겠소? / 그대는 예의를 존중함으로써 사람에게 자랑하고 성정을 교정함으로써 명예를 불러들이고자 하지만 우리는 이런 일을 한다면 죽는 것만도 못하오. / 일생의 기쁨을 다하고 그 해의 즐거움을 다하려 하오. 오직 배가 가득 차서 입이 먹고 싶은 대로 마시지 못하고 힘이 가빠서 정욕을 마음대로 풀 수 없는 것을 걱정할 뿐이오. 명성이 추악해질까 성명이 위태로울까를 근심할 겨를이 없소.[34]

---

33) 같은 곳:" 凡此諸閼, 廢虐之主, 去廢虐之主, 熙熙然以俟死."
34) 같은 곳.

위(衛)나라의 단목숙(端木叔)이란 인물이 사는 모습도 양주의
쾌락주의적 생활양식의 한 본보기가 된다.

> 마음으로 좋아하는 것을 뜻대로 했다. 인간으로 하고 싶고 즐
> 기고 싶은 것을 즐기지 않은 것이 없다. 호화로운 저택, 우뚝한
> 정자, 넓은 정원, 규모 있는 연못, 음식, 수레, 의복, 음악, 시녀 등
> 이 제나라 초나라의 임금과 흡사했다. 그 정(情)에 좋아하는 것과
> 귀가 듣고 싶은 것, 눈이 보고 싶은 것, 입이 맛보고 싶은 것에
> 이르러서는 다른 지방이나 먼 나라에 나고 제나라에서 나지 않더
> 라도 반드시 구해오기를 자기집 담장 안에 있는 물건과 같았다.
> … 35)

이러한 쾌락주의의 원칙에서 본다면 성인인 순· 우· 주공· 공
자도 양주의 눈에는 고달픈 생애를 보낸 궁독자· 우고자· 위구
자· 황거자로 비치어 조소하게 되고 폭군인 걸· 주가 욕망대로
살았던 일탈자· 방종자로서 예찬을 받을 수 있게 된다. 이처럼
도덕적 규범을 부정하고 가치관을 극단적으로 뒤집어 놓은 양주
의 입장은 인간의 또 다른 근원성을 감각과 욕망에서 발견하는
것이고 해방시키려는 신념을 보여주는 것이다.

이러한 양주의 쾌락론은 어떠한 도덕적 관념체계나 사회적 권
력체계도 감각적 욕망을 지닌 자연대로의 개인을 침해하거나 구
속할 정당성이 없다는 개인주의를 철저히 정립하게 되는 것이고,
이것이 바로 양주의 위아주의(爲我主義)이다.

> 옛사람은 한 오리의 털을 뽑아서 천하를 이롭게 한다 하더라도
> 허락하지 않았고, 온 천하로 자기 한몸을 받든다 하더라도 취하
> 지 않았다. / 사람마다 한 오리의 털을 뽑지 않고 사람마다 천하

---

35) 같은 곳.

를 이롭게 하지 않는다면 천하는 다스려질 것이다.36)

산술적 계산으로는 천하와 자기 신체의 털 한 오리를 비교할 때 양주가 천하보다 자기의 털 한 오리에 더 큰 비중을 두고 있는 것으로 보인다. 그러나 양주도 묵가에 속한 금자(禽子)에게 "세상은 본래 한 오리 털로 구제되는 것이 아니다"라고 말하였던 데에서 그의 말이 지닌 깊이를 음미해 볼 수 있다.37) 그가 털 한 오리를 버려서 천하를 이롭게 하지 않겠다는 말은 그의 존재론적인 철학적 근거에서 그리고 역사적 의식에 연관된 사회적 배경에서 이해되어야 할 것이다. 먼저 양주의 사상에 깔려 있는 기론적(氣論的) 논리에서는 개인 신체의 일부분이나 천하가 모두 동질적이고 평등한 존재이유와 존재권리를 갖는다. 따라서 사연의 변화를 벗어나서 어떠한 인위적 관념체계에 따라 부분이 전체를 위해 희생되어야 한다는 것은 논리적으로 모순이 된다. 미세한 물질이라도 희생시켜야 천하가 이로울 수 있다면 그 천하는 작은 부분을 결여하여 온전한 천하가 될 수 없다. 온전한 포괄적 천하가 아니라면 그 정당성도 온전한 것일 수 없으며 인간의식의 상대적 판단에 예속된 것일 뿐이다. 이런 의미에서 양주의 위아주의는 천하의 이념이 아니라 천하를 구성하는 원자적인 개체에서 천하의 본질적 존재양식을 발견하는 것이다. 양주의 제자 맹손양(孟孫陽)은 "한 오리의 털을 쌓으면 피부를 이루고, 피부를 쌓으면 뼈마디를 이룬다. 한 오리의 털은 실로 한 몸의 만분의 일이 되니 어떻게 가볍게 여기겠는가?"라 하여 부분으로 전체의 구성이 이루어짐을 강조하였던 것이다.38) 다음으로 사회

---

36) 같은 곳: " 古之人, 損一毫利天下不與也, 悉天下奉一身不取也, 人人不損一毫, 人人不利天下, 天下治矣."
37) 같은 곳: " 世固非一毛之所濟."
38) 같은 곳: " 積一毛以成肌膚, 積肌膚以成一節, 一毛固一體之萬分之一物, 奈

적 배경에서 본다면 전국시대의 사상적 분열은 제각기 자신의
절대적 진리성을 주장하는 사상적 혼란을 심화시켰다. 개개의 사
상가나 권력자가 천하를 위한다는 명분을 내세우고 있지만 현실
적으로는 세력의 쟁탈전을 이루고 있을 때 천하를 위한다는 사
상 바로 그것이 천하를 혼란시키는 원인이 되는 현실을 직시한
것이다. 여기서 천하를 위한다는 인간의 사상체계들의 기만성과
위선을 거부하는 방법으로 도가류의 자연주의가 나타날 수 있고
은둔주의적 태도와 더불어 개인주의적 쾌락주의가 등장할 수 있
게 된다.

　양주는 인간존재가 신체적으로 자연상태에서 허약한 존재현실
을 강하게 인식하고 있으며, 따라서 자기보존을 위한 필요에서
물질과 지혜가 요구되고 있음을 지적한다.

　　사람은 손톱과 이빨이 자신을 지키기에 부족하고, 피부는 자신
　을 막아내기에 부족하고, 달리는 힘은 해로운 것을 피하기에 부
　족하고, 털이나 깃이 없어 추위나 더위를 막을 수도 없다. 반드시
　다른 물질을 이용하여 생물을 배양하게 되니 지혜에 맡기고 힘에
　의존한다. 그러므로 지혜를 귀하게 여기는 것은 나를 보존하는
　데 귀한 것이고, 힘을 천하게 여기는 것은 다른 사물을 침해하는
　데 천한 것이다.39)

　그러나 양주의 위아주의는 이기적 개인주의에만 머무는 것이
아니라 그 깊이에는 사물과 자기존재를 자연의 한 부분으로서
평등시하며 자기존재와 사물을 사유(私有)의 대상으로 보는 것이
아니라 천하의 공유(公有)로 보는 것을 성인(聖人) 내지 지인(至

<hr>

　何輕之乎."
39) 같은 곳:" … 必將資物以爲養性, 任智而不恃力, 故智之所貴, 存我爲貴,
　　力之所賤, 侵物爲賤."

人)의 이상적 인간상에서 발견하고 있다.

> 그러나 신체는 나의 소유가 아니다. 이미 생하였으니 온전히
> 하지 않을 수 없다. 사물은 나의 소유가 아니다. 이미 있으니 버
> 릴 수 없다. / 신체는 진실로 생의 주체요 사물은 양(養)의 주체
> 다. 비록 신체를 온전히 살리더라도 신체를 소유할 수 없다. 비록
> 사물을 버리지 않더라도 사물을 소유할 수 없다. / 사물을 소유하
> 고 신체를 소유한다는 것은 천하의 신체를 부당하게 사유하는 것
> [橫私]이요 천하의 사물을 부당하게 사유하는 것이다. 오직 성인
> 이라야 천하의 신체를 공유하고 천하의 사물을 공유하니, 그는
> 오직 지인이요, 이를 지극한 지자(至者)라 한다.40)

양주의 위이주의는 이처럼 스스로에 의해 감각적 쾌락주의에
빠지는 것을 극복하고 있다. 그는 인간욕망의 대상인 수(壽)· 명
(名)· 위(位)· 화(貨)는 인간을 설 수 없게 만드는 것이라 지적하
고, 이 욕망의 대상에 사로잡혀 외귀(畏鬼)· 외인(畏人)· 외위(畏
威)· 외형(畏刑)하는 사람을 둔인(遁人)이라 한다. 이에 비해 명
(命)에 거스르지 않고, 귀(貴)를 자랑하지 않고, 세(勢)를 요구하
지 않고 부(富)를 탐내지 않아서 수· 명· 위· 화를 부러워하지
않는 사람을 순민(順民)이라 한다. 둔인(遁人)은 죽일 수도 살릴
수도 있으니 제재하는 명(命)이 밖에 있지만 순민은 천하에 상대
가 없으니 제재하는 명이 안에 있다는 것이다.41) 여기서 양주의

---

40) 같은 곳:" 然身非我有也, 旣生不得不全之, 物非我有之, 旣有不得而去之,
   … 有其物, 有其身, 是橫私天下之身, 橫私天下之物, 其唯聖人乎, 公天下
   之身, 公天下之物, 其唯至人矣, 此之謂至至者也."
41) 같은 곳:" 生民之不得休息, 爲四爭故, 一爲壽, 二爲名, 三爲位, 四爲貨,
   有此四者, 畏鬼畏人畏威畏刑, 此謂之遁人也, 可殺可活, 制命在外, 不逆命
   何羨壽, 不矜貴何羨名, 不要勢何羨位, 不貧富何羨貨, 此之謂直民也, 天下
   無對, 制命在內."

위아주의는 자연에로 인간과 그 욕망을 수렴시킴으로써 운명이
나 도덕규범뿐 아니라 욕망으로부터 해방된 자유로운 자연인을
지향하고 있음을 보여준다.

## 16.4 양주(楊朱)사상의 의의

앞에서 우리는 양주의 사상을 『열자』전편과 관련하여 검토해
보았다. 양주의 사상은 맹자의 비판적 소개를 거쳐 위아주의라는
명칭을 얻었고 그 내용에 관해 깊은 이해없이 논란의 대상으로
삼아왔다. 이제 여기 서양주의 사상을 다시 한번 간추려 본다면
양주는 존재론적으로 기론(氣論)의 입장에서 천지와 인간을 동일
구조로 파악하였고 물(物)과 성(性)의 동질성을 인식하고 있다고
보겠다. 이에 한 걸음 나아가 인간존재는 생사의 문제에서 생에
의 집착을 떠나 기(氣)의 취산(聚散)현상으로서의 생사의 근원에
서 상존(常存)을 확보할 수 있는 것이다. 또한 관념적인 도덕규
범이나 명예에 현재의 삶이나 신체를 희생시킴이 없이 생명과
감각과 현실을 향락할 수 있음의 정당성을 주장한다. 그러나 이
개인주의적 내지 쾌락주의적 주장은 양주사상의 뚜렷한 면모이
지만 최종적 귀결점은 아니다. 오히려 그 궁극목표에는 개인적
집착이나 감각적 쾌락을 극복하여 무위자연적 도가의 이상과 접
근하는 사실을 엿볼 수 있다.
이러한 양주의 사상은 전통의 유가적 이념에 대한 저항적이고
역설적인 논리를 전개하고 있다는 사실에 특징이 있다. 물론 양
주와 유가의 사상에서 양자택일적으로 절대적 진리를 찾을 수
있는 것이라 보기보다는 유가적 정통이 형식성과 이념적인 데
치우치려는 경향이 있는 데 대한 반성으로서 상보적 기능과 위

치에서 그 의의를 음미해 볼 수 있을 것이다.

# 17. 서양종교와 전통사상

## 17.1 서양종교와 전통사상의 관계

### 1) 문제의 배경과 특성

한국의 전통사회에서는 여러 종교들이 병존해 왔다. 고구려의 연개소문은 643년 보장왕에게 " 3교는 솥의 3발[鼎足]과 같아서 한 가지도 빠져서는 안 된다"라 주장하여 이미 유교와 불교가 성행하는데 다시 도교를 수입하였다. 최치원은 『난랑비서(鸞郎碑序)』에서 ' 풍류(風流)' 라 일컫는 민족전통의 현묘한 도리[玄妙之道]에 유교· 불교· 도교의 3교가 포함되어 있음을 밝혔다. 고려 때 최승로도 " 불교를 수행하는 것은 자신을 닦는 근본이요, 유교를 실행하는 것은 나라를 다스리는 근원이다"라 하여 각각의 역할을 인정하고 있다. 이처럼 전통사회에서는 종교들 사이에 역할의 균형과 조화를 추구해 왔다고 할 수 있다. 이른바 " 도가 함께 시행되면서 서로 거스르지 않는다"(『중용』 30장)는 질서 속에서 3교는 각각의 독자성 속에서 이웃할 수 있었다. 고려말 조선초를 지나면서 성리학의 이론에 기반을 두고 있는 도학이 등장하면서 정통주의적 입장에서 불교를 비롯한 도교 및 민간신앙을 이단 또는 음사로 규정하고 엄격한 비판을 하였다. 이 도학적 유교의 이념이 정립되면서 조선사회는 지속적으로 정통성의 확립과 이단의 배척을 위한 활동을 견지해 갔다.

이러한 조건의 조선 후기 사회에 서양문물이 전래하면서 점점 인지된 서양종교는 쉽게 환영받기를 기대할 수 없었다. 더구나 서양종교는 조선사회의 전통질서를 받아들이는 입장이 아니라 전혀 다른 또 하나의 세계를 제시하고 사회저변을 잠식해 들어오는 것이었다. 도학적 유교전통은 단호하게 서양종교를 거부하였으며, 서양문물 전반을 중화문화와 야만의 오랑캐를 나누는 화이론의 입장으로 배척하였다. 전통사회의 권위에 순응하지 않는 서양종교로서 천주교는 심한 탄압을 받고 가장 위험한 사교로 거듭 확인되었다. 그러나 서양의 무력 앞에 중국과 조선이 차례로 넘어지면서 서양종교와 서양문물을 전반적으로 받아들이는 근대사에 들어섰다. 이러한 시대변천 속에서 유교를 중심으로 한 전통사상은 천주교와 개신교 등 서양종교의 여러 면모를 더욱 깊이 경험하게 되었고, 이와 더불어 전통사상 자체도 자기변화의 과정을 겪게 되었다.

이 논문에서는 전통사상이 경험하는 서양종교의 성격을 시대변화나 전통 자체의 변화과정에 따라 어떻게 이해되었던 것인가를 이해해 보고자 하는 것이다.

## 2) 실학파의 서학이해

17세기 초부터 이수광은 『지봉유설(芝峯類說)』에서 서양의 사정과 『천주실의(天主實義)』(명말 중국에 선교하던 예수회 선교사 마테오 리치가 지은 천주교 교리서)를 소개하기 시작하였고, 18세기 전반 성호 이익의 서학 전반에 관한 적극적 이해와 평가가 내려지는 시기까지 서학지식이 꾸준하게 증가되어 왔다. 이때 서양문물을 관심 깊게 받아들이는 개방적 자세는 실학파의 청년층에서 활발하게 일어났다. 당시 서양문물에 관한 지식으로서의 서학은 명나라 말기와 청나라 초기에 중국에 왔던 천주교 선교사들이 소개한 것이요, 그 내용은 천주교 교리와 서양의 과학기술이 중심이 되고 있었다. 이들의 서학문헌을 집성한 『천학초함(天

學初函)』에는 교리에 관한 것은 『이(理)』편으로, 과학기술에 관한 것은 『기(器)』편으로 분류되어 있다.

이익을 중심으로 하는 그의 문하에서는 가장 깊은 관심을 갖는 것이 여기서 제시된 '기' 곧 과학기술의 문제이었지 천주교 신앙에 관한 문제인 '이' 가 아니었다. 성호학파에서 서학에 관심을 심화하면서 '기' 의 배경에 깔려 있는 '이' 의 문제가 점점 크게 떠오르게 되었다. 정통주의적 신념이 강한 사람들은 '기' 의 배경에 있는 '이' 가 못마땅하여 이른바 공서파(攻西派)의 입장을 취하면서 천주교 교리를 비판하였다. 신후담·안정복 등이 여기에 속한다. 이에 비하여 좀더 젊고 개방적인 인물들은 서양의 과학기술인 '기' 가 지닌 합리성에 경도되어 점점 깊어지다가 천주교 신앙인 '이' 까지 신봉하는 이른바 신서파(信西派)를 형성하였다. 이벽·이승훈·이가환·권철신·정약용의 형제 등이 여기에 속한다.

성호학파의 신서파는 서양의 '기' 에서 시작하여 그 다음 서양의 '이' 에 들어간 다음에는 '이'[곧 서양종교]에 빠져 '기'[곧 서양과학]조차 소홀히 하게 되었고, 공서파는 서양종교인 '이' 를 배척하다가 마침내는 서양과학인 '기' 를 마저 버리게 되었다고 할 수 있다. 이들과 동시대에 북학파의 실학자들은 서양종교에 별다른 관심을 보이지 않고 서양과학에만 긍정적 관심과 지식을 가졌던 것이 사실이다. 그러나 이들은 서양의 '이' 없이 그들의 '기' 만 이해하려 하였을 때 결국 한계에 빠져 별다른 진전을 성취하지 못한 데서 큰 차이가 없다고 할 수 있다. 이들은 서학을 이해하는 데도 성리학적 도기론(道器論) 또는 이기론(理氣論)의 틀에서 벗어나지 못하여 서양의 '기' 없는 서양의 '이' 를 선택할지언정 그 반대의 서양종교 없이 서양과학기술의 섭취 수용에 성공하지는 못하였다. 이러한 현상의 원인은 서학 자체 안에서도 있다. 곧 서양선교사들은 과학기술을 소개하더라도 천주교 교리를 배경으로 설치하고 있었기 때문에 서양종교 없이 서양과 학의 충분한 전체적 이해가 어려웠던 것이라 생각된다. 다시 말하면 18세기 실학파가 이해한 서학은 서양과학과 서양종교가 도기론적 질서 속에 있는 것이요, 종교와 과학이 연속적 내지 표리적 성격을 갖는 것으로 이해되었다고 하겠다.

### 3) 도학파의 서양종교 배척

도학파들이 서양종교에 대한 인식을 하게 된 것은 성호학파의 신서파들 사이에서 일어난 천주교 신앙운동이 사회에 표면화된 다음이다. 이들은 천주교 신앙의 낯설은 의례를 보고 이들이 유교전통의 예교질서에 가장 기본적인 의례인 조상에 대한 제사를 거부한다는 사실을 알고서는 그 이상 들어볼 여유도 없이 전면적으로 그리고 가장 강경한 방법으로 배척하였다. 이들이 먼저 서학의 모든 문물을 위험시하여 불법화하였기 때문에 서양종교에 관한 교리서를 읽어보지 못하였던 것은 사실이다. 전적으로 자신의 이념에 따라 다른 이념을 용납할 수 없는 것이었다. 오직 그들이 이용한 천주교 교리에 대한 비판체계는 성호학파의 공서파가 천주교 교리서를 읽고 비판하였던 글을 좀더 도학적 이념으로 강화시켜 비판하는 성격의 것이다. 따라서 이들 도학파의 서학비판은 성호학파의 서학이해를 벗어날 수 없었다.

도학파가 이해한 서학의 내용은 서양의 과학기술은 서양종교와 연관된 것이라는 전제를 계승하였다. 이들은 서양종교를 비판할 뿐 아니라 서양과학기술조차 부정한다. 서양과학기술의 능률적이고 효율적임을 부정하기 위하여 그 능률을 마치 동물이 지닌 특수한 기능처럼 규정하기도 한다. 그러나 도학자가 가장 큰 관심으로 서양종교를 평가하고 비판하는 기준은 서양종교나 서양과학기술이 윤리성을 상실하고 있다는 점이다. 유교적 윤리규범은 삼강오륜의 체계를 불변의 근본규범인 강상으로 파악되고 있다. 이들은 천주교도들이 임금과 부모의 권위를 존중하기에 앞서서 천주와 교회의 권위를 내세우니 이른바 '아비를 아비로 여기지 않고, 임금을 임금으로 여기지 않는[無父無君]' 이단의 사설이라 규정한다. 천주교도들의 신앙심은 부모가 타일러도 그만둘 수 없고 나라가 국법으로 형륙을 가해도 막을 수 없었다. 더구나 당시 천주교의 배경에는 국가 밖에 서양의 무력이 멀지 않은 거리에 있음을 알고 있었다. 이러한 서양종교의 성격을 단순히 이단이나 사설의 범위를 넘어서 서양의 앞잡이로 나라를 넘보는 세력이라 인식하기도 하였다.

서양종교가 윤리에 어긋나서 끼치는 악영향은 인간의 문화를 파괴하고 우리의 도덕적 사회를 반도덕적 사회로 파괴시키며 동물의 상태로 타락시킨다고 보았다. 사회규범의 한 형식이 되는 남녀의 구별이 무너져 남녀가 뒤섞이는 것은 동물적 상태의 대표적 징후라 지적한다. 사회적인 질서를 가장 심하게 위협하는 사실로서 남녀의 구별을 혼란시키는 '통색(通色)'과 더불어 생산하고 소비하는 경제생활의 체계를 허물어뜨리고 그들의 경제체계 속에 통합시키려는 '통화(通貨)'를 지적한다. 개항과 더불어 서양의 문물이 폭주해 들어오고 서양종교의 신앙활동이 자유롭게 되자 천주교와 새로 전래한 개신교의 급격한 성장을 보면서 개화의 대세 속에서 도학파는 윤리를 상실한 서양종교의 성행을 하나의 혼란기로 보고, 다음 시대에 유교의 회복을 기대하는 보수적 퇴장의 동면기에 들어간다.

4) 민중종교와 서양종교의 관계

천주교가 전파되어 혹독한 금압 속에서 지하신앙운동을 전개하는 동안에 조선사회에 던진 몇 가지 의미 깊은 문제들이 있다. 민중적 조건과 신앙적 활력과 민족적 위기의 문제들이다. 첫째 천주교신앙은 유교전통의 사회가 지닌 신분적 억압을 거부하고 '신 앞에서의 평등'을 강조하였다. 조선 후기 사회가 조화와 유연성을 잃으면서 서민층의 고통은 가중되었다. 천주교는 전래 초기부터 양반층의 참여에 한계를 확인하고 중인층 및 서민층 부녀자들 속으로 침투하였다. 일찍부터 언문 교리서를 만들어 서민층 속으로 전파시켰다. 둘째 유교적 예교질서는 대중적 신앙의례를 조상에 대한 제사에만 한정시키고 있었으나 서양종교는 하느님과 모든 인간이 직접 마주할 수 있는 신앙행위를 제시해 주었다. 대중들은 유교의 예교 아래서 불교나 무속 등의 신앙을 어느 정도 묵인받아 왔지만, 서양종교의 강한 신앙적 정열은 유교적 예속의 형식적이고 관습적인 성격을 더욱 드러내주었다. 셋째 서양종교는 조선사회 안에서 억압받았지만 서양의 무력이 그 배후에 항상 지키고 있어서 민족적 안전에 대한 위협이 심각한 것으로 인식되었다. 서민대중도 서양의 침략적 위협이 심해지면서 저항의식도 일반화되었다.

이러한 서양종교에 대한 정부의 역할이 힘에 의한 억압만 지속하는 고식적 방법에 빠지자 서민대중들은 스스로 변화하는 상황에 대응하는 방법으로서 종교적 조직화를 이루었다. 19세기 후반부터 서민층에는 다양한 종교들이 출현하고 있었으며, 이들은 우리의 역사적 상황에서 발생하게 된 민족종교적 성격을 띠고 있다. 최제우가 1860년 동학을 창립할 때 서양종교와 비교한 자기인식을 보여주고 있다. "도는 같으나 이치가 다르다."(論學文)는 언급에서 서양종교와의 차이점을 밝혔지만 공통성에 대한 이해도 깊이 깃들어 있음을 엿볼 수 있다. 동학은 처음에 명칭을 '천도(天道)'라 하였고, 그만큼 유교신앙 속에서 억제된 하늘을 대중신앙 속에 다시 확보하는 것이라 할 수 있다. 동학은 서양종교가 서양의 침략세력과 이어져 있는 사실에 항거하는 민족적 입장을 확고하게 하고 있었다. "사람 섬기기를 하늘 섬기듯 하라[事人如天]"와 "사람이 곧 하늘이다[人乃天]"의 하느님 관념과 민족적 전통을 강조하며 대중 속에서 신분적 차별을 극복하고 신앙조직을 확장함으로써 서양종교에 맞선 종교조직을 구성하였던 것이다. 김일부가 1879년 『正易』을 지으면서 세운 신앙집단은 세력의 규모보다 사상적 의미에서 중요성을 갖는다. 『정역』에 제시된 선천·후천은 역학적 개념을 넘어서 후천개벽(後天開闢)사상을 제시하였다. 후천개벽은 역사의 대파국과 새로운 역사의 출발을 의미하는 종말론적 변혁사상이며, 전통의 자기극복을 추구하는 것이다. 정역에서 신앙의례로 배양한 영가와 무도는 합리적 도덕규범이 아니라 신비적 신앙의 열정을 회복할 수 있는 중요한 방법이라 할 수 있다. 후천개벽 사상은 김광화가 세운 '남학(南學)'이나 강일순이 세운 증산교(甑山敎)에도 계승되어 봉건적 질서 속에 구속된 민중을 해방하여 새로운 이상세계를 통한 구원을 약속하고 있다. "천존(天尊)과 지존(地尊)보다 인존(人尊)이 더 크니 이제는 인존(人尊)시대라" 하여 인간의 존엄성을 확보하려는 신념을 보여주고, 그 방법으로 억눌리고 억울한 소외의식과 갈등을 근원적으로 해결한다는 해원(解冤)사상을 제시한다. 강일순은 마테오 리치를 포함한 모든 부처 등의 호소로 이 세상을 구제하기 위하여 이 세상에 왔다는 언급에서도 기존 종교로서 전통종교나 서양종교가 모두 충분한 역할을 하지 못한다는 판단을 보여주고 있다.

민중종교의 입장에서 보면 서양종교는 사회변혁의 중요한 자

극을 제공해주는 것이라 할 수 있다. 민중의 계층적 소외감을 해
소시켜주는 적극적 주장의 선구적 활동이라 할 수 있다. 더구나
자신을 속박하는 질서로서 유교전통의 규범체계를 벗어나 신비
적 신앙경험을 강조하고 이상세계를 제시해주는 대중적 요구의
각성은 서양종교로부터 받아들여야 할 중요한 자극요소가 되고
있다. 이와 더불어 민중종교에서는 서양종교가 민족문화의 전통
과 대립된 이질적이라는 점에 강한 저항감을 가졌다. 대중들이
가진 자신의 전통적 가치를 파괴하도록 요구하는 이질적 종교에
대한 거부자세는 민중종교가 민족적 자기긍정의 입장을 갖게 하
였다. 다시 말하면 민중종교는 서민층을 중심으로 하는 사회변혁
에는 서양종교의 요소를 받아들이면서도 민족의 존속을 위협하
는 서양의 침투에는 저항하는 민족의식을 내포하는 것이었다.

  5) 유교개혁론과 서양종교

  정통 도학파를 중심으로 서양의 침투과정에 보수적 배척태도
를 강화해갔던 전통에 한계점이 점점 뚜렷해졌다. 이때 서양의
문물을 받아들여 우리도 힘을 길러야 한다는 개화파의 자강운동
이 일어났다. 이 개화운동은 초기에 서양의 과학과 기술로서 기
(器)만 받아들이고 도(道)는 우리의 전통유교이념을 계승하자는
동도서기론(東道西器論)도 있었으나, 급변하는 대세에 끌려 전통
의 전반적 개혁과 서양의 전면적 수용을 주장하는 급격한 개혁
주의가 대두되었다. 이러한 개혁론은 개화파에 의해 완성된 것이
아니고 제국주의적 침략세력인 일본의 식민지 통치과정에서 추
진되고 성취되었다. 그러나 식민지통치의 전통파괴와 달리 민족
주의적 입장에서도 민중 계몽을 추구하여 전통의 비판과 파괴를
감행하였다. 20세기 초엽에는 유림의 의병운동이 분쇄된 다음 보
수적 도학파의 유림은 산간에 숨어 세상을 외면하였고, 세상에

관심을 갖고 있는 식민주의자와 계몽사상가들은 민족자주를 부
정하는가 긍정하는가에 차이를 갖고 있을 뿐 유교전통을 파괴하
는 데는 동일한 신념 위에 놓여 있었다.

애국계몽운동은 종교를 외면한 서양의 합리주의적 정신을 존
중하거나 아니면 기독교신앙에 참여한 인물들이 주도하였다. 이
에 비하여 전통유교를 존중하면서도 유교의 자기개혁을 통하여
계몽운동에 참여하던 몇몇 인물의 활동에 주목해 볼 수 있다. 이
들의 입장은 유교개혁운동이라 하거나 유교개혁사상이라 할 수
있으며, 도학적 전통의 교육을 받고서도 사회변화에 예리한 지식
을 갖고서 유교의 자기개혁을 통한 시대적응을 시도한 것이다.

영남의 유인식(호 東山)은 신채호의 권유와 양계초의『음빙실
문집(飮氷室文集)』을 읽고 자신의 신념을 혁신하여 전통유교의
비판적 반성과 제도개혁을 통하여 계몽운동으로서 서양과학지식
을 수용하는 새로운 도덕질서를 강조하였다. 유교전통의 객관적
인식을 추구하던 장지연은 " 종교란 국민의 뇌질(腦質)을 주종하
는 원료요, 한 나라의 강약흥망이 걸려 있다"는 신념을 밝혔고,
양명학적 입장에서 유교개혁이론인『유교구신론(儒敎求新論)』을
저술하였던 박은식과 함께 대동교를 세워 민족의식을 고취하는
유교개혁운동을 일으키기도 하였다. 중국에서 청말 민국초에 강
유위의 주도로 일어났던 공자교운동의 영향을 받아 여기에 참여
하여 유교개혁운동을 전개한 인물들도 있다. 이승희는 한주 이진
상의 아들로 전형적인 도학의 수련과 신념을 가졌던 인물이지만
만주에 망명하여 1913년' 동삼성 한인공교회'를 창립하여 활동
하였다. 이병헌은 한때 곽종석 문하를 출입하였으나 중국에 들어
가 강유위의 지도를 받으며 금문학파의 학풍과 공자교운동의 신
념을 확립하여, 1919년『유교복원론(儒敎復原論)』을 저술하고 1923
년 국내에 공자교 교회로서 배산서당을 낙성하기도 하는 활동을

벌였다. 이병헌은 전통의 유교를 향교식 유교라 하고 개혁유교인 공자교를 교회식 유교라 하여 개혁방법에 기독교적 요소를 섭취하고 있음을 엿볼 수 있게 한다. 그는 『유교위종교철학집중론(儒敎爲宗敎哲學集中論)』을 저술하여 유교는 서양종교인 기독교의 범위를 넘어서 철학과 과학과 종교를 종합하는 사상이라는 점을 유교의 우월성으로 강조한다.

유교개혁운동에 비쳐진 서양종교로서 기독교는 그 당시의 서양문화에 대한 이해의 수준에 따라 철학이나 과학과 분리된 종교로서 드러난다. 과학이 기독교의 부속물이 아니요, 여러 면에서 기독교 신앙과 대립되고 있는 점을 인식하였다. 서양의 근원적 문제에 대한 대답은 종교인 기독교에서만 있는 것이 아니라 합리성을 철저히 지키는 철학에서도 제시되고 있는 사실과 철학은 여러 입장에서 기독교신앙과 대립을 보이기도 하는 점을 인식하게 되었다. 이제 유교개혁사상가는 서양이 여러 다른 세계관으로 분열되어 있음을 확인하고 그것은 도의 근원적 일치성에 위배되는 약점이라 파악하기 시작하였다. 이들의 의식에는 당시 서양이 강성한 것은 서양종교의 우월성 때문이 아니요 서양과학의 힘이요 무력의 힘이라 판단하였으며, 다음 시대에는 반드시 유교의 통합적이고 조화적인 사상이 다시 융성할 것을 확신하는 주장을 제시하고 있다.

## 6) 현재와 장래의 문제

해방 이후에도 경제나 과학기술에서 심한 후진국의식이 마침내 도덕 내지 문화에서도 후진국의식의 갈등에 사로잡혀 서양을 모방하고 전통을 외면하거나 파괴하는 시기가 한동안 계속되었다. 그러나 경제성장과 더불어 개발도상국에서 중진국으로 넘어가는 자각과 함께 자기확인의 요구가 되살아났고, 자주의식을 고

취하면서 전통에 대한 관심도 전반적으로 크게 향상되었다.

전통문화로서 유교에 다시 관심을 가졌을 때에는 여러 가지 어려운 여건이 따라왔다. 먼저 유교전통의 유산은 전부 한문으로 기록된 것인데 극소수의 전문가를 제외하면 대중적인 한글문화에 전달 방법이 단절되었다는 사실이다. 현재 많은 고전이 한글로 번역되어 부분적으로는 상당히 활용되고 있으나 엄청난 유산에 비한다면 적절한 번역의 양에는 어림없이 못미친다. 다음으로 오늘날의 학문영역에 주도적인 지위를 갖는 서양의 철학이나 종교에 어떻게 상호이해를 통한 조화와 발전을 성취할 수 있을까 하는 문제이다. 현대적 문화체계를 전부 서양에 맡기고 전통문화는 이 현대적 서양문화와 이질적으로만 남아 있을 수 없는 것은 이미 절실하게 경험된 문제이다. 또 하나 현대적 서양학문의 틀과 관련시켜 유교전통이 이해될 때 유교전통의 사상은 여러 분야로 분할되어 객관적 인식의 대상으로 떨어질 위험이 있다는 점이다. 철학적 합리성에서는 큰 문제가 없겠지만 궁극적 신념으로 또 공동체의 행동원리로 살아 있는 유교가 제외된다면 전통의 계승은 매우 한정된 의미에서만 가능할 것으로 생각된다.

유교는 앞으로 전통의 그대로 다시 살아날 수는 없을 것이다. 상당히 많은 형식에서 철저한 자기개혁과 현대적 재창조가 요구되는 것이 사실이다. 그러나 변혁만큼이나 전통 속에서 가치 있는 의미를 다시 발견하는 작업도 중요하다. 근대화 과정에서 합리성의 요구와 함께 전통유교의 철학적 측면에 비교적 많은 관심을 기울여왔다. 그러나 앞으로 유교적 이념의 정당성과 합리성을 인식하는 작업만큼이나 유교적 가치가 현실사회 속에 실현될 수 있는 방법도 찾아져야 할 필요가 있다. 이러한 실천 속에서 유교는 현재 활력적인 서양종교와 함께 종교적 신념으로서의 역할을 수행할 수 있을 것이다.

## 17.2 유교전통과 천주교 신앙

### 1) 전통의 토양

" 갑진(1784)년 4월 보름에 맏형수의 기제사를 마치고 나의 형
제들은 이벽과 함께 같은 배를 타고 물을 따라 내려왔다. 배 안
에서 천지창조의 시원이나 신체와 영혼 또는 삶과 죽음의 이치에
관하여 들으니 놀랍고 의아하여 마치 은하수가 무한한 것과 같았
다. 서울에 들어오자 이벽을 따라가『천주실의』와『칠극』등 몇
권의 책을 보고 비로소 기뻐하여 마음이 기울어졌다."

정약용이 자신의 천주교신앙에 입교하는 계기를 설명하는 말
이다. 그는 23세의 청년 유학도로서 우주와 인간의 문제에 관한
천주교 교리에 감동되고 심취하였던 것이다. 처음 듣는 천주교
교리는 성리학의 우주론으로 정리된 그의 의식 속에서 너무나
신속한 폭발을 일으켰다. 그것은 한 징검다리가 다음으로 건너뛸
수 있게 해 주듯이 성리학은 천주교신앙의 발판을 넘어서 도달
된 것이다. 그러나 천주교도 성리학을 좋아하지 않았고 성리학도
천주교를 좋아하지 않았다. 청년 유학자의 의식 속에서는 진리가
권위적인 구속력이 아니라 자유롭고 합리적인 인간이성의 선택
이었던 것이다. 성리학이 주는 합리성의 한계를 지나 천주교 교
리가 제시하는 세계에 놀라면서 뛰어드는 것은 젊음의 진실성과
용기에서 가능하였던 것이다. 그는 천주교를 사랑하여 일생을 마
쳤다고 전해지고 있으며 또한 유학의 새로운 수준을 열어준 유
학의 거장이기도 하다. 그는 또한 서양과 동양의 거리를 의미하
는 유교와 천주교의 두꺼운 벽을 자신의 정신 속에서 용해시켰다.

" 요사이 들으니 서양에서 가져온 씨앗 5, 6인이 도당을 맺고서 도량을 베풀고 그 법을 강론하였다. … 우리들이 눈을 크게 뜨고 마음을 다부지게 먹어서 극력으로 함께 토죄하지 않는다면 아마도 타오르는 불길이 온 들판을 태우고 흐르는 물이 하늘에까지 이르러 끝에 가서의 폐단은 장차 오랑캐가 중국을 어지럽히는 것보다 클 것이다."

1785년 천주교 예배의식이 형조에 의해 적발되자 성균관 대학생들이 회람하는 통문을 띄웠던 내용이다. 이들은 성리학을 공부하는 유학도들이요, 성리학의 유학적 정통성에 대한 확고한 신념에 따라 천주교 신앙에 대하여 위구심과 적대감을 보여주고 있다. 이들은 중국문화[유교]를 지키기 위하여 오랑캐[이단]를 배척하는 것이 가장 중요한 호교론적 임무라고 확신하고 있었다. 천주교도들은 형벌을 함께 받겠다고 요구하며, 어서 육신을 버리고 영원히 천당에 오른다 하여, 부모와 형제가 막아도 되지 않고 친구가 말려도 듣지 않았다. 이처럼 확고한 천주교 신앙은 정통주의적 신념의 유학도들에게 정면으로 대결하여야 할 적으로 파악되었다. 나의 신념이 진실이라면 상대방의 신념은 거짓일 수밖에 없다. 진리는 궁극적으로 하나요, 둘이 아니다. 여기에서 천주교와 유교는 양립할 수 없는 대립을 하게 된다.

북경교회의 지시에 따라 부모의 제사를 폐지하고 신주를 불태웠던 윤지충과 권상연으로부터 1839년 기해교난 때부터 정하상의 『상재상서』에 이르도록 순교자들은 형리의 심문에 대해 " 부모의 명을 어길지언정 천주의 명을 어길 수 없으며, 임금의 명을 어길지언정 천주의 명을 어길 수 없다" 또는 " 사대부에게 죄를 지을지언정 천주교에 죄를 짓고 싶지 않다"라고 선언하였다. 이러한 천주교 신앙은 북경교회에 젖줄을 두면서 조선사회에 뿌리를 내리지 못하는 모습을 보여준다. 정약용에서 유교와 천주교의 조화된 양상과 순교자들에게서나 정통주의적 유교인들에게서 유교와 천주교의 대립된 양상은 이 시대 사상사의 세 가지 대표적 입장을 보여주는 것이다. 천주교 신앙은 유교사회의 거칠고 낯선 토양에 씨를 던졌을 때, 그 흙 속으로 파고들지 못하였기 때문에 자신의 싹을 틔우기 위해서는 그 자신의 죄를 이 흙에 뿌려야 했다.

## 2) 믿음과 믿음의 충돌

천주교 신앙은 유교사회에 커다란 충격의 문제를 던졌다. 더없이 높아 멀기만 하던 하늘님[上帝]을 아주 가까이 육성이 들리는 거리로까지 끌어당겨 주었다. 천주교의 하느님[天主]에게는 누구나 말씀을 드릴 수도 있고, 그분의 말씀을 듣기도 한다. 어쩌면 얼굴이 보일 것 같기도 하다. 하늘님에게는 중국의 천자만이 제 사드릴 수 있고, 일반 백성은 평생토록 절 한번 해볼 수 없었다. 유교인들이 마음속으로만 사모하던 하늘님에게 천주교인은 항상 부르고 절하니 어쩌면 외람스럽고 불경한 미신적 행위로 보이기도 하고, 아니면 하늘님에 대한 인간의 그리움을 가장 절실하게 표현하는 행동으로 보일 수도 있다. 하느님이 천지만물을 창조한다는 천주교 신앙에 대해서도 하느님이 위대한 조물주라고 경배하는 마음을 일으키는 태도도 있지만 하늘님은 절대로 대장장이처럼 물건을 만들고 계시는 분이 아니라는 고집스런 유교의 신념을 내세우는 인물도 있다.

영혼에 관한 유교인의 전통적 이해는 한 사람이 죽은 뒤에 그의 귀신[영혼]은 마치 연기가 하늘에 피어오르면 서서히 사라지듯이 귀신도 혹은 일찍 사라지고 혹은 오래 남아 공중에 머물고 있다고 생각한다. 천주교에서 영혼은 사람이 죽은 뒤에도 영원히 소멸되지 않는다 하자 어떤 사람은 영원한 생명을 보장해 주는 가르침으로 기쁘게 믿기도 하고 어떤 사람은 사람이 오래 살고 싶어하는 심리를 이용하여 천주교가 사람을 속이고 있는 것이라 비난하기도 하였다. 유교사회 속에서 천주교가 던진 문제는 믿음을 갖는 쪽과 비난하는 쪽 사이에 일어나는 싸움이 눈덩이처럼 커져가게 하였던 것이다.

영혼의 문제는 곧바로 사후세계로서의 천당·지옥의 문제와 연결되며 동시에 사후존재에 대한 제사문제에로 연결되기도 한다. 천당·지옥은 불교를 통하여 유교인에게 매우 익숙하게 아는 용어이었고, 그만큼 비판을 위한 이론도 갖추어져 있었다. 유교인은 아무리 세상이 고통스러워도 이 세상을 버릴 수 없다. 죽어서 귀신이 되더라도 이 세상 자손 곁에서 머물다 사라져야 한다. 유교인들은 천주교에서 죽은 다음 천당이나 지옥에 간다는 믿음은 도덕성보다도 천주에 대한 신앙 여부에 달려 있어서 공정성이 없다고 비판한다. " 천당·지옥이 참으로 있다면 하늘의 이치는 본래 지극히 공평하시니 군자가 반드시 천당에 오를 것이요 소인은 반드시 지옥에 갇힐 것이다. …… 예수를 섬기는 자는 죄를 용서받고 천당에 오르며, 그렇지 않으면 크게 어진 이도 지옥에 떨어진다니 이와 같으면 자기를 위한 사욕에 불과하다" 이러한 유교인의 비난은 신앙의 신비성에 맹목이 되어 있는 세속주의자의 모습을 보여주는 것이라 할 수도 있고 인생의 모든 부담을 자신의 어깨 위에 지고 가는 고달픈 삶이라고 동정해 볼 수도 있다.

유교의 전통에서는 사람들이 태어나면서 신분계급에 속하게 된다. 이 신분을 깨뜨리는 것은 사회질서를 파괴시키는 행위라 본다. 이러한 신분계급 속에서는 높은 신분의 사람은 자신의 처지가 만족스럽지만, 낮은 신분의 사람은 끝없는 고통을 벗어날 수가 없을 것이다. 천주교는 유교전통의 신분질서를 거부하였다.

" 그 법은 먼저 무지한 상민이나 천인과 우매한 부녀자를 유혹한다. …… 말마다 귀천의 구별이 없고 그 교회의 안에서는 모두 형제라 한다. 그 처지를 구별하지 않으니 명분이라는 두 글자는 남김없이 타파되고 만다." 이렇게 유교인이 전통에 매달려 있는 동안 이 신분제도 속에서 고통을 받던 상민과 천인들은 천주교 신앙 안에서 구원을 향유하고 있었다. 백정 출신의 천주교인인 황일광은 교회 안에서 평등한 대우를 받는 데 감격하여," 나에게는 천당이 둘이 있는데 하나는 내 자신의 신분에 비하여 지나친 대우를 받는 점으로 보아서 지상에 있는 것이고 다른 하나는 내세에 있다"라고 고백하였었다. 신분의 속박으로부터 인간을 해방시켜 준 사실은 유교가 진실로 천주교에 크게 빚지고 있는 것이다.

극심한 탄압 속에서 고통받던 천주교도의 입을 대신하여 황사영은 1801년 『백서』에서 항의하였다." 이 탄환만한 작은 조선만이 성교에 순명하지 않고 도리어 굳게 막으며 성교를 잔학하게 해치며 신부를 죽였다. … 예수의 성훈에는 전교를 용납하지 않는 죄는 소돔과 고모라보다 더 중하다 하오니 이 나라를 전멸한들 성교의 표양에 해로울 것이 없다." 황사영이 서양의 군함을 청원하던 계책에 대해 조선정부는' 해외의 도적을 불러들여 문을 열고 나라를 바치려는 계책' 이라고 통분하였다. 한 사회가 새로운 문물과 접촉하면서 맹목적 폐쇄성을 고집하는 데 따라 내부의 분열이 일어나면 외국 세력에 대해 방어력이 허약해질 수밖에 없을 것이다. 19세기 말에 수구파와 개화파의 갈등이 망국에로 걸어가듯, 18세기 말과 19세기 전반의 유교와 천주교 사이의 갈등은 아무런 역사발전을 성취하지도 못하고 엄청난 국력을 소모하는 어리석음의 모습을 교훈으로 남겼다.

### 3) 거친 땅에 내린 깊은 뿌리

지구의 양극인 유교전통의 한국과 기독교전통의 서양이 만난다는 것은 당연히 적응의 전통이 필요하다. 이 만남의 역사적 성과에는 이벽·정약용 등의 경우처럼 두 신념 사이에 갈등이 적은 경우도 있었지만 대부분의 유학자와 천주교인은 모두 전면의 거부나 전면의 신앙이라는 조화 가능성을 거부한 대결의 가해자와 피해자의 역할을 맡았다. 엄청난 유혈의 희생이 백 년을 계속하였으니 그 속에 파묻힌 신음과 비명의 한은 바위도 깨뜨릴 수 있었다. 마치 메마른 산에 소나무가 자라듯 신앙의 뿌리는 한국 천주교회를 키웠다. 2백 년의 세월이 흐르는 동안 토양도 바뀌었고 나무의 싹도 변했다. 유교는 자신의 지배이념적 지위를 상실하고 무력하게 뒷줄에 밀려나 있으며, 천주교는 시대조류에 편승하여 전면에 활기를 떨치고 있다. 이러한 천주교의 성장이 일시적으로 비가 내린 다음 죽순이 아니라는 것을 확인하기 위하여서는 천주교 신앙의 뿌리를 찾아야 한다. 이 뿌리는 우리 한국인의 마음 속에 내려진 것이라야 하며, 우리의 현실과 미래의 이상 속에 내려져야 하고, 우리의 역사와 문화의 전통 속에 내려져야 한다.

생명은 뿌리에 있고 뿌리는 대지 위에 내리고 있는 것이다. 우리의 대지를 소홀히 하고서는 어떤 뿌리도 이 땅에 깊이 내려 활착할 수 없다. 천주교에는 2천 년을 서양에서 자라면서 형성한 특징들로서 우리의 토양에 무척 낯선 것이었다. 이제는 조선시대처럼 강제력에 의해서가 아니라 스스로의 선택에 의해서 남을 받아들여야 할 때가 된 것이다. 우리의 민족사에 손님으로서가 아니라 주인으로서, 또한 한국지부로서가 아니라 한국교회로서 과제와 책임이 있다. 우리 사회에는 고통에서 구원되어야 할 인간도 있지만 자기부정과 자기비하에 빠져 자신의 뿌리와 토양까지도 버리는 전통의 사막화가 일어나고 있다. 천주교는 여기서 우리 문화와 정신과 전통의 토양을 바꾸는 사업을 넘어서 토양을 기름지게 하면서 뿌리를 깊이 내려, 신앙의 고향을 가꾸어 가야겠다. 바로 2백 년의 전통에 누적되어 있는 영광과 실패의 경험을 진지하게 성찰하여 그 교훈을 값지게 살려가기를 기대한다.

## 17.3 서양문화의 수용과 근대적 전환

### 1) 문제의 의미

한국근대사에 있어서 서양문화의 전래와 이에 대한 유교적 전통사회의 반응은 사상사적 전개과정에서 매우 중요한 계기를 이루고 있다. 곧 한국근대사는 전통사회가 서양문화와 서로 만남을 통하여 중국중심의 세계를 넘어서 지구 위의 전체 세계를 확인하는 자기 나름의 길을 걸어왔던 것이다.

유교전통의 한국사회가 기독교문화를 배경으로 하는 서양문화와 만나는 과정은 서세동점(西勢東漸)의 세계사적 대세에 따라 확장하는 서양세력에 대해 방어하는 동양의 전통사회가 갈등하는 적대적 투쟁사로 연속되는 것도 아니요, 우세한 서양이 열세인 동양의 전통사회를 정복하는 것으로 끝나는 것도 아니다. 서양문화가 일방적으로 동양사회에로 흘러 들어왔지만 한국사회에서도 서양문화를 적극적으로 수용하는 능동적 자세와 더불어 비판적으로 평가하는 주체적 입장이 지속되어 왔다는 사실을 새삼스럽게 주목할 필요가 있다. 따라서 우리는 여기서 한국의 근대사를 통한 서양문화의 수용현상을 전통문화가 서양문화로 대체되는 과정으로서가 아니라, 서양의 충격과 압력에 마주하여 전통사회가 자기발견을 하며 자기형성을 해가는 과정으로서 파악하려는 시각에서 해명될 필요를 갖는다.

  2) 시대배경

  조선사회에는 16세기 말 임진왜란으로 서양문물이 일부 전래
된 흔적이 있지만, 17세기 초부터 중국을 통하여 서양문물이 전
래된 것이 주류를 이루었고 19세기 후반에 와서야 서양과 직접
의 교류가 이루어졌다. 중국에 근세의 서양문화를 본격적으로 전
래한 것은 명나라 말기의 천주교 예수회 선교사들이다. 마테오
리치를 비롯한 예수회 선교사들은 한편으로 서양의 근세과학기
술을 소개하면서 다른 한편으로 기독교 교리를 전파할 때에 유
교문화와의 조화를 추구하는 보유론(補儒論)적 적응주의 방법을
적용하였다. 이러한 방법은 중국지식인들 사이에 호의적인 이해
를 얻을 수 있었고, 그들은 서양문화를 중국에 전파하는 데 성공
적인 업적을 쌓았을 뿐 아니라, 중국문화를 서양에 소개하여 서
양의 18세기 계몽주의 사상가들에 상당한 영향을 미침으로써 동
서문화교류에 크게 기여한 것이 사실이다.

  그러나 중국에 들어왔던 천주교 선교사들 사이에 수도단체에
따라 유교전통을 이해하는 입장이 분열되었다. 이때에 유교의 제
사의례를 거부하고 교황청의 부정적 태도가 발표되면서 격심한
배척을 받고 포교 기반도 쇠퇴하였다. 19세기 후반에 와서 서양
의 무력침략이 중국사회를 붕괴시키면서 새로운 선교 활동과 더
불어 근대 서양문화의 전반적인 침투가 이루어진 것이다.

  조선사회가 중국과의 교류를 통하여 17세기부터 서양문물을
받아들이면서 초기에는 천문학·역법(曆法) 등 서양과학에 관심
을 가졌으나 점차 서양과학기술의 배경이 되는 기독교 사상에로
이해를 심화시켜 가면서 18세기 후반 정조임금 때에는 천주교
신앙조직이 형성되기에 이르렀다. 이때 천주교 신앙운동은 서양

선교사들의 포교활동에 의해서 일어난 것이 아니라 조선사회의
내부에서 서양문화에 대한 지식의 축적에 따라 자발적으로 발생
하였다는 사실에 중요한 뜻이 있다. 조선사회의 일부 소수의 지
식인들은 사회 내적 요구의 한 표현으로서 서양사상에 적극적
관심을 가졌고 천주교 신앙을 선택하였던 것이다. 이러한 기독교
신앙은 유교전통사회가 그 시대에 원활한 기능을 발휘하지 못하
는 사회 내적 모순의 어떤 해결방법으로 발생한 것이며, 특히 그
시대에 소외된 계층에게 새로운 세계의 가능성이요 희망으로서
서민대중 속으로 깊이 침투되고 확장되어 갔다.

이때에 전통사회의 지배체제는 자기개혁에 적극적 자세를 취
하지 않고 고식적(姑息的)인 안정의 소극적 자세에 빠졌다. 전통
사회는 서양문물과 기독교 신앙을 정통주의적 이념에 따라 사회
의 이질화 내지 이단으로 위험시하면서 강력한 억압책을 시행하
였다. 19세기 후반에서는 이미 사회 내부에 지배체제의 부패와
서민대중에 대한 억압으로 사회의 괴리(乖離)와 혼란이 깊어지면
서 기독교 신앙의 확산뿐만 아니라 동학을 비롯한 민중종교운동
이 사방에서 발생하게 되었다.

여기에 더하여 서양과 일본의 군사적 위협이 가중되어 사회의
혼란이 수습되기 어려운 위기에 이르렀을 때 한편으로 정통주의
를 강화하여 서양문물과 서양 및 일본의 침략세력을 철저히 배
척하고 거부하는 척사위정론(斥邪衛正論)이 대두하고, 다른 한편
으로 서양의 우세한 문물과 제도를 적극적으로 수입하여 전통질
서를 개혁하려는 개화론이 등장하여 난국의 해결방법을 추구하
였다. 한쪽은 보수적 전통주의이고 다른 쪽은 진보적 개혁주의로
양극화되어 각각의 정당성과 문제점을 안고 있었다. 곧 척사위정
론을 내세우는 수구파(守舊派)는 전통의 연속성을 보장하고 외세
의 침략성에 대항하는 자주의식을 확립하였지만 세계사의 조류

에 어두운 폐쇄성에 빠져 있고, 개화파는 서양의 힘이 지닌 현실적 의미를 인식하고 서양문물을 수용하여 자기강화를 추구하는 진취성을 지녔지만 밖으로 침략적 속성의 외세에 의존하는 데 따른 위험과 안으로 전통관습의 급격한 개혁에 따른 사회혼란의 심화를 해결할 능력이 없었다.

이러한 두 입장이 극단적으로 대립되었을 때 그 중간적 노선으로서 서양의 우세한 기술과 합리적 제도는 받아들이면서 전통사상의 이념적 기반은 확고하게 보존해야 한다는 동도서기론(東道西器論)이 제시되었다. 그러나 동도서기론의 절충적 조화론도 전통의 내면적 정신과 서양의 외면적 도구를 연결시켜주는 구체적 방법론을 충분히 개발하지 못하였을 때 두 극단적 대립을 종합시키는 역할을 하지 못하고, 또 하나의 입장으로 혼란 속의 다양성을 보이는 데 그치고 말았다.

### 3) 수용과 배척의 논리

위정척사론과 개화론으로 서양문화에 대한 태도가 극단적으로 분리되었지만 각각의 입장이 18·19세기를 통하여 서양문화를 인식한 내용은 한국사상사의 소중한 유산으로서 남겨져 있다.

서양문화를 긍정적으로 받아들인 입장은 성호(星湖)학파와 북학파(北學派)를 포함하는 실학파(實學派)를 통하여 나타난다. 이들 실학파의 인물들은 서양과학기술이 지닌 합리성에 깊이 공감하면서 천문학·역법·수학 등에 적극적 관심을 보였다. 이익(李瀷)은 유교이념의 바탕 위에서 기독교의 신비적인 교리를 부정하였지만 서양역법은 성인(聖人)이 다시 나타나도 반드시 따를 것이라고 지지하는 선택적 섭취태도를 보이고 있다. 서양의 지리학과 세계지도는 천하를 중국중심의 관념에서 해방시켜 세계의 모든 나라가 중심이 따로 없는 지구표면 위에서 평등한 관계에 있

다는 지리적 세계관의 변화를 일으켜 자주의식을 고취하는 데로
나타나기도 하였다. 그리고 실학자에는 자연세계를 음양론(陰陽
論)과 오행론(五行論)의 구조에서만 설명하던 이해를 벗어나 여
러 가지 구조로 설명할 수 있다는 다원적이고 경험주의적인 자
연관을 제기하는 인물도 나타났다.

특히 정약용의 경우에서는 기독교 교리의 신(神) 개념이나 영
혼 개념을 유교경전의 해석에 끌어들여 두 사상을 조화시키는
경전주석을 하기도 한다. 정약용은 기독교 교리의 이해를 통해
유교전통사회를 반성적으로 인식하면서 인간의지의 자율성을 도
덕의 기초로 제시하기도 하고 신분계급의 부당성을 지적한 사회
개혁이론을 제시하기도 하였다. 이들 실학자의 활동이 지닌 중요
한 의미는 서양문화를 유교전통의 기초 위에 받아들이는 것이고
또한 유교전통의 자기개혁을 추구하고 있다는 사실이다.

이와 반대로 서양문화를 비판하여 엄격히 거부한 도학파(道學
派)도 맹목적 배척에 그친 것이 아니라 유교이념에 내재된 진정
한 가치를 더욱 선명하게 드러내고 이를 수호하려는 실천적 진
지성을 보이고 있다. 조선시대를 통하여 도학자들은 의리의 가치
를 강조하며 불의와 이기적 욕망을 엄격히 비판하고 억제해 왔
다. 이들은 인간의 내면적 심성에서 선의 근거를 추구하였고, 악
의 원천을 분별하는 데 집요하게 분석적 성찰을 추구하였다. 또
한 그들은 사회와 역사를 통하여 의리에 맞는 규범의 양식을 제
시하고 불의를 비판하는 논란을 해왔다. 이러한 도덕적 엄격주의
는 포용력을 쇠퇴시켜 격심한 논쟁이 정치적으로 당쟁에까지 나
타나면서 사회분열로 타락하기도 하였던 것이 사실이다.

19세기 후반에서 도학파의 유학자들은 서양문화에 대해 이론
적인 예리한 비판을 강화하고 있다. 이들은 기독교의 신(神) 개
념이 지닌 인격적 성격은 궁극존재의 보편적 근원성과 모순되는

기질적인 요소라 지적한다. 또한 신을 숭배하고 기도하여 이기적인 복을 구하는 것은 신에게 아첨하는 비열한 행위라 거부하면서 하늘의 도리에 따르는 행위의 실천을 강조하여 도덕적 순수성을 강조한다. 물론 이들이 유교전통의 신분계급제도를 옹호하는 데서 유교이념을 고정화시키는 한계를 지니고 있는 것은 사실이지만 인간이 다른 인간에 대한 착취나 학대를 특권으로 옹호한 것은 아니다.

한말(韓末)의 도학파는 '서양문화를 이단·사설(邪說)로 배척[斥邪]' 하는 기반으로서 '유교의 참된 도리를 옹호[衛正]' 하려는 노력에 더욱 진지한 노력을 집중하였다. 곧 이들은 인간심성의 궁극적 근거에 관한 철학적 추구인 성리학의 철저하고 종합적인 연구를 수행함으로써, 퇴계와 율곡의 시대보다 더욱 세련되고 정밀한 성리학의 체계화를 성취시켰다고 할 수 있다.

### 4) 근대화과정의 문제

실학파를 계승한 개화론이나 도학파의 수구론이 각각의 일면적 정당성이 있다 하더라도 사회발전과 전통유지에 효과적으로 기능하지 못하고 각각의 폐단만 남기는 결과를 초래하였다. 이러한 상황에서 일본이 무력침략으로 조선왕조를 멸망시키고 식민지통치를 시작할 때, 도학파는 의병을 일으켜 항거하거나 일본의 새로운 제도개혁에 전면적으로 외면하는 저항을 하면서 더욱 폐쇄화되었고, 개화파의 지사(志士)들은 국민교육운동을 통해 국민역량의 배양을 추구하는 양상을 보인다.

일본의 식민지 통치정책은 기본적으로 수탈과 더불어 동화(同化)시키기를 추구한 것이다. 일본은 수탈을 위하여 제도를 개혁하였지만 더욱 철저한 동화를 위해 전통을 파괴하였다. 이들이 수행한 개혁이 우리의 근대화 유산으로 남아 있다는 점에서 식

민지 잔재는 해방 후까지도 무서운 독소로 우리 문화를 좀먹어
갔던 것을 지나쳐 볼 수 없다. 일본은 전통사회의 문화적 계승기
구인 교육제도를 개혁하여 성균관·향교·서원·서당의 교육기
관을 중단시키고 신제(新制)학교를 세우면서 전통을 거세해 버렸
다. 한글과 한국어의 사용을 금지하여 사유의 전통을 중단시키고,
창씨(創氏)를 통해 씨족의 전통까지 단절시켰다. 해방 이후 국어
와 성씨(姓氏)는 회복되었지만 학교는 끝내 전통의 부활이 이루
어지지 못한 것이 현실이다. 일본 식민지 통치가 남긴 가장 큰
상처는 우리의 민족적 역사적 주체의식을 병들게 하고 오랜 후
유증으로 진통하게 하였던 것이라 할 수 있다.

　해방과 더불어 일본은 일단 물러갔지만 우리는 한 세대 동안
자주적 전통의 단절 속에 오는 방향감각의 상실상태에 놓여 있
었다. 이렇게 미아(迷兒)처럼 방황하는 상황에서 서양문화가 폭
주해 오자 일본의 젖줄을 놓치고 서양의 젖줄을 바꾸어 찾는 일
대 변란이 일어났다. 6·25 동란까지 겹치면서 일본식민지 시대
에 마지막까지 저항하며 지킨 몇 사람의 두루마기와 갓이나 치
마 저고리와 비녀가 벗겨지고 뽑혀져 양복과 양장으로 하이칼라
머리와 파마로 획일화되었다. 항거할 대상도 없어진 독립국가에
서 전통이 계승되기가 더 어려운 측면도 있었던 것이다. 국제사
회로 넓게 트여진 개방사회에서 한 번 자신이 '후진(後進)' 이고
서양이 '선진(先進)' 이라는 정의가 사회구호로 확인되면서 끝없
이 바꾸어 갔고 아직도 남아 있는 동성동본금혼(同姓同本禁婚)의
법률이나 장자상속의 호주 제도까지 개혁하기 위해 박차를 가하
고 있다. 우리가 가치질서의 혼란 속에 살고 있었던 것이 아니라
아주 뚜렷한 가치규범 곧 "서양에서 하고 있는 것은 옳은 것이
다"라는 가치의식에 사로잡혀 있었던 것이다.

　그러나 해방 이후 40년을 지나면서 많이 성숙해왔던 것도 사

실이다. 아직 충분하지는 못하지만 한국인으로서 우리가 무엇인
가에 대한 물음이 활발하게 일어났다. 우리가 어디서 왔으며 어
떻게 살아왔는가를 알기 위해 우리 역사에 대한 관심 속에 연구
가 상당히 축적되고 있으며, 어떤 생각으로 살아왔는가를 알기
위해 전통사상에 대한 관심도 어느 정도 소생되고 있다. 한자어
속에 너무나 오랫동안 억눌려왔던 한글과 우리 말은 개화기에
잠시 살아났었지만, 또 다시 일본의 식민지 동화정책으로 짓밟히
고 말았다. 해방과 더불어 민족의 독립을 가장 뚜렷이 가슴 시원
하게 확인시켜 주었던 우리말은 또 다시 서양언어의 그늘 아래
방치되고 말 우려도 없는 것은 아니다.

  5) 전통의 오늘과 내일
  한국의 전통사상이 무엇인지 밝히는 것은 오늘의 우리가 지닌
중요한 과제이다. 우리의 원시적인 고유사상이 무엇이며, 유교·
불교· 도교의 한국적 전통에는 중국이나 인도 등과 어떻게 구별
되는 특성이 있는가를 우리 스스로 인식하고 설명할 수 있어야
한다.
  우리의 전통은 우리의 선조들에 의해 인식된 내용이고 우리의
역사 속에 생활화되었던 내용이다. 그러나 오늘에서는 먼 외국의
사실보다 더 멀리 이해되기도 한다. 그것은 누구도 우리의 전통
사상을 가르쳐주지 않은 반면에 서양사상은 열심히 가르쳐주었
기 때문일 뿐이다. 그러나 우리가 인식하고 설명할 수는 없지만
전통사상에 대해서 우리는 훨씬 친근한 느낌이 핏속에 흐르고
숨결 속에 스며 있는 것이 사실이다.
  아직은 전통사상에 대한 인식이란 물 속에 비쳐지듯이 분명하
지 못하다. 그러나 보다 많은 관심이 모이고 연구가 축적되고 교
육으로 확산되면 얼굴을 마주 보듯이 분명해질 것이다. 우리의

전통에 대한 인식에는 훨씬 더 많은 관심과 애정 깊은 노력이
필요하다.

이제는 전통이 폐쇄적 국수주의에 빠질 수도 없고 빠져서도
안 된다. 그것은 우리가 세계를 향해 열려 있기 때문에 전통이
세계로 나가기를 거부하는 것은 말라죽겠다는 의지일 뿐이다.
서양문화는 우리가 섭취하고 우리를 살찌울 수 있는 것이라야
한다. 서양문화가 우리의 전통과 결합하면서 우리의 새로운 삶과
사유를 창조해 줄 수 있어야 한다. 그러나 서양은 어디까지 남이
고 전통은 우리 자신이다. 우리가 서양에 동화된다면 우리에게는
전통의 계승과 창조라는 무거운 책임을 벗을 수 있을지도 모른
다. 그래도 동화된 모조품의 무책임보다 우리는 자기 자신이어야
한다는 멍에를 달고 자랑스럽게 짊어져야 할 것이다.

전통의 내일은 젊은이에게 있다. 젊은 세대가 모방과 굴종에
안주하지 않고 탐색하며 실험하며 모험하는 속에 창조적인 내일
을 내다볼 수 있다. 요즈음 대학가에서 우리의 민속과 역사와 전
통사상을 관심의 열기로 탐색하고 실험하는 사실이 여러 가지
양상으로 나타난다. 탈춤과 판소리에서부터 전통사상의 연구에
이르기까지 열기를 쉽게 느낄 수 있다. 사회적으로도 전통문화와
사상의 연구가 상당히 축적되어 체계화가 시도되고 있다. 이러한
전통문화와 사상의 인식을 서양문화와 만나면서 더욱 살찌워가
고 우리의 삶에 빛과 의미로서 창조해 가는 것이 오늘의 과제이
고 내일의 전망이라 할 수 있을 것이다.

# 18. 수도자와 선비

우리나라는 이미 '고요한 아침의 나라'가 아니다. 너무 바쁘고, 소란스럽고 복잡한 나라가 되었다. 그것을 현대사회라 하더라도 우리가 사람답게 사는 데는 매우 지치고 고달프게 해주는 것이 사실이다. 아무리 거리와 공장의 혼탁한 공기나 소음에 적응되더라도, 우리는 좀더 맑고 좀더 고요한 시간과 공간에서 영혼의 휴식을 얻고자 한다. 폭발하는 인구와 도시화 속에서 인간이 인간을 만난다는 것은 피로한 일이지만, 그래도 인간이 보다 맑고 보다 깊은 영혼의 인간을 만날 수 있을 때에 가장 깊은 기쁨과 희망을 얻을 수 있을 것이다. 우리의 문화전통을 고려하면서 오늘의 수도자는 새로운 선비상을 발휘할 수 있기를 기대해 보고 싶다.

## 18.1 수도자와 선비의 일치

한자어로 정착된 '수도자'라는 말에 포함된 의미는 우리의 전통사상인 유교이념과 쉽게 연결시켜 이해할 수 있다. '수도'라는 말은 '도'를 닦는 것이요, 『중용』에서 이른바 "道를 닦는 것을 敎라 한다[修道之謂敎]"라는 말에 어원을 두고 있는 것이다. 『중용』에서는 하늘의 명령을 '성품'이라 하고, 그 성품을 따르는 것을 '도'라 하였다. 따라서 '도'는 '하늘의 명령'과 직접 연결될 수 있다. 수도자가 닦아서 빛나게 드러내어야 하는 대상은 '하늘

의 명령'이라 한다면, 그 방법은'인간의 성품'을 통하여 드러내
어야 한다고 이해할 수 있다. 여기서 인간과 세계를 주재하는 하
느님에 대한 신앙도 확인되지만, 동시에 하느님의 명령을 받는
주체로서 인간의 성품 내지 영혼의 위치도 확고한 지위를 확보
할 수 있게 된다. 인간이 하늘로부터 부여된 자신의 성품을 올바
르게 밝히지 못한다면 결코 하느님에게 가까이 갈 수 없다고 할
수도 있다. 수도자는 하늘의 명령을 따르고, 하늘이 부여해 준 성
품을 밝히는 것을 가장 기본적인 임무로 삼는다고 하겠다.

"말씀(도)은 하느님과 함께 계셨고 하느님과 똑같은 분이셨
다"(요한 1-1)라는 귀절에서 말씀과'도'는 같은 의미로 해석되
고 있으며, 유교적 입장에서도'도'는 하늘의 뜻에 따른 운행을
의미하는 동시에 진리를 의미하기도 한다. 그리고'도'는 인간의
성품 속에서'덕(德)'으로 나타나며,'도'를 닦는 것은 곧'덕'
을 닦는 것이라야 한다. 유교적 방법은'덕'을 닦음으로써'도'
를 밝힐 수 있는 것이요, 하늘도 알아서 섬길 수 있는 것이다. 초
기 천주교의 신앙공동체에는'명도회(明道會)'가 있었으며, 이것
은 유교의 전통적 규범인『대학』첫머리의'명덕(明德)'에 상응
하는 것이라 할 수 있다. 유교는'명덕'을 더욱 구체화시켜서 인
간의 윤리를 밝히는 문제인'명륜(明倫)'을 강조하지만, 천주교
는 더욱 근원적인'명도'를 제기하였던 것이라 하겠다. 이처럼
'도'와'덕'은 하늘과 인간의 다른 영역을 지시하면서도 일치
시켜 이해하였던 것이다. 따라서 수도자는 동시에 수덕자이기도
하여야 한다는 의미를 갖는다. 유교의 선비는 바로 수도자이면서
수덕자인 역할을 맡은 인격이라 할 수 있다. 공자의 도통을 이은
제자인 증자는"선비는 모름지기 마음이 넓고 뜻이 굳세어야 할
것이니, 그 임무가 무겁고 갈 길이 멀기 때문이다.'인(仁)'으로
써 자기의 임무를 삼았으니 어찌 무겁지 않으랴. 죽은 뒤에야 그

칠 것이니 또한 멀지 않으랴"라 하여, 인간의 핵심적인 덕인
'인'을 닦고 실천해가야 하는 선비의 모습을 밝혀 주었다. 마테
오 리치가 최초의 한문본 천주교 교리서인『천주실의(天主實
義)』속에서 서양의 선교사인 자신의 성격을'서사(西士, 곧 서
양선비)'라 표현하고 있는 사실은 천주교의 수도자·성직자를
'선비'로 일치시켜 확인하고 있음을 말해준다.


## 18.2 수도와 수덕의 내용

  수도와 수덕을 일괄적이고 상호표리적인 것으로 이해하고, 유
교적 입장을 중심으로 하여 전통사회의 선비의 수양 내지 수도
의 내용을 해명해 보고자 한다. 조선왕조시대의 도학자들은 수도
내지 수덕을 존양(存養) 곧 존심양성(存心養性, 마음을 보존하고
성품을 배양함)과 성찰(省察, 자기의 행동을 살피는 것)의 두 가
지 영역으로 나누었다. 존양과 성찰을 마음 내면과 활동으로 영
역을 나누어 볼 수도 있고, 이 두 영역을 합쳐서'존성'이라고도
일컫는다. 수덕이라 할 존성[존양과 성찰]은 인간의 내면적 심성
의 연마와 활동 속에서의 반성을 추구하는 것이라 하여도, 여기
에는'덕'의 근원이 되는 하늘의'도'에 대한 신념이 전제되어
있다. 인간의 성품 자체가'하늘의 명령'이기 때문이다.
  수덕[수양·존성]의 도학적 기본 체계는 19세기의 유학자 김흥
락(金興洛)이 제시한 것에 따르면, 입지(立志)· 거경(居敬)· 궁리
(窮理)· 역행(力行)의 4항목을 들어 볼 수 있다.
  먼저'입지'는 자신의 삶이 지향하는 목적에 대한 확고한 신
념을 확립하는 길이다. 유교의 전통 속에서 선비가 세상을 살면
서 세우는 목표는'성인(聖人)'이 되는 데 있다. 공자도 인생의

단계를 출발하면서, 15세에 학문에 뜻을 두었고, 30세에 뜻을 확고하게 세웠다고 언급하였다. 율곡은 20세 때 『자경문(自警文)』을 지었는데, 그 첫 조목에서 " 먼저 반드시 그 뜻을 크게 하여 성인으로 표준을 삼고 털끝만큼이라도 성인에 못미치면 나의 일을 마치지 못하는 것이다"라 하였다. 입지는 수도 내지 수덕의 출발점에서 자신을 지향하는 것이고, 삶의 모든 과정에서 확인하고 유지해가야 하는 가장 기본적인 과제라 할 수 있다. 입지를 얼마나 크고 높게 그리고 바르게 잡느냐 하는 것은 한 수도자가 일생을 통하여 무엇을 성취할 수 있는가를 결정해주는 가장 중요한 조건이 된다. 마치 농부가 어떤 씨앗을 뿌리는가에 따라 무엇을 거둘 것인가가 결정되는 것과 같다고 하겠다.

두 번째 조목이 되는' 거경' 은 경건한 자세로 마음과 행동을 통제하는 것이다. 인간의 마음속에 일어나는 욕망의 불길은 잠깐만 방심하여도 무엇이든지 태워버리는 무서운 힘이 있다고 경계한다. 인간은 욕망이 없이는 살 수 없기 때문에 욕망을 제거할 수는 없지만, 욕망이 통제를 잃으면 자신의 영혼도 신체도 소멸시켜 버릴 수 있는 위험한 것이다. 수도와 수덕에서는 욕망의 절제가 필수적인 조건이다. 검소한 의복과 식사나 청빈한 생활은 수도자의 일상적 모습이다." 가난함은 선비의 당연한 일"이라 지적하였고, 공자도 " 먹기를 배불리 하지 말고, 거처하기를 편안히 하지 말라"고 가르쳤다. 욕망의 절제는 그것이 다만 욕망의 절제를 하는 데 그치는 것이 아니라, 더욱 높은 가치를 뚜렷하고 강력하게 드러내는 데 뜻이 있다.' 경(敬)' 은 " 한 가지에 주력하여 다른 데에 적응하지 않는[主一無適]" 것으로 설명하기도 한다. 입지를 통하여 확립된 삶의 목표를 실천하기 위하여 다른 욕망을 억제하는 것이다. 이러한 삶의 집중적이고 진지한 태도를 경건한 것이라 할 수 있다. 그것은 마음에 약간의 방심이나 태만을 허락하지 않고, 항상 깨어 있는 긴장된 상태[惺惺法]라고도 한다.
경건성은 자신에 대한 자만이 아니라 자기보다 높은 최고의 가
치를 추구하는 것이기 때문에 자신을 내세우는 것이 아니라 자
신을 비우는 겸허함을 요구한다. 진백(陳柏)의 『숙흥야매잠(夙興
夜寐箴)』과 이 점을 도표로 분석한 퇴계의 『숙흥야매잠도(夙興夜
寐箴圖)』는 새벽에 일어나서부터 밤늦게 잠들 때까지 모든 시간
을 통하여 나날의 생활을 경건하게 살기 위한 조목들을 제시하
였고, 『숙흥야매잠도』의 중앙에는 ' 경' 자 하나가 모든 항목의 정
신임을 확인시켜 준다. 초기 한국 천주교 신앙에 참여한 인물들
이 천진암(天眞庵)· 주어사(走魚寺)에서 이른바 강학회를 할 때
그들은 " 새벽에 일어나 얼음같은 샘물을 떠다가 세수하고 양치
한 다음, 『숙흥야매잠』을 암송하였고, 해가 뜨면 『경재잠(敬齋
箴)』을 암송하며, 정오에는 『사물잠(四勿箴)』을 암송하고, 해가
지면 『서명(西銘)』을 암송하였다" 라 하여 그들의 수도생활의 장
엄하고 경건한 모습을 보여준다(여유당전서, 1- 15, 39, 선중씨 묘
지명). 그리고 이 강학회는 교회사에서 한국 천주교 신앙의 발상
이라 하지만, 동시에 유학자의 수덕생활로서 모범적인 모습을 보
여주는 것이기도 하다.

　세 번째의 조목은 ' 궁리' 이다. 궁리는 이치를 궁구하는 것이요,
진리의 탐구라 할 수 있다. 진리가 빛으로 삶을 밝혀주지 못하면,
모든 수도생활의 과정은 그르쳐지게 될 것이다. 유교의 성리학적
인식에서는 진리를 하늘과 인간의 성품에 일치시켰다. 진리의 탐
구는 진리의 영역인 자연의 법칙과 존재의 궁극적 모습 및 인간
의 도덕적 법칙에서 수행되어야 한다. 진리의 궁극적 근원은 하
늘[하느님]에 있지만 나타나는 세계는 자연과 인간 속에 걸쳐 있
다. 진리는 자연과학적 법칙을 통해서도 인식되지만, 철학적 존재
의 본질에 대한 이해나 도덕적 선악의 기준에 대한 이해를 통하

여 더욱 높은 차원에서 인식된다. 수도 내지 수덕은 자연과학 사회과학 및 철학이나 윤리학 등 인문과학의 학문적 연마와 분리되어서는 안 되는 것으로 본다. 따라서 수도자는 동시에 학문연구 곧 진리탐구를 하는 학자이기도 하여야 한다. 학문은 현학적인 지식을 추구하는 것이 아니라 진리를 자신의 삶의 빛으로 드러내어야 하는 작업이다. 그릇된 지식이나 치우친 편견은 아무리 강한 신앙심을 가졌다 하더라도 인간을 잘못 인도하여 인간을 구원하기는커녕 오히려 인간을 불행에 빠뜨릴 수 있다. 『대학』에서는 " 지극한 선에 머물러야 한다"고 가르치면서, ' 지극한 선' 을 마땅히 머물러야 할 곳으로 알고, 그래야만 그 다음에 마음의 의지가 지향할 곳을 결정하게 되고, 그런 다음에 마음이 망녕되게 동요하지 않고 평정을 얻을 수 있게 되며, 그런 다음에라야 자신이 처하여야 할 자리에서 안정할 수 있게 되고, 그런 다음에 일을 처리함이 정밀하고 자상하여 사려깊게 될 수 있으며, 그런 다음에 비로소 지극히 선함을 자기 몸에 얻을 수 있다고 밝혔다. 중국에 왔던 초기 천주교 선교사 가운데 『대학』에서 말하는 ' 지극한 선' 을 하느님의 본질적 성격으로 이해하여 ' Summum Bonum' 의 뜻으로 받아들이기도 하였다. 천명에 대한 바른 인식 또는 선의 올바른 기준을 명확히 인식하려는 노력은 수도의 정당성을 확보할 수 있는 근거가 되는 것이라 할 수 있다.

네 번째 조목은 ' 역행' 이다. 힘써 행하는 실천적 노력을 요구하는 것이다. 인간의 모든 가치나 진리도 실천되지 않으면 열매를 맺지 못하는 꽃의 아름다움에 그치고, 추상적 관념에 머물고 말 것이다. 지식과 행동 사이의 괴리를 극복하기 위한 노력이 이론적으로도 많은 문제를 제기하였다. 지식이 앞서고 행동이 뒤따라야 한다는 ' 선지후행론(先知後行論)', 행동이 앞서고 지식이 뒤따라야 한다는 ' 선행후지론', 지식과 행동은 일치가 되어야 한다는

'지행합일론', 알기는 쉽지만 행하기가 어렵다는 '지이행난론 (知易行難論)', 행하기는 쉽지만 알기가 어렵다는 '지난행이론' 등이 복잡하게 나타났다. 힘써 실천한다는 것은 끈기가 있어야 하며 강인한 의지를 요구한다. 인간이 나태해질 때 자신을 채찍질하는 의지의 역할은 수도자의 조건이요 덕목이 된다. 또한 인간이 자신의 앎을 행동으로 옮기는 것은 때로 자신에게 커다란 위험을 가져올 수도 있는 것이요, 역사적으로는 의롭지 못한 현실을 비판하고 정의를 주장하거나 행동하는 것은 자신의 생명을 위협할 수도 있다. 따라서 행동은 결단을 필요로 하고 결단에는 용기가 뒷받침되어야 한다. 용기 없이는 인간이 역사와 사회 속에서 자신의 앎과 믿음을 행동으로 나타내지 못하고 변명하거나 타협하게 될 것이다. 수도자가 진리를 신념으로 간직하면서 불의와 악 앞에서 저항하고 투쟁할 수 없다면, 그것은 용기가 없는 것이며 진리를 욕되게 하는 것이기도 하다. 전통사회에서 선비들이 직언을 두려움 없이 하고, 임금의 잘못을 칼날처럼 예리하게 비판하는 항의 상소를 올렸던 것은 신념의 용기를 보여주는 것이다. "의로움을 보고도 행하지 않는 것은 용기가 없는 것이다" 라고 강조하는 공자의 말도 실천에 용기의 필요성을 밝힌 것이다. 진리와 비겁은 병립할 수 없다. 진리를 지키고 실행하는 것은 선비의 의무요, 수도자의 책임이라 할 수 있을 것이다.

선비는 평소에 한없이 겸손하여야 한다. 자만심이나 거친 행동은 선비다운 행동이 아니다. 경건하고 두려운 마음을 갖고 자신의 말과 행동을 마치 살얼음판을 건너듯이 조심하는 것이 선비의 모습이다. 선비의 겸손하고 조심스러운 모습을 마치 정숙한 처녀의 모습에 비교하기도 한다. 이러한 선비의 마음 속에는 자신의 가장 작은 과오에도 부끄러움을 갖는다. 깨끗하고 단정하게 몸차림을 하고, 말과 몸짓이 침착하며 사리에 어긋나지 말아야 하고, 사람을 만나서도 모든 동작이 예법에 맞아야 한다. 한 가지도 정밀하지 못하거나 우아하지 못한 점이 있으면 마음에 부끄럼으로 가득한 것이 선비의 태도이다. 자기확신에 가득 차서 남에게 자기 주장을 고집하거나, 무례하게 상대방을 낮추고 오만한 태도를 보이면서도 부끄러워할 줄 모르는 불염치한 행동을 하는 것은 선비로서 수도자로서 부끄러워할 일이다. 선비는 가장 겸허하면서 불의에 대하여 가장 과감하게 항거할 수 있고, 항상 부끄러워하는 마음을 가지면서도 무례한 행동을 미워할 수 있는 인격이며, 그것은 수도자의 모습이라 볼 수 있다.

## 18.3 오늘의 수도자의 과제

우리 시대의 수도자 내지 선비가 추구해야 할 과제를 역사전통적 문제와 민족적 문제와 사회대중적 문제로서 생각해 보고자 한다.

우리는 우리의 오랜 역사적 전통을 자랑스럽게도 생각하고 때로는 부끄럽게도 생각하는 양면적 태도를 지니고 있다. 우리의 역사가 전통적 자기동일성을 잃고 단절감에 빠진 것은 19세기 말엽에서 최근에 이르는 시기이다. 이러한 전통에 대한 단절감은 서양의 침투와 더불어서라고 할 수 있다. 따라서 유교문화적 전통과 천주교의 서양문화적 배경은 무척 이질적인 것으로 이해되는 것이 사실이다. 천주교가 서양종교인 것은 사실이지만, 이미 우리나라에서 교회를 세운 지 2백 년을 지난 현재까지도 서양종교로서 우리에게 자기표현을 하여야 할 것인가는 중요한 문제이다. 이제는 천주교가 우리 땅에서 한국화할 시기에 도달하였다고 생각한다. 이것은 오랜 논란이 되어왔던 토착화의 문제이기도 하

다. 천주교가 한국의 전통문화와 조화를 이루는 방법으로서 유교
에 대한 인식을 강조하고 싶다. 서구식 내지 미국식을 지향하는
근대화의 작업을 통하여 일본식민지 정책에 의하여 파괴된 유교
문화를 한층 더 파괴하였던 것이 사실이다. 그러나 아직도 한국
인의 의식 속에는 유교적 의식이 뿌리깊이 살아 있다. 가족의식
도 유교적 규범으로 지탱하고 있으며 사회규범 속에도 유교의식
이 뿌리깊이 깔려 있다. 도시는 다소 약하지만 지방에서는 유교
적 전통의 가치들이 여전히 견고하게 자리를 잡고 있다. 이런 현
실 속에서 천주교 신앙은 한국인의 의식에 표면의 일부를 색칠
하였을 뿐 뿌리를 내리지 못하였다고 볼 수도 있다. 그것은 천주
교가 전통문화에 대치시키고 새로운 신앙형식을 제시할 뿐 전통
문화를 이해하고 그 가치를 계승하는 역할을 못하고 있기 때문
이다. 물론 유교전통 속에는 오늘의 시대에 비추어 본다면 많은
모순도 있고 적합성을 상실한 요소도 많다. 그러나 어떤 사상에
도 시대적 제약성이 있지만 시대를 넘어서 보편적인 가치를 지
니고 있는 것이다. 역사를 통하여 유교이념이 표출시켰던 문화현
상 속에는 개혁해야 할 여러 요소와 더불어 계승하고 발전시켜
야 할 많은 가치를 지니고 있다. 이러한 전통문화를 계승하기 위
하여서는 먼저 유교문화에 대한 깊은 인식이 이루어져야 할 것
이다. 학문적 인식을 통하여 서로 일치하고 또는 상통하는 요소
를 찾아 인정해주고, 상반되는 문제들에 대하여서는 이해의 토대
위에 대화를 통하여 서로 조언할 수 있는 관계를 형성해야 한다.
무관심은 인간세계에서 가장 심각한 적으로 남게 될 수 있다. 유
교 이외의 문화전통에도 관심을 가져야겠지만, 유교의 이해는 사
회의 도덕적 규범과 사회체제의 기초적 성격을 가장 깊이 이해
하는 데 도움이 될 수 있다는 측면에서 중요한 의미가 있다. 천
주교가 한국화하는 것은 국수적이거나 적응주의적 자기변질을

의미하는 것이 아니라, 한국문화의 전통과 접맥하여 그 토양에서 성장할 수 있기를 추구하는 것이다.

한국인은 역사를 통하여 민족적 공동체의식을 강하게 형성하였다. 여기에 새로 전래해온 서양종교로서 민족을 넘어서 인류의 보편적 이상을 추구하는 것으로는 한국인이 요구하는 근본적 조건과 어긋날 수 있다. 우리의 역사적 조건이 갖는 특수성에 따라 한국민족은 한 공동체로서의 독특한 과제를 가지고 있다. 크게는 분단된 민족을 통일하여야 한다는 과제에서부터 작게는 생활양식의 민족적 상징성에 이르기까지 한국인이 갖는 특수성을 교회가 적극적이고도 성실하게 추구하여야 할 필요가 있다. 천주교 교회가 한국인의 민족적 고민을 함께하고, 그에 대한 현명하고 지혜로운 판단을 제공해주며, 그 해결을 위해 앞장서 노력할 때에 민족을 이끌어가고 민족 속에 자리잡을 수 있다. 민족의 상징인 단군을 추모하는 성전을 건립하는 데 개신교는 우상숭배로 규정하여 거부하고 천주교는 무관심하다면 기독교는 민족과 무관한 외국종교의 수입품임을 면하지 못한다는 인상을 줄 수도 있다. 교회는 국가와 구별될 수 있는 신성한 공동체이고, 더구나 정치권력에 예속될 수 없는 것이다. 또한 교회가 민족주의에 빠져 있는 것도 아니다. 그러나 교회가 민족과 함께 있지 않겠다면 그것은 인간과 함께 있지 않을 수도 있다는 결론에 도달할지도 모른다. 역사적으로 근세의 제국주의적 침략시기에 교회는 침략자에 항거하고 민족의 고통을 외면하였었다는 비판이 있다면, 그것은 힘의 폭력을 두려워한 비겁함이나 고통받는 약한 자를 보호하지 못한 나약함을 보여준 것으로 반성할 필요가 있다. 가정이 내부에 화목을 이루지 못하고 갈등을 일으키거나, 한 개인의 영혼 속에서 갈등을 일으킬 때에는 교회가 위로하고 화해시켜주는 것이 임무이다. 마찬가지로 민족이 서로 분열하여 대립을

일으킬 때에도 교회는 더욱 높은 시각에서 증오와 대립을 사랑
으로 바꿀 수 있도록 화해시키고 인도하여야 할 책임을 가져야
한다. 분열된 한 민족의 증오심을 승화시켜 포용과 사랑으로 결
합할 수 있도록 이끌어 줌으로써 그 민족이 평화를 이루고 통일
을 성취할 수 있을 것이다. 우리 민족의 남북분단이나 내부적 대
립을 화해하는 데 교회가 역할을 할 수 있어야 교회가 민족사
속에 살아 있을 수 있을 것이다.

천주교는 우리 사회 속에서도 빈곤한 대중의 고통에 더욱 적
극적인 관심과 헌신적인 사랑을 기울일 필요가 있다. 그것은 사
회를 계층적 분리와 대립을 조장하는 것이 아니다. 빈곤한 자에
대한 사랑은 부유한 자를 제외하는 것이 아니라, 부유한 자를 이
끌어 빈곤한 자를 돕도록 하는 사랑의 매개를 이루는 것이기도
하다. 병든 자와 굶주린 자와 고통받는 자들은 교회의 사랑과 수
도자의 실천이 아니면 충족된 삶의 의미를 얻을 수 없다. 공자가
" 가난한 자는 편안할 수 있고, 부유한 자는 예법을 좋아할 수
있어야 한다"고 가르친 것도 인간이 가난하거나 부유하거나 인
간답게 살 수 있는 길을 제시한 것이다. 그러나 현실사회 속에서
가난한 사람이 도저히 인간답게 살 수 없는 어려움에 빠져 있을
때 교회의 웅대한 건물도 빛을 낼 수가 없을 것이다. 질병에 고
통받는 사람이 줄을 이어 있는데 의사가 풍요함을 누린다면 이
미 의술은 인술이 아니라 상술로 전락하게 된다. 영혼의 평화가
고통받는 사람들에게 주어져야 하지만 교회는 한 걸음 더 나아
가 신체적 평화를 위해서도 힘을 기울여야 한다. 사회의 법률에
따라 고통을 받는 사람들 가운데는 악을 행하고 죄를 지은 사람
과 억울하게 벌을 받는 사람이 있다. 세속적인 법률을 교회가 부
정할 권리는 없지만, 악한 자도 그의 영혼을 바르게 이끌어 주는
교화가 감옥 안에서나 감옥 밖에서 지속적으로 이루어져야 할

것이다. 억울한 사람을 도와주는 것은 정의를 실현하는 것으로 중요하지만, 동시에 한 인간의 마음 속에 원한이 쌓이고 맺히도록 버려두지 말아야 한다. 선비의 '인(仁)'을 임무로 살아가는 인격이나 수도자의 사랑을 임무로 살아가는 인격은 약하고 고통을 받는 자를 위하여 헌신적으로 기울여져야 할 것이다. '인' 또는 사랑은 모든 인간 속에서 자라야 하고 특히 고통을 받는 사람에게 보다 많이 기울어져야 한다. 우리 사회에서는 고통을 받는 사람이 많고, 그만큼 교회의 사랑은 더욱 커야 한다. 여기서 교회의 사랑은 수도자의 사랑으로 커갈 수 있는 것이라 하겠다.

## 18.4 맺는 말

수도자는 유교전통의 선비를 계승하고 발전시킬 수 있는 천주교의 인격개념으로 생각할 수 있다. 겸손하고 경건하면서도 진리에 깊은 인식을 갖고서 과감하고 끈질긴 실천력을 갖는 인격으로 이해된다. 선비와 수도자는 불의를 부끄러워하며 단호하게 거부하는 용기가 있고, 고통받는 사람을 위해 헌신적인 사랑을 기울이는 모습을 보여준다. 그들은 우리 민족의 전통이요 수호자이고, 역사를 외면하는 은둔적 초월주의자나 내세주의자가 아니라 현실에 대한 지도적 기능을 담당하고 있는 인격이다.

수도자가 이 세상에서 보여주는 가장 중요한 이미지는 그가 군림하고 가르치는 인물이라기보다는 몸소 실천하고 모범을 보여주는 인물이다. 그는 결코 전쟁터에서 맨 후방에 앉아서 지휘하는 사령관이 아니라, 가장 전방의 적진을 먼저 뛰어드는 선구자이다. 수도자는 세상의 모든 향락을 외면하고서 고통스러운 길을 무거운 짐을 지고 앞장 서 걷는 인물이기에, 그는 아무 명령

도 하지 않지만 인간의 영혼에 감동을 주는 인격이다. 수도자는
마치 선비가 한 나라의 원기[생명력]이듯이 교회의 심장으로 교
회를 살아 움직이게 하는 동력이 되는 인격으로 이해되어야 할
것이다.

# 19. 제사문제와 유교· 천주교의 이해

## 19.1 문제의 성격

### 1) 한국의 유교전통과 천주교 신앙

이승훈이 북경에 가서 북당을 찾아가 영세를 받고 돌아온 1784년부터 한국 천주교회의 신앙활동이 출범하는 사실에서 한국 천주교회사가 지닌 의미를 특징지을 때, 흔히 외국 선교사들에 의해 포교된 지역이 아니라 한국인 스스로의 자발적인 신앙심에 따라 능동적으로 천주교 신앙을 수용하였다는 점을 지적하게 된다.[1] 이미 17세기 초엽 이수광이나 허균 등에 의해 소개되기 시작하여 조선사회의 유학자들 사이에 천주교사상이 부분적으로나마 알려져 왔으며, 18세기 후반에 이승훈, 이벽 등에 의해 자발적으로 천주교 신앙활동을 전개하였던 것은 충분한 내재적 기반 위에서 발생한 것이다.

여기서 한 가지 주목할 필요가 있는 사실은 천주교 신앙활동이 조선사회에서 자발적으로 전개되었다면 그 신앙활동의 주체는 어떠한 인물인가 하는 문제이다. 천주교 신앙이 전국민적 운동이 아니라 소수의 친밀한 그룹에서 발생하였다면 최초의 신앙활동을 이끌어간 인물의 사회적 배경은 한국 천주교의 못자리를 의미하는 것이라 하겠다. 곧 이승훈, 이벽, 권일신, 정약용 등 초기 신앙집단은 모두 기호남인에 속하는 사대부계층의 인물이요, 성호 이익의 문하에 속하는 젊은 유학자들이다.[2] 성호학파에서는

---

1) 유홍렬, 『한국천주교회사』, 1962, p. 86.

천주교 신앙과 서양과학을 포함하는 서학의 문제에 관해 18세기 전반부터 광범하게 토론해왔으며 마침내 18세기 후반에 와서는 안정복을 대표로 하는 공서파(攻西派)와 권철신을 대표로 하는 신서파(信西派)로 분열하는 데 이르렀던 것이다.

성호 이익은 조선 후기 실학파의 거봉으로서 실학의 학파적 위치를 정립시킨 석학이었다. 실학파는 도학적 유교전통을 반성적으로 재인식하는 개혁정신을 지니고 있으며, 비판정신, 실증정신, 실용정신에 기초를 두고 있는 것이다.3) 그만큼 실학파는 학문의 객관성과 자율성을 추구하는 개방정신을 지녔으며, 특히 성호학파는 서양과학과 천주교 사상에 대해 폭넓은 관심과 이해를 보이고 있다. 신후담, 안정복 등 성호학파의 공서파조차 천주교 신앙과 교리가 유교신념에 어긋나는 점을 비판하면서도 천주교 신앙 내용에 예리한 의견을 가지고 있었던 것이다. 더구나 신서파인 권철신, 이가환, 이벽, 이승훈, 정약용 등은 처음부터 서양의 자연과학에 심취하면서 한 걸음 나아가 천주교 교리도 긍정적으로 인식하며, 마침내 천주교 신앙에 도달하게 되었다.

이처럼 초기 천주교 신앙활동의 주체가 되었던 성호학파의 신서파 청년 유학자들이 그들의 학문적 진실성과 진취성에서 유학의 말폐를 반성하면서 천주교 신앙을 받아들였다는 사실은 중요한 의미를 지닌다. 곧 그들은 열려 있는 마음의 유학자이었기에 자주적으로 천주교 신앙을 이해할 수 있었고, 성실한 유학자이었기에 열렬한 천주교 신앙인으로 성장할 수 있었다고 하겠다. 다시 말하면 권위와 허세와 인습에 안주하기를 거부하고 진실과

---

2) 초기 천주교 신앙집단은 신속하게 김범우, 최필공 등 中人이나 이존창 등 良人에로 확대되어 갔던 것으로 보인다. 조광,『辛酉迫害의 分析的 考察』,『敎會史硏究』, 제1집, pp. 46∼51 참조.
3) 천관우,『實學의 先驅─柳馨遠』,『朝鮮實學의 開拓者 10人』, 1974, pp. 14∼15 참조.

진리를 추구하는 유학자에서 천주교 신앙인으로 변모한 것이요, 따라서 참된 유학자가 좋은 천주교 신앙인이 될 수 있었음을 말해준다.

## 2) 한국교회사와 제사(祭祀)문제

이미 1779년 무렵 천진암과 주어사의 강학회에서 권철신, 정약전, 이벽, 김원성, 권상학, 이총억 등은 권철신의 규정에 따라" 새벽에 일어나서 얼음물에 세수하고 양치한 다음『숙흥야매잠』을 외고, 해가 뜰 때『경재잠』을 외며, 정오에는『사물잠』을 외고, 해가 질 때는『서명』을 외며, 장엄하고 공경스러운 자세를 지켜 규정과 법도를 잃지 않았다"고 언급할 만큼 엄격하고 경건한 의례적 절도를 지닌 수양법을 실천하였던 것이 사실이다.4)『숙흥야매잠』·『경재잠』·『사물잠』·『서명』은 분명히 천주교의 기도문이 아니다. 그러나 기도문처럼 마음의 경건성을 강화할 수 있는 잠명으로서 도학파에서 가장 잘 알려진 것이다. 따라서 유교인에서 천주교인에로의 이행은 세속성에서 경건성에로의 변화가 아니라 경건성의 표현양식을 바꾸어 선택하는 데 가깝다고 하겠다.

제사의 의미는 종교적 의례의 가장 기본적인 양식이라는 사실이다. 천주교에서 제사를 거부하였다는 것은 제사의 유교적 양식을 거부한 것이지 제사 자체를 버린 것은 아니다. 곧 천주교 신앙활동은 천주교의 독자적 정통성을 확보하기 위하여 천주교 전통의 미사 제의(祭儀)만을 정당화하며 타종교의 제의를 참된 신에게 드려지는 정당한 제사로 인정하지 않는 것이다. 그것은 엄

---

4)『與猶堂全書』, 1-15, 39a:" 鹿菴自授規程, 令晨起, 掬休泉盥漱, 誦夙夜箴, 日出誦敬齋箴, 正午誦四勿箴, 日入誦西銘, 莊嚴恪恭, 不失規度".
Ch. Dallet는 1777년의 사실로서 비슷한 사건을 천주교 신앙활동의 형태로 설명하고 있다(Ch. Dallet, 안응렬·최석우 역주,『韓國天主敎會史』上, pp. 300~302).

밀한 의미에서 제사를 부정하는 것이 아니라 유교적 전통의 제
사를 천주교회에서 정당한 것으로 받아들일 수 없다는 선언이다.

사실 천주교가 명말 중국에 전래된 초기에는 예수회의 마테오
리치(Matteo Ricci)에 의한 보유론(補儒論) 내지 적응주의적 입장
에서 공자와 조상에게 드려지는 유교전통의 제사를 신이 아니라
인격에 대한 감사와 추모로 보면서 묵인하였다. 그러나 뒤따라
예수회 내부에서도 이견이 생겨 도미니꼬회와 프란치스꼬회에서
는 공자와 조상에 대한 제사를 우상숭배로 비판하면서 이른바
의례문제(儀禮問題, Quaestio de Ritibus)라 일컫는 논쟁에 빠져
들게 되었다. 이에 따라 교황청도 선교단체의 상반된 주장에 휘
말려 교황 인노첸시오 10세는 1645년 9월 12일, 제사금지령을 내
렸고 1656년 3월 23일, 교황 알렉산더 7세는 적응주의적 입장에
서 유교제사를 묵인하는 허용령을 내렸다. 다시 교황 클레멘스
Ⅱ세는 1704년 1월 20일, 제사에서 신위(神位)라는 용어를 사용
하지 말고 사자(死者)의 이름만 사용할 것을 허용하였으며, 1715
년 3월 19일, 더욱 강경하게 제사를 금지하는 칙서(Ex illa die)를
반포하였다. 그리고 마침내 1742년 7월 11일, 교황 베네딕또 14세
는 1715년 칙서를 재확인하여 제사금지령을 확립하는 칙서(Ex
quo singuli)를 반포하여 100년간의 의례논쟁을 종결짓게 되었
다.5)

이 제사에 대한 금지령은 1939년 12월 8일 교황 비오 12세에
의해 해제된다. 그러나 본래 제사문제가 허용되었을 때에도 유교
의 제사를 전체적으로 허용하는 것이 아니라 제사의 신앙적, 종
교적 의미는 제거하고 관습적, 윤리적 의미만을 받아들이는 것이
었다. 천주교의 신이 아닌 어떠한 신도 신으로서 숭배될 수 없으

5) 최기복, 『朝鮮朝에 있어서 天主敎의 廢祭毁主와 儒敎祭祀의 根本意味』,
『崔奭祐神父華甲紀念 韓國敎會史論叢』, 1982, pp. 62~72 참조.

며 우상으로 배척되지 않을 수 없었다. 제사를 허용한 예수회가 한편으로는 유교에 우호적이었지만 다른 한편으로는 유교제사의 고유한 종교적 세계를 가볍게 보았다고도 할 수 있다. 그 반면에 도미니꼬회 등은 유교에 대해 배타적이었지만 다른 한편으로는 유교제사의 종교적 의미에는 크게 주목하였다고 하겠다.

우리나라의 초기 천주교도들은 유교제사의 전통을 허용하는 예수회의 입장을 기초로 신앙에 들어갔다. 리치의 『천주실의』나 판토쟈(Pantoja, 寵迪我)의 『칠극』 등 보유론적(補儒論的) 교리서에 설득된 조선사회의 초기 천주교도들은 제사를 지내면서 신앙생활을 하였다. 그러나 조선정부와 유학자들로부터 이단이요 사교로 지목받아 신앙활동이 금지되고 지하활동으로 존속하게 되었던 천주교도는 먼저 조선사회의 기존 체제에 안주하거나 천주교 신앙생활을 통해 고통스럽지만 구원을 찾아야 하는 선택의 결단을 하지 않을 수 없었다. 그들이 가교계제도(假敎階制度)를 조직하면서 가성사(假聖事)를 집행하는 신앙생활을 계속하였던 것은 유교체제로부터 이단으로 배척을 받으면서도 천주교 신앙 속에서 진실한 삶의 의미를 발견할 수 있었기 때문이다.

지하 신앙활동을 하던 천주교도들에게는 교회조직과 신앙체계가 세속적인 전통사회의 유교이념과 엄연히 구별되며 이 유교이념을 버리고 천주교 신앙을 선택하였던 것이다. 따라서 이들은 보다 올바르게 천주교 신앙절차를 지키기 위하여 윤유일을 북경교회에 파견하여 가성사(假聖事)문제와 조상제사에 관해 문의하게 하였고, 1790년 북경교구장인 구베아(Gouvea) 주교의 회답을 받자 가교계제도(假敎階制度)를 해체하며 가성사를 중지할 뿐 아니라 조상제사도 거부하는, 엄격히 천주교 신앙체계를 실천하는 확고한 신앙태도를 보였다. 여기서 제사를 지내왔던 조선사회의 초기 천주교도가 제사를 거부함으로써 태도의 전환을 일으키는 데는 심각한 신앙적 고뇌와 결단이 따랐을 것이다. 곧 가족이나 사회의 견해와 대립하여 제사에 내포된 유교 신앙적 근거가 진실성을 잃고 무의미한 형식에 빠진 것이라 보면서 천주교의 미사제의를 통하여서만이 진실한 신성성의 체험이 가능하다고 보았기 때문이다.

1791년 진산군에서 윤지충과 권상연이 유교의 상례와 제사를 폐지하고 신주를 불태운 사건이 일어나자 조선사회의 조야에서는 천주교를 사교로 비난하고 배척하는 논란이 크게 비등하였다. 천주교 신자들 내부에서도 제사를 저버릴 수 없거나 금교령이 두려워 천주교를 배교하고 유교에로 다시 돌아간 사람들도 있지만, 천주교 신앙의 순수한 실천을 위해 순교를 각오하고 제사를 거부하는 확고한 신앙집단이 확립되었던 것이다.6)

제사의 문제는 한국 천주교회가 그 성립과정에서 겪어야 하였던 최대 시련의 관문이었다고 할 수 있다. 엄청난 희생을 치르면서 유교전통의 제사를 거부함으로써 천주교만의 진실성을 강조하고 또한 천주교 신앙의 순수한 독자성을 제시할 수 있었던 것이다. 그러나 유교제사를 허용하였던 예수회의 보유론적 입장이 제사를 단지 기념적이고 추모적인 정감적 측면으로 규정하였던 것은 제사의 본질적 종교성을 외면한 것이지만, 제사를 거부하였던 후기의 입장에서 제사를 미신적이고 우상숭배적이라 단정한 것도 제사의 종교적 진실성을 무시하는 배타적 독선의 성격을 벗어날 수 없다. 따라서 한국 천주교회가 유교전통의 사회 속에 뿌리를 내리고 전통과의 조화 속에서 더욱 안정적이고 지속적으

---

6) 이원순 교수(『박해의 불씨—조상제사』, 『基督教와 冠婚喪祭』, 1985, p. 79.)는 1791년을 전후하여 祖上祭祀문제를 계기로 한국천주교는 '補儒論的 천주신앙에서 純正의 천주이해에 터전한 천주신앙으로 옮아가는 진통'을 겪었다고 보았으며, 이 일을 '한국 천주교회의 제2의 탄생'이라 적절하게 지적하고 있다.

로 성숙하기 위해서도 유교전통의 제사에 대해 보다 온전한 인
식이 필요하다고 하겠다. 우리의 전통문화를 거부하는 태도가 아
니라 그 진실한 가치를 살려내고 받아들여 더욱 풍부한 자신을
가꾸기 위한 과제의 하나로서 유교제사의 의미를 다시금 진지하
게 이해하고 음미할 필요가 있을 것이다. 유교제사에 대한 올바
른 인식과 천주교 신앙과의 관계를 해명하려는 관심은 주재용
신부의 선구적 업적인『선유(先儒)의 천주사상(天主思想)과 제사
문제』이후에 꾸준히 지속되어 왔다고 할 수 있다.7)

## 19.2 제사문제의 쟁점

### 1) 천주교 신앙의 유교제사에 대한 인식

조선사회의 천주교신도들은 유교전통의 제사를 거부하면서 제
사에 대한 몇 가지 명백한 인식 내용을 밝혀주고 있다. 1791년
윤지충이 법정에서 진술한 공사(供辭)와 1839년 정하상이『상재
상서(上宰相書)』에서 논술한 주장에서 그 입장이 선명하게 드러
남을 본다.

> 천주를 대부모(大父母)로 받드는 이상 천주의 명을 준행하지
> 않는다면 결코 천주를 흠숭하는 도리가 아닙니다. 사대부 가정의

---

7) 祭祀문제와 한국 천주교에 관한 참고자료로서 다음 논문들을 들 수 있다.
이원순, 위의 책.
최기복, 위의 책.
최기복,『천주교 신앙과 제사의 의미』,『基督敎와 冠婚喪祭』, 1985.
강연희,『朝鮮後期 西學의 祖上祭祀問題』,『崔奭祐神父華甲紀念 韓國敎會
史論叢』, 1982.
금장태,『儒學과 西學의 敎理的 갈등과 近代思想의 역사적 전개』,『東西
交涉과 近代韓國思想』, 1984.

목주(木主)는 천주교에서 금하는 것이므로 차라리 사대부에게 죄를 지을지언정 천주께 죄를 짓기 원치 않습니다. 그래서 과연 신주를 집 뜰안에 묻었습니다. 죽은 사람의 앞에 술과 음식을 드리는 것도 천주교에서 금하는 것입니다.

또한 서인(庶人)이 신주를 세우지 않아도 국법에서 엄금하지 않으며, 가난한 선비가 제사를 지내지 못해도 예법에서 엄격하게 막지 않습니다. 신주를 세우지 않고 제사를 지내지 않는 것은 다만 천주교를 받들기 위한 것이요 나라의 금하는 일을 범하려는 것이 아닙니다.8)

죽은 사람의 앞에 술과 음식을 드리는 것은 천주교에서 금하는 것입니다. 살아 있을 동안에도 영혼은 술과 밥을 받아먹을 수 없거늘 하물며 죽은 다음의 영혼이 먹을 수 있겠습니까. 음식은 육신의 입에 공급하는 것이요, 도덕은 영혼의 양식입니다. 비록 지극한 효자라도 맛좋은 것이라고 해서 부모가 잠들어 있는 앞에 차려드릴 수 없는 것은, 잠들었을 동안은 먹고 마시는 때가 아닌 까닭입니다. 잠시 잠들었을 때도 그렇거늘 하물며 영원히 잠들어 버렸을 때는 어떻겠습니까. 쌀과 조와 기장과 향기로운 과일의 제수(祭需)를 진설함은 헛된 일이 아니면 거짓된 일입니다. 사람의 자식이 되어서 허위와 가식의 예로 어찌 이미 돌아가신 부모를 섬기겠습니까.

이른바 사대부의 목주도 천주교에서 금하는 것입니다. 이미 기맥(氣脈)과 골혈(骨血)이 서로 연결됨이 없고, 또 낳아서 길러준 노고와도 서로 관련이 없습니다. 아비라 어미라 부름이 얼마나 중대한 일입니까. 직공이 만든 것이요 분을 칠하고 먹을 찍은 그것을 참아비라 참어미라 이릅니까. 바른 이치의 근거가 없고 양심이 허락하지 않습니다. 차라리 사대부에게 죄를 얻을지언정 천주교에서 죄를 얻고 싶지 않습니다.9)

---

8) 『正祖實錄』, 卷33, 十五年辛亥 十一月 戊寅條.

1790년 북경에서 윤유일을 통해 보내진 질문에 대해 유교제사의 금지를 지시한 구베아(Gouvea) 주교의 회답이 전달된 다음 조선사회의 천주교도는 유교전통의 제사를 포기하면서 천주교의 신조와 교회의 지시를 따르기로 결심을 한 것이다. 이들의 선택은 제사의 가부를 따지기에 앞서서 인간의 삶에 근원적 의미를 제공해주는 원천을 천주교에서 찾는 것이었다. 따라서 천주교와 사대부의 규범과 신념체계 중에서 한쪽에게 죄를 짓더라도 다른 쪽에는 죄를 지을 수 없다고 확고하게 선언하였다. 조선사회의 천주교도가 천주를 대부모로 받들기 위해 유교전통에서 끊어야 하였던 가장 단단한 끈의 매듭은 목주[祖上의 神主]와 제사[死者에게 酒食을 올리는 의례]이었음을 알 수 있다. 천주교회가 금하는 것이요, 유교사회가 형벌로써 지키려는 것이 바로 목주와 제사이었다. 천주교와 유교의 갈림길에서 목주와 제사는 선택의 가장 구체적이고 중요한 지표로 드러났던 것이다.

목주[神主]를 목수가 나무조각을 깎아서 만든 것이라 하고, 나무조각에다 분칠을 한 다음 먹으로 글씨를 써놓은 것이라 보았다. 이 목주는 조상과 피나 살이 이어져 있지 않고 생기와 혈맥이 통하지 않는 그냥 나무조각에 불과하다. 한낱 나무조각에다 나를 낳고 길러주신 부모님이라 이름짓는 것은 이치에 어긋나고 양심에 허락되지 않는다는 것이다. 그것은 유교 신앙에서의 목주를 설명해주는 것이 아니라 목주에 사자의 영혼이 깃들 수 없다는 천주교의 영혼관을 주장하는 데 의도가 있다. 또한 목주에 조상의 신[영혼]이 깃들어 있다는 사실을 인정한다면 그것은 사후에 천당, 연옥, 지옥에로 영혼을 보내는 천주교 신앙 속의 영혼관을 벗어나는 비천주교적 영혼의 인정을 의미하는 것이 된다. 곧 천주의 지배를 벗어나는 영혼의 존재는 악마가 아니라면 불가능

9) 정하상,『上宰相書, 又辭』,『동서저편 - 也人 金益鎭文集』, 1971, p. 104.

하다는 입장에서 목주에 깃든 조상신을 거부하는 것이다. 목수가 나무조각으로 깎아 만들더라도 십자가의 경우에서는 성상으로 예배의 대상이 된다. 천주교의 입장에서는 목주가 나무로 깎아 만들었고 그 나무조각이 나와 피와 살이 이어져 있지 않기 때문이 아니라 사자의 영혼이 깃들어 있다는 신앙을 인정할 수 없었던 것이다. 천주 이외의 어떠한 신적[영혼적] 그 존재도 천주로부터 독립하여 인간의 숭배대상이 될 수 없는 것으로 본다.

제사의 경우에서도 영혼은 살아서도 음식을 먹을 수 없으니 더구나 죽은 자의 영혼에게 음식을 바치는 것은 헛된 것이요, 잠든 사람이 음식을 먹을 수 없는데 영원히 잠든 이에게 음식을 드리는 것은 거짓된 행동이라 한다. 그러나 제수를 드리는 것은 원래 돌아가신 조상이 먹느냐 아니냐를 전제로 한 것이 아니다. 인간이 먹는 모든 것을 바치는 희공(犧供)의 뜻과 조상을 섬기는 보답과 봉양의 정성을 보여준다. 영혼이 음식을 먹지 않기 때문에 조상신[영혼]에게 제물을 드릴 수 없는 것은 아니다. 천주교에서 거부하는 것은 천주 이외에 사자의 영혼이 제수를 받는 역할을 거부하는 것이다. 제수가 음식물이기에 조상신[영혼]이 먹는다고 생각되는 경우가 흔히 있다. 그러나 제사에서 신이 음식을 먹는다는 설명에서부터 인간이 봉헌하는 정성을 받아들인다는 해석에 이르기까지 유교전통 안에서도 다양한 이해가 있다. 천주교에서도 제사에 제수의 종류가 음식물이 가능한가 아닌가의 문제보다 제사를 받는 신의 자격으로 조상신을 승인할 수 없었던 것이라 하겠다.

천주 이외에는 어떤 존재도 신이라 일컬을 수 없다는 천주교 신앙에서는 조상신 또는 귀신은 그 명칭 자체가 잘못된 것이다. 조상의 영혼이거나 마귀일 뿐이다. 또한 조상의 영혼은 음식을 먹지 못하더라도 영혼과 육신이 함께 부활하여 존재한다면 음식도 먹을 수 있을지 모르겠다. 그러나 천주교에서는 사후의 영혼은 이 세상에 후손과 함께 존재할 수 없는 것으로 보며, 또한 천당이나 지옥 등 영혼의 사후 세계를 설정하고 있다.10) 따라서 사자의 영혼은 지상에 와서 후손과 함께 만날 수 없기 때문에 결국 조상신[靈魂]에 대한 제사를 거부하게 된 것이다.

유교의 제사를 거부하는 것은 천주교 신앙의 재확인이고 신조의 확립을 추구하는 데 뜻이 있다. 그것은 유교 신념의 사회체제에 대한 도전이고 투쟁과 희생 속에서 천주교회가 성장할 수밖에 없었던 현실적 제약이라 하겠다. 유교의 제사는 신에게 드려지는 것이 아니라 인간의 마음속에 있는 추모와 공경심을 기념하는 행사라 한다면 유교를 왜곡하는 것이 된다. 문제는 천주교 신도로서 제사를 거부할 것인가 아니면 추모행사로만 수행할 것인가의 선택 앞에서 엄격한 거부태도를 취한 데 있다. 결국 유교 사회에서 천주교의 입장을 선명하게 밝혔고, 그만큼 배타적 폐쇄성을 드러낸 것이기도 하다.

## 2) 제사에 대한 유교적 이념과 태도

유교신념 속에서 제사는 조상에게만 드려지는 것이 아니라 인간의 생명과 삶의 근원이 되는 모든 신적 존재에 드려지는 것이다. 하늘에 제사가 드려지고 일· 월· 성· 신· 운· 우· 사시 등도 제사의 대상이며, 대지와 산· 림· 천· 곡 등도 제사되고, 공자와 선현이나 선대 군왕이나 국가에 공훈이 높은 인물 그리고 조상

---

10)『正祖實錄』卷33, 十五年辛亥 十月丙寅條. 次對에서 좌의정 채제공은 " 사람은 死後에 착한 자는 천당에 가고 악한 자는 지옥에 간다 하니 비록 제사를 지내더라도 천당에 간 자는 돌아와서 흠향하고 싶지 않을 것이고 지옥에 간 자는 돌아와서 흠향할 수 없을 것이니 無益한 제사를 지낼 필요가 없다고 한다"라고 천주교도의 祭祀폐지 이유에 대한 설명을 소개하고 있다.

에게 제사가 드려진다.11) 이러한 제사 대상이 되는 신 존재를 크게 유형화하면 천신(天神)· 지기(地祇)· 인귀(人鬼)로 분류할 수 있다. 이런 신들의 세계는 병렬적으로 열거되거나 혼란되는 것이 아니라 기능과 위계에 의한 구조적 질서를 갖는다. 곧 천(天, 또는 上帝)은 모든 신들의 위에 존재하는 지고존재요 궁극자이다. 이 천은 신의 기능을 유일하게 장악하는 자가 아니라 제한된 기능의 역할을 하는 군신(群神)들과 충돌됨이 없이 이 모든 군신 위에 군림하고 있다.

유교의 신들은 제사를 통하여 인간과 관계를 심화시키는데, 이 신들의 세계도 인간사회의 조직이나 봉건계급질서에 상응하여 관련하는 범위가 한정되었다. 천에 대한 제사는 천자의 고유한 제사 대상이고, 토지신과 곡물신인 사직(社稷)은 제후까지 제사 드릴 수 있었다. 공자와 선현은 국가적으로 학교에서 제사되고, 지방단위의 선유는 그 지방의 사묘(祠廟)에서 제사드려진다. 그 중에 조상신은 모든 인간의 일반적인 제사 대상으로 가정마다 가묘(家廟)에서 제사된다.

천주교가 조선사회에서는 왕실이나 국가기구를 통해 전파된 것이 아니라, 다만 민간에서 개인이나 가족 단위로 전교 되었던 만큼, 일차적으로 가정의 조상제사를 거부하였다. 그러나 사실상 조상에 대한 제사뿐만 아니라 공자와 선현에 대한 제사와 천과 사직에 대한 제사 등 모든 유교적 제사를 거부할 수밖에 없는 입장을 지녔다. 그것은 천주만이 이 세상과 만물을 주재하는 존재이며 제사를 받을 수 있는 유일의 신이라 보는 것이다. 따라서 모든 자연물[大地· 日· 月· 山· 川 등]은 신이 아니며, 아무리 위

11) 『禮記』 祭法:"… 무릇 日· 月· 星· 辰은 백성이 우러러보는 것이요, 山· 林· 川· 谷· 丘· 陵은 백성이 財用을 취해 오는 곳이니, 이런 종류가 아니면 제사의 法典에 두지 않는다."

대한 인간의 사후 존재도 신이 될 수 없고 다만 영혼이란 이름
으로 불리울 수 있을 뿐이다. 그러나 유교에서는 천[上海]의 지고
신적 지위를 전제하면서 모든 자연 대상과 사후 인간영혼의 기
능신적 역할과 지위를 인정하고 있다. 따라서 인간생존의 근원인
천· 대지를 비롯하여, 인간생존의 공간과 시간을 규정하는 천체
인 일· 월· 성· 신이나, 양식을 취하는 장소인 산· 림· 천· 곡
등도 자기 생명을 출산해 준 조상과 더불어 생명의 원천이 되는
신 존재로 인식하고 제사를 드리는 것이다.

   유교제사의 근본목적은 생명의 원천에 대한 보답으로 이해된
다. 보본반시(報本反始, 근본에 보답하고 始源에 돌이킨다)라는
유교제사의 목적에 비춰보면 인간은 조상에 자기 생명의 근원을
두는 사실을 확인한다. 그리고 인간을 포함한 만물은 하늘[天]에
근본하기 때문에 인간은 조상 위에 더 높은 근원으로 하늘을 인
식하게 되며, 따라서 지고신인 하늘[上帝] 곁에 조상신을 모시고
보답하는 제사를 드리게 된다.12) 여기서 조상에 대한 제사에 하
늘[上帝]을 주격으로 삼고 조상을 하늘의 배위에 두는 양식은 제
왕의 종묘제사에서만 적용되었다. 그러나 원리적으로는 모든 인
간의 조상은 천신에 배(配)가 될 수 있는 것이요, 따라서 천지를
인간의 대부모라 일컫는다. 또한 하늘에 대한 제사가 봉건질서
아래서는 천자의 독점권리였으나 조상신은 가장 일반적인 제사
였던 만큼, 조상신에게 보답하는 제사를 통하여 더 높이 하늘의
근원성을 이념적으로 확보하고 있는 것이라 하겠다.

   신을 생명의 원천으로 인식하며 원천에 대한 보답으로서 신에
게 제사를 드리는 사실에서 신에 대한 유교적 인간의 태도는 기
본적으로 감사와 보답이다. 경건성은 신 곧 생명의 원천을 망각

---

12) 같은 책, 郊特牲: " 萬物本乎天, 人本乎祖, 此所以配上帝也, 郊之祭也, 大
    報本反始也."

하고서 자기 의지에 따르는 인간이 아니라, 자신을 억제하고 신에게 관심을 되돌리는 자세라 할 수 있다. 부모가 살아 계실 때부터 자기 생명의 원천이 되는 부모에게 감사하고 자신의 욕망을 억제하면서 부모를 받드는 순종의 행동, 곧 효를 생활규범의 기초로 확립하는 것은 신에 대한 인간의 자세를 익히는 것이 된다고 하겠다. 돌아가신 부모 곧 조상을 소홀히 한다면 아무리 하늘에 보답하더라도 유교인에게 있어서는 자기 생명의 원천에 충분한 보답을 못하는 것이 된다. 더구나 부모처럼 같이 생활하여 생생한 경험으로 양육의 사랑을 받은 사실을 소홀히 한다면 하늘에 대한 감사의식은 훨씬 추상적이고 덜 절실한 것으로 볼 수 있다. 따라서 유교적 신앙에서 조상신은 지고신인 하늘에 오르기 위한 필수적 단계로서 사다리의 가장 중요한 첫 계단이라 하겠다. 유교제사를 통해 나타나는 가장 기초적인 도덕률도 첫째 감사와 보답의 효경(孝敬)이라 할 수 있고, 동시에 생명의 원천적 존재의 사랑인' 낳아주는 공덕[生生之德]' 곧 인(仁), 자애(慈愛)의 발휘라 할 수 있다. 부모와 하늘로부터 부여받은 사랑[仁·恕]과 그 사랑에 대한 보답[孝·敬]의 실천으로 유교의 근본 도덕률을 파악할 수 있겠다.

## 19.3 조상제사의 구조와 기반

### 1) 제사절차의 구조와 의미

유교제사의 가장 일반적 형태인 조상제사에도 다양한 양식이 있지만 그 기본구조에 있어서는 모든 다른 유교적 제사와 유사하다. 따라서 유교제사의 기본구조를 조상제사의 절차를 통해서 살펴볼 수 있겠다. 이 제사의 구조를 형식적으로 분석하면 다음

의 단계로 제시될 수 있다.13)

A. 준비과정
　① 재계(齋戒)
　② 진설(陳設)
B. 본과정
　① 강신(降神 / 영신(迎新)
　② 헌작(獻酌) / 진찬(進饌) / 독축(讀祝)
　③ 흠향(歆饗) / 강복(降福)
　④ 음복(飮福)
　⑤ 송신(送神) / 망료(望燎, 또는 望瘞)

　여기서 준비과정의 ① 재계는 제사를 드리기 위한 마음의 준비요, ② 진설은 제사에 드릴 제수를 갖추어 제상에 베풀어 놓는 제물의 준비로서 대비된다. 물론 제주(祭主)의 마음과 제물은 모두 신에게 공봉(供奉)되는 것이다.

　먼저 재계에서는 제사드릴 신[祖上]에 대해 마음을 집중하여 잡념 없이 정성스러운 마음을 갖추는 것이고, 이 마음의 정성에 신이 감응할 수 있는 것이라 한다. 다음으로 진설에서 제수는 우리가 식용으로 하는 모든 물건을 포함한다. 제수는 가장 품질이 좋은 것으로 고르고 그 해 처음 수확된 것을 쓰기도 한다. 그러나 모든 음식물을 다 제상에 진설할 수 없으므로 대표적인 것을

---

13) 최기복, 『朝鮮朝에 있어서 天主敎의 廢祭毁主와 儒敎祭祀의 根本意味』, 위의 책, pp. 96~99 참조.
　　금장태, 『전통적 종교의례와 현대적 종교의식』, 『韓國儒敎의 再照明』, 1982, p. 115 참조.
　　『朱子家禮』 四時祭:" 參神, 降神, 進饌, 初獻, 亞獻, 終獻, 侑食, 闔門, 啓門, 受胙, 辭神, 納主, 徹饌."

선택하게 된다. 곧 곡식· 채소· 과일 중에서, 또는 열매· 잎· 줄
기· 뿌리의 식물 중에서, 새(닭)· 짐승(소· 돼지)· 물고기 중에서,
날것· 삶은 것· 구운 것 중에서, 붉은 색· 흰색· 파란 색 중에서
등등 모든 식물의 종류· 빛깔· 맛· 조리법 등에서 각각의 대표
적인 것을 선택하여 표준형 진설법을 제정하는 것이다. 그것은
제사에 바쳐지지 않은 것은 신에게 승인받지 못한 불법의 식물
로 이해되는 것이라 하겠다. 이 진실에서는 붉은 색과 흰색의 제
물이 자리잡는 위치나, 짐승과 물고기의 제물, 또는 포 뜬 고기와
젓 담근 고기가 갖추어져 자리잡는 위치, 생선 머리와 꼬리의 방
향까지 마음을 써서 음양의 우주론적 형식에 합치하는 질서 있
는 진설이 되도록 규정되고 있다.

　제사의 본 과정은 크게 다섯 단계의 절차로 나누어 볼 수 있
다. 그리고 이 모든 단계마다 제주가 신에게 드리는 알림이요 기
원인 축(祝)이 신과 인간[祭主] 사이의 대화로서 따른다. 그리고
① 강신 / 영신과 ⑤ 송신 / 망료는 본 과정의 중심이요 제사대
상인 신을 마중하고 전송하는 시작과 끝의 성격을 지닌 것이다.
② 헌작은 인간이 신에게 바치는 제물이요, ③ 흠향과 강복은 신
이 제물을 받는 행위요, ④ 음복은 신이 흠향하고 난 다음의 제
물을 인간이 나누어 먹는 인간의 행위이다.

祭祀過程에서의 행위주체

| 과정 / 행위주체 | 강신 (降神)/ | 영신 (迎神) → | 헌작 (獻酌) → | 흠향 (歆饗)/ | 강복 (降福) → | 음복 (飮福) → | 송신 (送神) → | 망료 (望燎) |
|---|---|---|---|---|---|---|---|---|
| 신[祖上] | ↑↓○ | | | ↑○ | | ○↓ | | ↑↓○ |
| 인간[祭主] | | ○ | | | | ○ | | ○ |

강신은 향을 피워 연기가 하늘로 올라가면서 혼이 감응하도록

하고 강신주를 땅[茅沙]에 뿌려 백(魄)이 감응하도록 하여 혼백
이 합하여 강신하도록 한다. 영신은 강림하는 신을 문밖까지 나
아가 맞이하는 의절이다. 곧 제사는 신[祖上]의 강림이 있으므로
성립되는 것이고 신 없는 제사는 허위의 제사가 될 것이다.

헌작에서 술을 올리는 것은 제물을 올리는 것과 더불어 신에
게 희공(犧供)하는 것이다. 흠향하는 것은 신이 주식제물의 희공
을 받는 행위이다. 다만 이때 신이 제물을 '먹는다'고 보느냐
'안 먹는다'고 보느냐는 중요한 문제이다. 인간은 신[祖上]을
살아 계실 때의 부모와 똑같이 섬겨서 풍성한 제물을 올린다. 그
리고 수저를 사용하여 실제로 먹는 의절을 시행한다. 여기서 신
이 제물을 먹는다고 보고 사실상 언어로 '잡숫는다'는 표현을
하지만 그것은 신에게 바치는 먹을 수 있는 제물을 신이 받아들
이는 행위의 표현이기도 하다. 따라서 먹는 사실보다도 받아들인
다는 사실에 더 큰 비중을 둔다.14) 더구나 신은 제물만 드리면
기계적으로 흠향하는 것이 아니라 "지극한 정성에 흠향한다[鬼神
無常享, 享于克誠]"라고 강조되기도 한다.15)

신[祖上]은 제물과 더불어 제주의 정성에 흠향하고 그 대신에
복을 내린다. 신이 내려주는 복은 신이 흠향한 제물에 깃들게 되
는 것이다. 제헌(祭獻)되기 전의 제물은 인간의 정성이 담긴 것
이라면 흠향된 다음의 제물은 신이 그 속의 정성을 가져가는 대
신 복을 남겨준 것이라 할 수 있다.

음복에서는 제주를 비롯한 모든 제사 참여자들이 신이 강복한
제물을 나누어 먹는다. 절차상으로는 제주만 먼저 송신에 앞서
음복하고 송신 뒤에 모든 참사자(參祀者) 및 친족과 이웃이 음복

14) 『禮記』郊特牲에서는 "지극히 공경하는 데서는 맛[味]으로 드리지 않고
　　기운[氣]과 냄새[臭]를 귀중하게 여긴다"고 언급하고 있다.
15) 『書經』太甲下.

제사과정에서의 제물의 상태

| 주      체 | 인간[祭主] | 신[祖上] | |
|---|---|---|---|
| 절      차 | 헌작(獻酌) | 흠향(歆饗) | 강복(降福) |
| 작      용 | 정 성↓<br>제 물 | 정 성↑<br>제 물 | 복↓<br>제 물 |
| 상      태 | 제물+정성 | 제물 | 제물+복 |

하게 된다. 제물은 신에게 바쳐질 때 이미 정성으로 가치의 고양
이 된 것이지만 강복을 통해서 완전히 질적으로 변화된 것이라
할 수 있다. 공자도 제육(祭肉)은 공경하여 절하고 받았다고 전
해진다.16)

　송신은 제사를 마치고 신을 전송하는 것으로 영신의 경우와
함께 해명한다면 신은 제사를 통하여 인간과 이 세상에서 만나
지만 제사가 아닌 시간에는 이 세상 밖으로 돌아간다는 저 세상
이 설정되어 있음을 본다. 물론 여기서 저 세상은 어떤 구체적
형태와 양식을 가진 것은 아니고 극히 막연한 자연 내지 우주의
근원적 상태를 의미하는 것으로 볼 수 있다. 그러나 인귀(人鬼)
또는 귀신의 개념에서 귀(鬼)가 돌아간다[歸]는 뜻이 있다면, 오
히려 살아 있는 인간의 세계는 현재적으로 나타난 세계라 할 수
있고, 죽음의 세계는 태어나기 이전의 세계와 같은 근원의 세계
로서, 막연하기만 한 것이 아니라 근원성의 적극적인 의미를 지
니는 세계라 하겠다.

　망료[또는 望燈]는 송신한 다음에 신에 속하는 물건을 신에게
로 보내는 일이다. 축문이나 지방 등을 불살라 하늘에 올리고 남

16) 『論語』 鄕黨:" 벗들이 보내주는 물건은 그것이 수레나 말이라 할지라도,
　　제사에 쓴 고기 이외에는 엎드려 절하시지 않으셨다."

는 재는 땅에 묻는다. 신[조상]의 혼과 백이 하늘과 땅에 귀속하듯 신에게 돌리는 곳은 하늘과 땅이고, 따라서 신[조상]이 돌아가 계신 곳도 하늘과 땅이라 할 수 있다.

### 2) 제사의 기반─ 인간과 신

유교의 조상제사는 살아 있는 인간인 제주와 돌아가신 조상인 신과의 관계요 만남의 행위 양식이다. 여기에 제사의 핵심은 인간과 신이며, 제물이나 절차는 부차적 조건들이며 상징의 도구들이라 할 수 있다. 조상제사에서 인간과 신의 관계형식을 검토함으로써 제사의 핵심적 의미를 이해할 수 있을 것이다.

유교의 인간이해에서 인간은 살아 있을 때에도 하늘의 명을 받아 간직한 성품 곧 성(性, 天性· 人性)을 지니고 있으며, 마음[心]은 성을 내포하고 있는 것으로 파악한다. 따라서 인간은 살아 있을 때 이미 잠재적으로 하늘과 일치의 근거를 내포하고 있으며, 당위적으로 하늘과 일치하도록 노력해야 하는 규범이 주어진다. 그리고 사후에 있어서 인간은 영혼[魂]과 신체[魄]가 분리되어 하늘과 땅에로 돌아가는 것이라 이해되고 있다. 여기서 인간존재는 하늘과 분리되어 있거나 단절되었다고 보는 것이 아니라 하늘을 내재적으로 간직하고 외재적으로 접근되어 있는 친밀성을 갖는다.

누구나 살아 있는 인간의 마음에는 신명이 깃들어 있고 사후에 돌아간 인간존재는 그대로 귀(鬼)이거나 귀신으로 일컬어진다. 신명과 귀신에서 신은 공통 요소로 확인되며, 인간은 생과 사의 어느 때에도 신성(神性)으로부터 단절된 것이 아니라 신성을 지닌다고 하겠다. 유교의 입장에서 인간은 하늘과 통하고 하늘의 명령을 받은 존재로 인식되지만 인간이 곧 하늘일 수는 없다. 하늘과 일치한다는 것은 하늘로 치환될 수 있는 것이 아니라 결합될 수 있는 본질적 소통 가능성을 확립하는 것이라 하겠다. 이처럼 신성을 지닌 인간존재의 자격은 천신(天神)이나 상제와 동일시될 수 있다는 것이 아니라 모든 신적 존재의 능력에 소통될 수 있는 인간의 조건이라 볼 수 있다.

인간은 신명을 지녔기에 모든 신을 이해할 수 있고 하늘을 높일 수 있는 것이라 하겠으며, 사후에 귀신이 되어서 살아 있는 후손의 신명과 소통할 수 있는 것이다. 귀신은 신의 세계에서 하늘로 지향하지만 인간의 신명과 천지의 신명을 소통시키는 매개와 보조의 역할을 한다고 하겠다.

아래 도형에서 하늘[上帝]은 천신· 귀신[祖上 및 先賢]· 지신[百神]의 신들을 주관하며 또한 인간과 만물도 직접 주재하는 것을 보여준다. 신들의 세 범주인 천신· 지기[地祇]· 귀신[人鬼]은 서로 연결을 지닌다. 그리고 이 신들은 각각의 구체적 존재인 천신의 천체, 백신의 만물, 귀신의 인간과 연관하며 또한 이들을 조종하면서 모든 신들은 인간에게 연결되어 있다. 여기서 조상의 귀신은 천· 천신· 백신· 인간과 이중선으로 연결된 것으로 표시되었다. 그것은 조상신이 그 자체의 요구로서도 이들과 연결되어 있지만, 동시에 후손인 인간과 천· 천신· 백신을 연결시켜 주는 매개 기능을 표현한 것이다. 조상신은 인간에게 자신의 직접적 영향력과 더불어 모든 신적 존재에 대한 매개기능을 담당한다. 그러나 조상신의 매개기능은 인간과 신적 존재의 유일한 소통방법은 아니다. 인간은 신명을 지녀서 천· 천신· 백신과 직접적 연결의 통로가 있으나 조상신의 매개적 통로를 보조적 통로로 삼고 있는 것이다.

유교전통 속에서 인간은 하늘[上帝]에 대한 제사를 비롯하여 천신과 백신[地神]에 대해 제사를 드리는 예법이 있다. 여기에 봉건제도와 예법이 연결되어 인간의 신분적 지위에 따라 제사를

조상신의 인간에 대한 역할

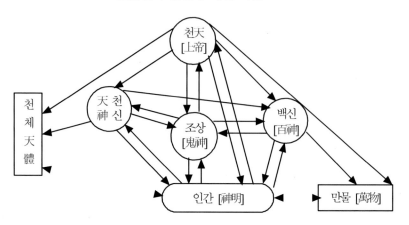

드릴 수 있는 신적 존재의 범위가 제한을 받게 된다.17) 따라서 서민에게까지 허용된 제사는 조상신에 대한 제사요 천과 천신·지신의 거의 전부에 대한 제사가 서민에게 금지되었던 것이 사실이다. 그러나 제사의례는 금지되었더라도 인간의 의식에서는 인간이 하늘[上帝]을 비롯하여 모든 신적 존재와 연관되고 있음을 명확히 인식한다. 여기서 신적 존재와 제의적인 연결이 서민 대중에게는 직접적으로는 봉쇄되어 있지만 조상신에 대한 제사는 바로 모든 신적 존재에로 연결될 수 있는 간접적 통로가 되는 것이다. 조상신은 봉건계급제도 아래서 제의적 의미로 매개적 역할의 중요한 위치를 갖는 것이지만, 봉건사회를 넘어서도 유교적 신적 세계의 체계 속에서는 조상신이 무엇보다 큰 비중을 갖는 것이 사실이다. 따라서 효의 도덕규범도 봉건적 성격을 지니는 것이 사실이면서도 유교 이념 속에서는 보편적 도덕규범으로 확립될 수 있는 근거를 갖게 되는 것이다.

---

17) 금장태, 『先秦 유교의 祭禮』, 위의 책, pp. 184- 186 참조.

## 19.4 제사의 기반에 대한 유교와 천주교의 관점

1) 생명과 가족의 의미

인간생명을 하느님이 창조하셨다는 신념은 천주교의 주장만이 아니라 유교에서도 무리없이 받아들여질 수 있다. 다만 유교에서는 하나의 인간생명이 출생하고 형성하는 데는 여러 가지 요인의 복합성에 보다 많은 관심을 부여하고 있는 것이다. 곧 인간생명은 근원적으로 하늘이 부여해준 것이라 하면서도 혈육의 육신을 낳아주고 길러준 부모와 인간으로서 마땅한 도리를 밝히고 가르쳐 주는 스승[先聖· 先賢· 先生]과 나아가서 인간답게 질서 있고 안정되게 살 수 있는 사회를 마련하여 관리해 주는 군왕까지도 자신의 생명에 필수적인 구성요소로 제시해왔다. 신체와 도리와 생업이 모두 인간으로서 인간답게 살기 위한 필수조건인 것은 사실이다. 하늘의 포괄적이고 근원적인 주재성에 대해 공경하고[敬天] 두려워하는[畏天] 자세로 하늘을 높이지만 부모· 스승· 군왕을 일체로 섬겨야 한다고 확신하였던 것이다. 따라서 아버지를 가군(家君)으로, 스승을 사부(師父)로, 왕을 군부(君父) 또는 군사(君師)로 일컬어 자기 존재와 연결의식을 굳혔다.

또한 인간은 한 개인으로 태어나서 그 자신의 삶을 살아야 하는 주체적 존재라고 주장한다면 천주교나 유교에서 모두 대체로 승인될 수 있다. 인간은 한 사람의 개체로서 하느님으로부터 그 영혼을 부여받는다는 것이 천주교적 인식이다. 이에 비해 유교에서는 수신을 근본으로 제가· 치국· 평천하가 이루어지며 자기 마음의 작용에서 중화를 이루던 천지의 자리를 바로잡고 만물의 양육을 마련하는 역할을 할 수 있다는 자기중심의 확립이 나타난다. 그러나 개체는 유일의 신에게 수직으로 연결되고 모든 인간사회나 만물과의 관계가 수평으로 맺어지면서, 신 앞에서 단독

적 존재이고 만물 속에서 독립의 존재로 나타날 수 있다. 이에
비하여 한 개체는 신의 다양한 기능에 연결되고 조상과 후손에
첩첩이 연결되며 만물과의 조화 속에 안정된 복합적 연결구조
속의 존재로 이해되기도 한다.

독립적 개체로서 인간은 모든 책임을 스스로 지면서 모든 소
득에 대한 권리도 독자적으로 향유하게 된다. 모든 선과 악의 행
위는 자신의 자유의지에서 발단하고, 이 지상에서 행동한 결과의
심판도 개인으로서 받아야 한다. 그는 천당을 가더라도 혼자 가
야 하고 지옥을 가도 혼자 가야 한다. 그곳에서 이 지상의 가족
관계, 친우관계, 사회적 관계들은 다 끊기고 홀로 즐거움이나 고
통을 받아야 하는 것이다. 지상의 현세와 사후의 내세는 별개의
세계이고 이 세상은 누구에게나 유한하지만 내세에서는 영혼이
그 불멸성 때문에 기쁨도 영원하지만 고통도 영원할 수밖에 없
는 것으로 보인다.

그러나 연결 속의 개체로서 인간은 자신의 자의적 판단으로
문제를 해결하는 데 엄연한 한계가 있다. 천(天)의 명령으로서
성품 이외에도 욕망의 신체적 제약이 있고, 부모의 명령도 있고
왕명 또는 국법도 있다. 모두가 인간 개체에 대한 영향력에 있어
서 상당부분의 몫을 차지하고 있기 때문에 인간은 완전히 자율
성을 누릴 수 없다. 인간은 부모 밑에 있거나 국법 밑에 있거나
항상 순종해야 할 의무가 있기 때문에 그만큼 부모나 국법에도
책임이 돌아가지 않을 수 없다. 그는 이 세상에서 행한 자신의
행동에 대해서도 부모, 친척, 친구, 사회와 더불어 결과의 상벌을
나누어 담당한다. 따라서 그는 마치 한 완성된 개체로서의 고리
[圓]이지만 무수한 고리의 연결인 사슬의 모습으로 나타난다. 이
러한 연결 속에서 인간은 이 세상에서도 법률 앞에서 공동의 책
임을 지는 연좌법이 가능하며, 모든 부모의 영광이나 굴욕은 그

의 자식도 함께 하지 않을 수 없다. 살아서의 부모와 자손의 관계는 죽어서도 연장되며, 부모는 조상신으로서 사당에 머물러 후손과 더불어 한 울타리 안에서 살아가고 있는 것이다. 후손이 끊어진 귀신은 처자식이 없는 늙은 홀아비나 이웃도 벗도 없는 인간처럼 고립되어 고통을 받는 것으로 본다. 유교사회에서 자식된 인간은 부모와 더불어, 그리고 부모를 통하여, 그리고 부모의 것[자식]으로 산다고 하겠다. 부모로서도 자식과 더불어, 그리고 자식을 통하여, 그리고 자식의 것[부모]으로 살아가는 것이다.

2) 신에 대한 인간의 태도

조상에 한정시켜 말하면 조상을 신으로 보는 유교의 입장과 하느님[天主] 이외에는 신을 인정하지 않는 천주교의 입장이 있다. 물론 이 두 입장은 신 개념의 내용에서도 차이를 드러낸다는 사실을 의미한다. 그러나 천주교가 십계의 제4계에서 '부모를 공경하라'고 가르치는 것은 인간의 기본 도덕률로 강조하는 것이요, 유교에서는 효로서 가장 핵심의 기초적 도덕률을 이루고 있다.

여기서 돌아가신 부모[조상]를 신으로 볼 것인가의 여부를 젖혀둔다면 양쪽의 경우 모두 살아 계시거나 돌아가셨거나간에 부모에게 공경하는 태도를 지닌다. 다만 천주교의 입장은, 부모를 공경하는 것은 천주를 공경하는 데 비하면 비교적 작은 부분을 이루는 것으로 보인다. 천주를 섬기는 데는 많은 규범적 형식들이 있는데 그 중의 하나로 부모를 공경하는 것이 속하여 있다. 그러나 유교의 입장에서는 하늘[上帝]을 경외하는 데 부모를 공경하는 것은 핵심적이고도 필수적인 조건을 이루는 것이라 하겠다. 부모를 공경하지 않고서는 하늘을 공경할 수 없고, 하늘이 인간에게 내린 기본적인 명령은 효라고 할 수 있다.18) 따라서 하늘

을 직접 공경하고 제사하지 않더라도 부모를 공경하며 조상에게
제사함으로써 하늘을 공경하는 데 일치될 수 있는 것이라 본다.
천주교에서 부모를 공경하면서도 천주를 천지의 대부모라 일컫
기 때문에 천주의 명령과 부모의 명령이 위배될 때에는 부모의
명령을 선택적으로 버릴 수밖에 없는 것으로 설명한다. 이에 비
하여 유교에서는 부모의 명령이 하늘의 명령[命]인 도리에 어긋
날 때에는 부모에게 간언하면서 바로잡으려 노력하지만 끝까지
부모가 고집하면 울면서라도 따라야 하는 것이 자식의 도리요
곧 하늘의 도리에 담긴 깊은 뜻과 일치하는 것이라 본다.

유교에서 부모는 도덕적 행위의 대상에 그치지 않고 신앙적
행위의 범위에 첫 단계를 차지하고 있는 것이다. 따라서 가정은
하늘의 뜻을 실현하고 하늘을 공경하는 신앙적 생활의 거룩한
공동체로 받아들여질 수 있다. 이런 의미에서 유교를 '가족주
의' 또는 '가족중심주의' 종교라고까지 극단화시켜 표현하는 경
우도 있다.19) 이에 비하여 천주교는 가정이 신앙생활의 기초가
되는 사실을 중요시하지만 가족이 신앙공동체의 중심단위가 아
니라 교회조직이 독립적으로 존재한다. 여기서 가정은 유교에 있
어서 신[조상]을 중심으로 제의와 신앙생활의 기본조직단위라는
사실을 주목할 필요가 있다.

유교에서는 신적 존재의 체계 속에서 조상신이 비록 하위의
한정된 위치를 갖지만 인간에게 신적 세계에 대한 중요한 매개

---

18) 天의 命으로 인간에 內在된 性을 仁이라 할 때 "孝悌가 仁을 행하는 근
본이다"(논어)라 하거나 "仁의 실질은 부모를 섬기는 것이다"(맹자)라
언급되고 있으며, 明德이라 할 때 德을 "孝·悌·慈"(丁若鏞, 『大學講
義』)라 해명하기도 한다.
19) 유교를 포함한 중국 종교에서 가족과 국가는 두 초점을 이루고 있으며,
유교는 '가족중심주의'의 종교라는 지적이 있다. J. Kitakawa, *Religions
of the East*(강위조· 김관석 譯, 『근대화와 동양종교』, 1967), p. 87, C.
K. Yang, *Religion in Chinese Society*, 1961, pp. 53~54.

적 통로이다. 따라서 조상신에 대한 가장 중요한 의무는 제사를 통해 감사와 보답을 표현하는 것이다. 인간은 조상신에게 살아 있을 때와 같이 음식물을 제물로 바치고 이에 상응한 신의 강복을 받음으로써 신과 일치되는 경험을 할 수 있다. 여기서 제물은 제사에서 인간과 인간의 결합을 매개하는 도구이며, 그것은 제물이 음식물인 만큼 그리고 조상신이 인간의 신인 만큼 제물은 먹는 것으로 표현되는 것이 사실이다. 그러나 신의 먹는 것은 상징적 의미를 갖는 것이지 일상의 사실과 일치될 수는 없다. 또한 비록 먹는 것으로 믿는 신앙인이 있다 할지라도 그것은 유교적 신앙의 넓은 폭에서 저변의 민속신앙과 유통되고 있는 부분이다. 여기서 천주교는 먼저 조상을 신으로 인정하지도 않지만 신이 제물을 먹는 행위도 인정하지 않는 신 개념에 엄격성을 보인다.

유교와 천주교의 두 입장은 제사의 양상이나 그 근거의 신 개념에서 엄청난 차이를 지닌 것이 사실이다. 그러면서도 두 신앙은 제사에 대한 기본적인 공통구조도 보여준다. 미사 제의에서도 신[天主]에게 제물이 바쳐진다. 물론 이 제물은 음식물이 아니라 그리스도가 자신을 희생으로 드리는 것이기도 하고 신앙인의 기도나 선행을 신에게 봉헌하는 것이다. 그리고 신은 이 제물을 즐거이 받아들이며 이 제물을 매개로 인간은 신을 더욱 생생하게 만날 수 있다. 이 점에 있어서 천주교는 유교뿐만 아니라 모든 종교와 서로 가까이 접근할 수 있는 기반을 찾을 수 있게 된다.

## 19.5 맺는 말– 조화의 교훈

유교와 천주교는 서로 다른 신 개념과 서로 다른 제사양식의 전통을 갖고 있었다. 바로 그 상이성 때문에 두 종교는 우리 사회에서도 역사상으로 그처럼 심한 갈등을 겪지 않을 수 없었다. 그러나 그 갈등의 원인에는 서로가 좀더 성실하게 이해함으로써 서로의 차이를 인정하고 또 서로의 의미깊은 가치를 용납하려는 자세가 결핍되었거나 혹은 성급한 독선에서 초래된 경우도 있을 것이다.

이제는 역사의 조건도 많은 변화를 겪었다. 그 압도하던 유교의 세력도 쇠퇴하여 전통의 유산 속에 가라앉았고, 융성하는 세력의 형성으로 사회를 주도하는 기독교 주류 속의 천주교와 쇠잔한 유교는 역사와 사회 속의 역할이 바뀌어 다시 만나게 되었다.

오늘의 유교는 전통의 폐쇄성을 탈피하고 현대화를 시도하면서 서양문화와 기독교[천주교와 개신교]에 깊은 관심과 적극적 섭취태도를 보여주고 있다.[20] 천주교에서도 서구문화의 배경에서 민족문화의 토대에로 관심을 돌릴 수 있을 만큼 성숙한 자신감에서 한국의 유교문화적 기반에 깊은 관심과 호의적 포용자세를 보여주게 되었다.[21]

오늘의 우리 사회에서 조상제사가 지니는 가치는 아직도 관습적으로나마 광범하게 퍼져 있고 소중하게 실천되는 생활양식이라는 점이다. 조상제사는 한편으로 혈연의 연속적 유대에 대한 강한 요구를 충족시켜주는 방법이며, 인간이 죽은 뒤에까지 다른 인간[자손]의 마음속에 깊은 애정으로 남아 있을 수 있는 인간존재의 의미를 풍부하게 해준다. 다른 한편으로 전통사회의 체제와

---

20) 유교의 현대화 과업을 위한 지침으로서 ① 종교화, ② 공맹화, ③ 한국화, ④ 대중화를 제시하는 가운데 종교화에는 기독교의 충격을 내포한 것이라 하겠다. 최근덕, 『儒敎의 現代化, 그 前提와 指標』, 『儒敎學會報』, 1985년 5월 1일 창간호 참조.

21) 김승혜, 『한국 천주교회의 토착화를 위한 사목적 방향제시』(1984. 8. 未刊 발표문)에서는 유교의 여러 덕목을 비롯하여 불교 및 무속에서도 긍정적 가치를 발견하며 수용적 자세에서 한국의 여러 전통종교를 논의하고 있다.

의식을 간직하게 하며, 따라서 전통의 고향을 송두리째 파괴하는
것을 막아주는 보루와 같은 역할도 한다고 하겠다. 제사가 폐지
되면 친족이 한 공동체로서 경건한 만남의 방법을 잃게 될 것이
다. 조상과 후손의 직접적이고 지속적인 대화가 끊기고 장례와
더불어 후손의 마음에서 너무나 빨리 사라져버리는 경우를 생각
한다면, 우리는 아무도 죽은 뒷날까지 믿을 수 없게 되고 인간적
신뢰가 없이 계약이나 법률에만 구속되는 삭막한 사회에 던져지
는 경험을 하지 않을 수 없다.

　천주교가 한국에서 유교제사에 내포된 가족적 인간관계를 적
극적으로 받아들일 수 있다면 우리 역사의 모든 고인이나 우리
들 가계마다의 선조들이 그 영혼의 안식처를 얻을 수 있을 것이
다. 오늘의 우리 사회에는 수십 년 동안 헤어진 혈연을 찾아 헤
매는 인정 많은 백성이 있거니와, 나의 구원에 대한 확신을 기뻐
하면서 선조를 모두 지옥에 두고도 무심할 수 있는 신앙인의 비
정은 교리에 따라 합리적으로 설명될 수 있더라도, 신과 인간의
어느 쪽 눈에도 결코 아름다운 인도적 광경일 수는 없다.

　여기에서 조상의 영혼을 신이라 일컬을 것인가, 그리고 제물을
신에게 드리는 봉헌이라 보는 제사의 기본구조를 인정할 것인가
의 문제가 남는다. 조상을 신이라 일컫지 않을 때 신이 제물을
받아들이지 않는 제사가 되며 그것은 이미 제사가 될 수 없다.
그것은 다만 기념식 내지 추모식은 될 수 있겠다.

　이제 사족의 망담으로 천주교의 입장에서 유교제사의 가치를
수용하는 한 방법을 다만 사안으로서 덧붙여 보고자 한다.

　조상제사에서 신의 문제로는 주향(主享)하는 신을 천주로 하고
조상의 위를 이에 배향하는 방법도 있다고 생각된다. 조상의 위
를 신이라 일컬을 수 없으면 영혼[또는 영위, 혼위]이라 일컬을
수도 있다. 그저 조상의 이름만 적어두면 제사의 대상으로 다소

애매한 느낌이 있기 때문이다.

조상제사가 일정한 금지사항[신위의 실치를 금지, 강신·흠향·강복 의식의 배제, 축문 금지 등]을 지키는 조건으로 허용되어 신도 개인의 자유에 맡겨질 수도 있다. 그러나 그보다는 표준형식을 교회에서 규정하여 시행하도록 이끌어 가는 것이 바람직하다고 본다. 가묘에 해당하는 가족의 감실(龕室)제도로 십자가 고상(苦像)을 중심에 모시고 선조의 영위(靈位, 사진이나 명패)를 배열하는 표준형이 마련될 수도 있다.

천주교 신앙이 훨씬 폭넓게 유교 전통의 조상숭배의식을 받아들인다면 강렬한 신앙적 열정으로 조상과 후손이 경건하게 만날 수 있을 것이다. 그때에는 우리의 정신적 고향인 조상과 후손이 함께 사는 삶의 조화가 천주교 신앙에서 다시 활력을 얻을 수도 있지 않을까 기대된다. 그것은 정복자나 혁명가처럼 생활양식과 의식구조를 개혁하여 구원하는 방법이 아니라, 노련한 의사처럼 쇠퇴한 전통의 가치를 새롭게 살려내는 재창조의 구원방법일 수도 있겠다. 천주교의 영원한 진리의 뼈대가 우리 종교문화의 토양에서 살이 오른다면 수천 년 역사의 우리 사회에서 2백 년의 짧은 기간으로도 깊고 튼튼한 뿌리를 내릴 수 있으리라 상상해 본다.

● 저자 ●

**금장태**　서울대학교 종교학과 졸업
성균관대학교 대학원 수료(철학박사)
동덕여자대학교, 성균관대학교 교수 역임
현재 서울대학교 종교학과 교수
주요 저서로는『한국 실학사상 연구』,『다산실학 탐구』,『퇴계의 삶과 철학』,『성학
십도와 퇴계철학의 구조』,『조선전기의 유학사상』, 조선후기의 유학사상』,『한국유
학의 탐구』,『한국의 선비와 선비정신』,『한국유교의 이해』외 다수

## 儒教思想의 문제들

| | |
|---|---|
| ● 발행일 | 2001년 10월 31일 |
| ● 2 쇄 | 2003년 04월 30일 |
| ● 지은이 | 금장태 |
| ● 펴낸이 | 채종준 |
| ● 펴낸곳 | 한국학술정보(주) |
| | 경기도 파주시 교하읍 문발리 파주출판문화정보산업단지 |
| | 538-2 |
| | 전화 031) 908-3181(대표)·팩스 031) 908-3189 |
| | 홈페이지 http://www.kstudy.com |
| | e-mail (e-Book 사업부) ebook@kstudy.com |
| ● 등 록 | 제일산-115호(2000. 6. 19) |
| ● 가 격 | 19,000원 |

ISBN　89-534-0382-0　93150 (Paper Book)
　　　　89-534-0383-9　98150 (e-Book)